U0936113

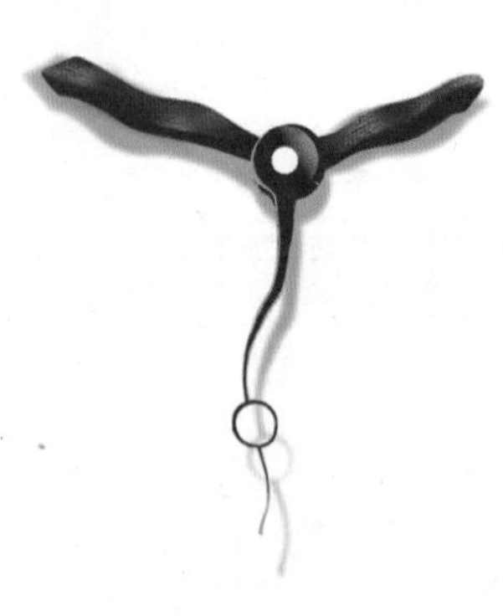

时间懒散地化作一缕幽香

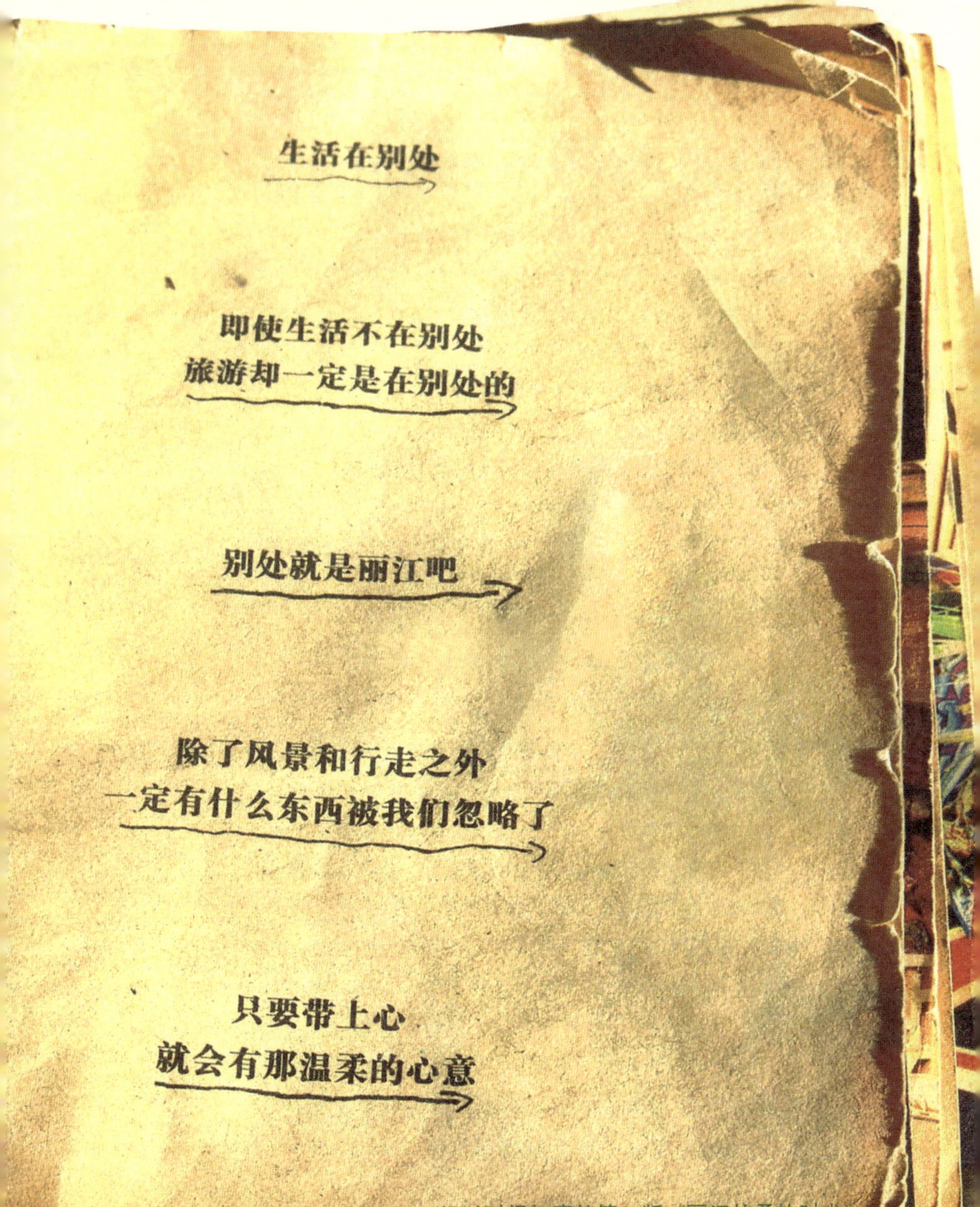

生活在别处

即使生活不在别处
旅游却一定是在别处的

别处就是丽江吧

除了风景和行走之外
一定有什么东西被我们忽略了

只要带上心
就会有那温柔的心意

经过时间打磨的第一版《丽江的柔软时光》

看他们说些什么冲动的话

我发现了一本名为《丽江的柔软时光》的小书
（后来才知道丽江满街都在卖这本书）。
开首充满了挑逗、诱惑、煽动和暗示，
如同一本时尚杂志，隐晦地表达着情和色——但却不淫荡。
后半部分却是食、住、行的介绍。
原来广告是可以这样做的，我深为出版商的创意所折服。

去年夏天去了丽江，回来的时候在机场买了这本书。
一看，知道自己白去了。
决定下次再去丽江时住书上的旅馆吃书上的小吃。
如果还觉得白去，回来就拿这本书垫桌腿儿。

这本“小人书”，一定会在某个角落等着让你笑出声来！
非常不错，第一次强烈推荐一本书，就是她！

书还没翻完，我就觉得如果没有看这本书我才会更后悔和遗憾吧！
P.S. 不能接受广告的童鞋，看前半本即可，呵呵

网上说有一本书叫《丽江的柔软时光》，就是那个柔软，
在我心里一下子蔓延开来。

整本书都看完了，感觉那是一个美，更加向往得不行。
我想去晒太阳，想发呆想得不行……

我知道，从此它会不断变换新的主人。

一次次被翻启，一次次让人有新的感怀，一次次有新的故事发生。

但恳请它的每位新主人，爱惜它，别让它一直停留。

因为从一开始，它的天生宿命注定了一世漂流。

在丽江的日子里，我循着这本书的脉络，去找寻丽江那些让人惊艳的细节。

我发现，正如一个妖娆的女子，

这些细节是丽江闪亮柔媚的发梢，

可能所有读过这本书的人都有经历了一场艳遇的感觉

——真正的艳遇，而非随意的放纵，我突然发现我的丽江记忆变得浓艳了。

路上，我时常想《丽江的柔软时光》里的一句话

“旅行怎能没有那温柔的心意”。忍受车厢里的异味。

一本小书，卖那么贵，不过又比塞满床底下的杂志好些。

懒懒散散的，感觉怎么也读不完。

事实上，当我在丽江久呆后，再不去迷信所谓的艳遇，而是每天像游魂闲逛。

毫无目标，日复一日。

但是发现了这本书之后，状况完全大转变。

每日的工作就是找出书中记述的每一家店，

每一样美食，每个故事，像是寻宝游戏。

刺激、发现、融入……

我猜，对于这本书，你有你的定义

有个家伙说，不管有没有收钱，那些写商家的都是软文；
另一个家伙说，我要说讲商家的文字更有意思。

一本旅行书，看着看着变成：
一本故事书，新丽江客老丽江人的八卦故事；
一本做生意的成功学，丽江商人若影若现的经商心法；
一本心灵读物，前前后后唠唠叨叨在讲“一切都是最好的安排”，心灵容易被鸡汤呛着；
一本娱乐书，性感有一点，更多的是玩笑；
一本励志书，穷小子、困难户、失败者的发迹史；
看似可有可无，无意间又变成了一本资格证书，收录的店家似乎成了丽江的代表……
一本图片、设计玩情调、文字讲感觉，虚头巴脑的书。
一本时髦的书，就像纽约时尚街拍里最惹眼的是那些六七十岁的银发潮老一样，丽江也有越老越时髦的派头。

一本严重跑题的书，写客栈，跑去讲品位；写风景，跑去讲回归内心。对丽江、对这本由一伙不讲章法的混混搞出来的书，我猜，你有你的定义。但没必要去定义生活，否则这也差一点，那也不纯粹，永远离标准线一截。来个“一切都是最好的安排”，立马清净了。

随便看看，时不时蹦出欢喜的感觉。
圆满，就是觉得圆满吧。

目录

躲起来

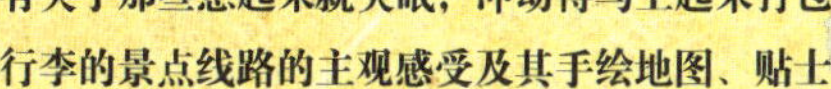

散散的意思

我们听见了，也看见了，但不是全部

如果你看见或是听见了

不论是鹰飞兔走的闲情逸致

或是惊天动地的丽江险恶

记下来，像我们一样

叙事凌乱也好、语言笨拙也罢

就是想得意地证明

我们爱这里

我们想柔软地生活

我们着迷丽江的点点滴滴……

不和时间赛跑
让时间无用一点，让自己无用一点
你知道吗，这是很多人参透不了的生活哲学哦

慢些、再慢些

丽江，最没用的东西恐怕是钟表，我远远地观察一位本地老太太，必要得跟踪一段时间，你会明白，时光已驶到了它的目的地，静静地停在这里休息……

老人和古城一样，似乎千百年来就一直如此，任凭馋嘴的时间拼命嚼咬，使光滑的脸庞留下岁月的烙印，不过多了些白发和墙头草，照样不动声色地享受生命。打发时间她们跟着岁月走，钟表在她们眼里只是一件洋玩意，还没有自己的土布好看，要知道时间抬头望日头，与你的北京时间误差嘛不会超过90分钟，略有迷茫的是偶尔她们抬头看天的时候，也会纳闷：太阳公公 白天从东跑到西，就是穿双铁鞋子也该磨破了吧？

你慢些……再慢些……

四处游走的人们，除了气候的差异外，城市间还有什么不同？

丽江却连同那响了百年的转瞬即使的声音都保留了下来，满盛在各种的铃铛里。"叮咚"一声，在工业文明机器的轰鸣中发出空灵悠远的叹息。

昔日茶马古道的铃声呼朋引伴，铃声能除寂寞，铃声是马帮的进行曲，高唱凯歌保佑行者一路平安。迢迢万里。千百年来络绎不绝的不只是茶马铃声也是旅途的一部分，随着骡马的脚步响在雪山之巅，响到拉萨……响彻遥远的天外……一声声单调的重复。终于铸就这天籁之音凝固在丽江。看惯了别无二致的城市，有没有一种声音让你想起曾经在路上？曾经停留过一个地方？

铃铛一响，梦回丽江……

上路，跟随铃铛的召唤

有些景，有些人，有些事，是值得一辈子来记住
有些景，有些人，有些事，是需要一辈子去忘记

时间的意外

我们追寻的或许不是古城本身，是时间留存的蛛丝马迹。

这里处处有清亮的水流过，没有水就没有城，没有玉龙雪山就少了梦想。

这是一个委曲求全的城市，也是一个智勇双全的城市；是一个懂得死亡、更不吝惜生存的城市。

城里没有发生过战争，出于小民族的困境，“和为贵，存为先”的纳西族非常容易和朝廷及周边其他民族和睦共处，努力将对立面减到最少、破坏性降到最低。性格中柔以顺变的君子风度，充分吸收其他文化的优秀之处，在完整保存自身文化的同时，也保存了中华盛时的文化形态。“和”成了丽江大姓。当那些伟大王朝幻灭，丽江意外地保留至今，活力密封完好。难道我们不知道这是一种智慧？不，我们只是骄傲的惯犯。

每当古城里的灯光亮起来的时候，会有恍若隔世的感觉，今夕是何年？

在这些低矮得谦卑的房屋中间 的曲折石板路上，我已有一些微醉，忘记了冷冰冰的现实，有了一些诗意。

来古城朝圣，也许是因为这里别人的生活离自己很近，自己的生活却遥远……都想带走一丝关于这个神奇意外的信息，比如一只马帮铃、一张东巴画、一块木雕、一片纳西古乐 CD……

在这里，我终于承认自己努力赶在时间前面，然后再来回味时间，是多么无知的浪费，对缓慢而行的美好的浪费。浪费不是犯罪吗？所以竭尽所能用酣睡、傻笑、发呆、烤太阳来赎罪。这是不是会拖住纳斯达克的后腿，让纽约、东京的佼佼者大跌眼镜？管他妈的。

发呆到落泪的巷

小巷哪里都有，但要使人发呆而且效果好的话，起码得具备四个条件：第一要古老，才有历史感；第二要悠长，容易致呆；第三周围环境要不太熟悉，联想不会俗套；第四岔路要多，随时准备迷路。有个补充条件十分重要：没狗，咬人的那种！古城的小巷恰好如此，正是痴男怨女独自发呆的地方。运气好的话，转过一个拐角就遇上一位异性的同类，从此终于堕入红尘永不发呆。然而艳遇只是副产品，发呆的意义在于它非发不可，不发不足以证明你已经成熟长大。发呆好比出天花，出得不好只是脸上留下或多或少的麻子，一点不出可是要命的。与自己对话，孤独地面对上帝，在围墙之间收缩心灵、沉淀思绪，要么往前看憧憬未来，要么往后看缅怀过去。之所以要有岔路，除了在拐角的位置艳遇以外，那是思维的结点，以便保持好奇、警惕与肾上腺素的分泌，防止呆得太深无可救药。

有个奇怪的现象是每次当你呆够了的时候，也就到了一个有水或是有人的出口。不幸的是思念在这里会深得无望，站在十字路口，时常有种落泪的冲动……

上帝有两个住处
一个是在天堂
另一个是在感恩者的心里

他忍无可忍了，这个路透社的记者在丽江，看到那里的人都很悠闲，走路都非常慢，每天会有很多人坐在四方街上晒太阳，什么都不做。终于有一天，他对一个晒太阳的老太太说："你们整天这样，不觉得浪费时间吗？"老太太反问："你忙忙碌碌活八十，我晒晒太阳也活八十，你为什么那么着急去赶死呢？"

生活在隔壁

丽江有个传得很广的故事，让许多人发表了许多论调，我觉得外国记者只是不理解另外一种幸福。而这古镇，是不理解自己的幸福，忽然在别人眼中发现自己原来挺有价值，就开始忙着找幸福，就变得有些稳不住了。

其实，生活的幸福程度不完全受收入、地位的影响，谁能判断，到底谁的生活更接近所谓的"幸福"。那个外国记者所谓的不浪费时间，又何尝不是一种消磨，不同的只是消磨方式，而幸福之所以可以在别人身上看到，只不过是我们在给自己选择了消磨方式之后，没能气定神闲，也许别人看你却幸福得很呢。要不怎么说生活总是在隔壁呢！我想，外国记者和纳西老太太都挺实在，生活就在于自己，虽然他们是两类人，但殊途同归。那么，何不让觉得晒太阳幸福的晒太阳去，觉得做事幸福的做事去，各就各位，预备，开始……

忙得没时间享受美好事物的说法不是事实。街上的生意人会停下买卖来欣赏一丛玫瑰花，或凝视一会儿清澈的溪流水底。农夫会暂停活计，远望雪山变化的容颜，集市上的人群会屏住气观看一行高飞的大雁。匆忙的木匠停下手中的锯和斧，直起身来谈论鸟儿的啼叫声。

哪一种生活都不是新鲜事儿，丽江也不例外

——一种接受的态度

有人反感这样的生活

“如果今年口袋份额不做到10%，你的部门将失去存在的意义。”

“我们的计划是在第一季度推出新产品，达到20%的出口率，但现在的进度表明时机已被延误。”

“这个月的业绩达标率只有47%，谁将为此负责？”

“库存已严重超标，应该马上拿出全国经销店动销方案！”

……

这当然不是什么职场大片，而是都市CDB那些高耸的写字楼里，每个月甚至每天都会上演的桥段。

这是现实世界，信奉一切尽在掌握。

的确，每年，总有无数新的饮料、广告、汽车、鞋子、付款方式、优惠活动，不断从这里复制到全国各地，从而制造出一波波潮流、需要、嫉妒，还有麻烦。

有句话说，一个问题的解决方案，正是下一个问题。

比如伴随着法制健全和经济发达一起而来的，还有一种全新的理想——每个人都深信人生而平等，每个人都深信自己有足够的实力去实现自己的任何理想。

所以，这里无法低头的颈椎病患者和近视眼，越来越多。

现实世界什么都不缺，只缺一样——浪漫。

现实主义者将浪漫拒之门外，因为浪漫会把人变成难以琢磨的情绪化的鸟类，在现实世界的土壤里难以收获果实的蒲公英。

于是，我们到遥远的他方（丽江）去寻找蒲公英。

有人热捧这样的生活

“明天我们举行一场烧烤狂欢吧，把能叫的都叫来！”“为什么？”“因为老刘家的狗生了。”

“我爱上一个人了，请你喝一杯！”

“我刚刚画了一幅蓝色的画，在你家的厕所墙上，不用谢了。”

“我们爬完方圆十里的这几座山，每攻下一座就用一个人的名字命名！”

……

这当然不是宁浩的“疯狂系列”，而是丽江这个魔法地带正常的逻辑。

什么，看不出有什么逻辑？

这是浪漫的地盘，歧视早睡早起和模仿复制，视现实世界的来客为僵硬、冷漠、自私的仙人球，自以为是，不懂享受生活的老古板。

老古板们的审美来自于一摞纸张像上了蜡一样的杂志，那些杂志每一页既挺刮又清新。翻看着这些印满财富、名人、豪宅、海滩、美女的杂志，现实主义者从中似乎看到了生活的解决方案。然而事实上，杂志上说的必须拥有的东西，大部分现实主义者还是一无所有。

的确，丽江聚集了那些最会浪费时间的人，最不爱搭理顾客的店主，最不守时的才子，最不记事儿的美女。但凡来到丽江的人，都会被这种感性的力量所震慑，最终逻辑混乱，只好爱憎分明，示以：我爱故我在。

到底要怎样生活?

争端发生在两种生活态度之间，其中一方认为人生的意义，就是世俗成就，一切用结果说话，不用在乎过程。而另外一方则认为，人生的意义，在于过程中的体悟和感知，除了消失，生命没有新鲜的结尾。

能不能用三两个人，几件事，就反映出这个争端的本质，就像老中医，看到你左脸上分布着的三颗痘痘，就能明白你身体内沧海桑田的变化，然后开出一剂抽丝剥茧的药方?

有一张药方是这样写的——

人们总是将那种一切围绕都为了达成名利目的人称为势利。然而，势利的真相是指那种带有过分社会和文化偏见的人，哪怕偏执的是一段音乐、一种葡萄酒，或者一种生活方式优于另一种。这个争端的症结是：势利包括了说都市比丽江有意义的人和说丽江比都市强的人。

哎呀，哪一种生活都不是新鲜事儿，平等待一切，一切都新鲜。

在这遥远的小镇
思念着你们
爱我的人和恨我的人

请在拥挤的人群中仔细聆听

当我们谈论丽江的时候，“人多，商业化”说的最多。

我们去丽江，除了蓝天、白云、雪山、古城、纳西文化，还有些那些人那些事所代表的生活方式，客栈主人酒吧老板火塘塘主流浪歌手等各色人物所拥有的丽江生活。我们这些迷惘的都市人穿过那漫漫的人海，除了纳西的自然人文景观，心里在寻找传说中的柔软时光，想象或者理想中的生活方式。

这种生活方式是真正留在丽江的朋友，在古城的底气和地气之下制造的文化，客栈文化酒吧文化火塘文化等等组成了新的纳西文化的元素，每一种文化都精彩都有一个或者几个代言人，背后都有 TA 所代表的独特的生活方式，丽江独有，原创。

很多人批评外地客带来的“商业化”，可如果没有 TA 们所倡导的生活方式，你会不远万里来医治你的城市病？你会越过山越过海来寻找一段自在随性的时光？外地客用 TA 们的生活告诉我们“通过实现理想让人相信理想是可以实现的”，哪怕只是过简单生活的理想也是理想。你知道，我们的城市生活不简单，真不简单。

人多，即是人们不离不弃越来越爱的明证。我们一直在寻找理想中的生活方式，一直在寻找我们的精神家园。那些来去匆匆的人，请在拥挤中的人群仔细聆听，一颗颗渴望自在的心在四方街大石桥七一街五一街跳动，我们一样在孤独的旅途中寻找内心的归宿。我们还有一种城市生活中不曾有过的活法，宁

静自然率性，这就是丽江。生活原来可以这样，我们也可以像客栈主人酒吧老板火塘塘主流浪歌手一样活着，这是丽江活法。

这些年来，我们一起爱过的丽江，爱来爱去不懂爱的意义。其实，我们爱的就是丽江活法，每个人的心中都有 TA 自己的丽江活法。

牟鑫（樱花屋老板）说：现在有许多人批评丽江商业化，你们城市里来的人喝着咖啡、住着洋房、用着电脑，有什么权利跑来指责我们商业化？每个人都有追求美好生活的权利，你不能要我们丽江人点着酥油灯过日子吧？你不能要我们的年轻人还穿着纳西族的衣服，被当佛一样供人围观吧？丽江要发展，在发展中保护民族文化。我们现在就是要用商业的模式让他们展示这种民族文化，这样才有生命力，才是进步。

因为舍不得丽江，大家都有话要说，说来说去，都是保护和发展的矛盾。一般来说，保护的发言权在精英手上，隔着岸说话。当地人真实的需要是发展，赶路匆忙。精英眺望，TA 的生活是比较来的，纵至十年百年，横扩中西欧非。而当地人的日子是实实在在的，不是靠说就能解决的。谁都可以是意见领袖，这就陷入了一个怪圈，光说不练，过过嘴瘾，走人。没有人静下来仔细想想，除了说，我们还可以做些什么吧？

我喜欢的老罗说："即便我们只做了很少的努力，但至少我们让世界变得又美好了那么一点点。当我们行将就木的时候我们至少还能说，这个世界因为我变得美好了那么一点"。

那么，我们一起为我们爱的丽江做点事，去"丽江古城拍砖会"说，come on。

海棠花飘落的一刻

——丽江审美模式

丽江模式之一

古城玩的是感觉，可感觉的 B 面是什么，我一直没想明白。当我看了《美，看不见的竞争力》一书，一联想一理论和实践相结合就想到了丽江。B 面是美！看得见的美！这些年困扰我的问题终于被美统统化解，吔！

古城的老房子是所谓现代文明的钉子户，在钢筋水泥里显得异类。纳西房子活在时代之外，这些木建筑的美，你看见了。

当走路都成为奢侈的年月，至少还有路，还有五彩的石板路。一些回声，一种感觉，直逼心灵。古城是一个可以走路也必须走路的地方，曲折的小巷在纳西房子里显得意味深长，美。

房子、小巷、流水、小桥这些元素一组合，像一套超级组合拳，美得让人晕头转向，初来乍到的人会迷失的，你知道的。

纳西文化呈现一种生长的状态，这些活着的古乐、东巴文字等等都是美的竞争力。

我说的美，美的竞争力就是丽江模式，丽江模式是在挖掘丽江人文美自然美所蕴涵的力量，把美的竞争力最大化，而这些美是独一无二的，这世界只有一个丽江。

每个人眼里的美都不一样，许巍感受温暖，"我们歌唱跳舞快乐简单"。陈升在丽江的春天伤别离，"也许会有一天，我们终需要分别，你可不要忘了我，玉龙雪山的春天。"江湖乐队想到"我的姑娘"，在"寒冷的冬夜寻找

温暖的阳光，其实那温暖只需要束河的阳光”呜，呀依吔……因为美，有了竞争力，才有吸引力。

关于美，我引用我很喜欢的一位作家说的话：“朋友曾经在一家单位供职，特别想当个部门经理，可领导就是不肯提拔他，这位朋友日夜为此烦恼。终于有一天，领导良心发现了，晋升的文件发到了这位朋友手里，他看了很久，突然有了一种醍醐灌顶的感觉，他问自己：难道我日思夜梦、孜孜以求的就是这么一张纸？这又有什么意思？想了一夜，他决定辞职。之后到丽江租了一个小院，在那里生活了整整一年。院中有一棵海棠树，到海棠开花的时节，他就会搬一把躺椅，沏一壶茶，拿一本以前来不及读的书，喝两口茶，读几页书，有时会睡上一会儿，睡醒之后就会看见，粉粉的海棠花一朵朵落到他的书中。”“不管你活在哪一种人生中，你都会经历这样的时刻：觉得自己不够幸福，可是又不知如何改变。我想原因就在于少了这样的“海棠花一瞬”，你需要一段悠闲的时间，去品茶，去读书，或者什么都不做，只需要一个黄昏，看海棠花如何从身边飘落。”

海棠花飘落的一刻，多美。美的竞争力在海棠花飘落的一瞬间盛开，像丽江所保有的一切。

怎样留存这些美？也许，发展是最好的保护。

注：丽江古城以完整的“常民生态空间形式”列入世界遗产名录，不同于历史遗迹、博物馆、封闭式城堡等文化遗产。

这里的白天如果没有斗鸟或是对歌等活动的话就没有多大乐趣，只供你在熙熙攘攘的人群里凭吊一番古城不能承载之轻的喧闹，或是迷路之后重新定位一下坐标。

四方街是古城的肺，也有说是心脏的。反正过去吞吐大量的货物在这交易，现在吸纳大量的游客来这散心。有近千平方米，像个开放的大四合院，用现代建筑上的说法应该是一个露天广场。有了这个广场，周围密密麻麻的青瓦房就有了透气的地方。

晚上则大不相同，夜色很自然地把各色人等区分开来：逛累了的回客栈睡

仿佛到从前——四方街

觅，情侣们已不知去向，想猎艳的坐在酒吧街上，还有“走昏”了的已经去了泸沽湖。剩下的就蚁聚在广场。

这时候，巷口抬出一口巨大的铁锅放在四方街中央，锅中架起很高的柴堆，浇上两瓶汽油，“呼啦”一声窜起3米多高的火苗，同时广播里响起了《啊哩哩》的音乐，节日的喜悦弥漫开来，人群在锅庄周围里3层外3层地围起来开始“打跳”。足有四五百人，此时游客多土著少，舞步参差不齐，场面混乱，以其说是跳舞的话不如说是扎堆，体力要好才能扎得进去释放热情。

还好多数游客的热情总是带着都市

节奏，匆忙快速。篝火一灭、广播一停便四散逃去，寻找新节目进入夜生活的下一步。

而锅庄舞会这才真正开始。

等该走的走了之后，中间有人撸撸袖子，从后腰拔出个什么东西吹起来——原来是支短笛。只见反应最快的是那些“披星戴月”的纳西老太太，完全不是白天所见的那种气定神闲安然踱步的姿态，从四面八方几个箭步聚拢过来，互相紧攥着手牢牢地占据了第一排的位置，且跳且唱逆时针转起圈来。吹短笛的乐师控制着节奏，转几个圈换个曲调，速度逐渐加快，舞步也跟着变化。直到加入的人越来越多步伐全乱，乐师不耐烦吹的时候便停下来，忽而又会出现一次冲锋陷阵的景象。每一次都会持续半小时以上，乐师一边揩汗一边数落着队伍的混乱。

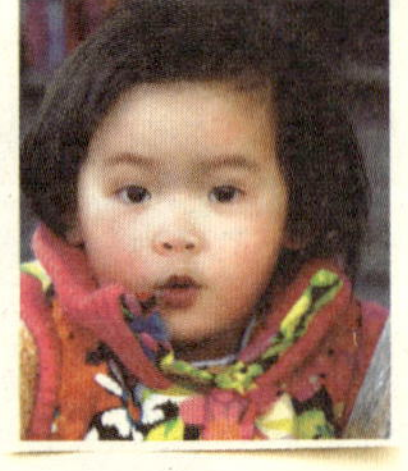

舞蹈中的乐师真是风光得不得了，大有一人吹万人和的架势，最后人们会一再地请他再来一个并一再地表示感谢。

这是真正的民间自发性舞会，并非

为了取悦游客。老人们出于内心对舞蹈的喜爱，青年们从各个村落赶来借跳舞结识别的男孩或女孩，这种平等、免费的社交活动是都市人所羡慕不来的。需要提醒的是：打算岔进队伍牵着某个俊俏女孩的手跳舞很不容易，得瞅准机会，心狠手辣才能把她和旁边的小伙子分开；至于挠手心等小把戏……

四方街直到这时才还给纳西居民，这是他们的交友娱乐中心，真实、质朴、热情、浪漫……

随意得很，桥

鱼贯而过的马帮在大石桥上面留下一团马粪，光滑地泛着青光，引得摄影家们频频按下快门，当作茶马古道的见证。一个马队的人拿着扫把灰铲忙不迭地跑过来……阳光不算明媚，太阳时不时地把云层撕破个洞探出头来。看这游人如织的场面，大概是过了早饭的时间。

桥耳上坐了一队鬼佬，在对面嘀哩咕噜、手舞足蹈，扰乱了我随水而逝的目光。身上浓烈古怪的味道让人怀疑他们的确是属于另外一个物种……

一定要发呆的话，桥上也是好地方。有桥就意味着四通八达，沟通着水路、连接着彼岸。与小巷里的呆味有所不同，这里闹中取静的寂寞里怀有喜悦，拿过往行人的零星片段作咀嚼的素材，顺便让他们带走心中的不快，直到他们早已消失在街头的拐角，又有新的面孔走来。

在这里久坐同样不会招来侧目，思念不会飘得太远，伤心来不及深入，就连原以为深沉的孤独也肤浅起来。

古城能坐的桥不多，栗木桥和石板桥没有桥耳，也很窄，要坐只好把脚垂到水里，只有石拱桥兼得闲坐望风与发呆的便利。

古城的桥有76座，随意得很，它总是在你需要的时候出现，在还来不及感觉它的存在时就过去了，普度众生，却少有人回过头来看它一眼，真是大象无形啊！

鱼贯而过的马帮在大石桥上面留下一团马粪，光滑地泛着青光，引得摄影家们频频按下快门，当作茶马古道的见证。

反认他乡是故乡

奔波的正好休息，闲散的找点刺激，
单身的前来寻情，失恋的想要遗忘……总之，千年的古城是做得药的，专治都市里受的伤。

狗日的丽江，一片东倒西歪屋，一伙破烂溜丢人，
就有本事叫你“反认他乡是故乡”。
踏上那悠长圆滑的五彩石路，

游手好闲的过客都会误以为自己是远方归来的游子，

怀揣着淡淡的忧伤，
泪水也好、汗水也好，
一无顾忌地在这陌生而熟悉的小镇倾倒。

大家都走路，不论贫富，不分等级

— 老外写在书上的老丽江 —

很少有人戴手表，时钟也极少。即使富户人家有时钟，主要为了装饰，而不是为了确定准确的时间。实际上也没有准确的时间。在官府衙门时钟可能显示9点，在另一个地方时钟可能是8点或10点。谁管它呢？人们凭太阳来判断时间。当太阳高高升起在东山头上时，那是起床做早饭的时候了。很难订下准确的约会，如果你告诉一个人8点来，他可能到10点或11点，甚至到中午才来。

丽江就是这个样子，街道铺砌整齐，用水非常方便，没有灰尘，没有臭味。烧煮和取暖用栗炭和松木。清晨总有一股芳香的松木烟柱升起在城的上空。

丽江没有小汽车、马车或人力车。大家都走路，不论贫富，不论将军或士兵，也不分社会等级。百万富翁没有机会显示他的卡迪莱克轿车或罗斯罗伊斯轿车，没有一个汉族的将军能驾驶他的高级装甲车从宁静的丽江街上轰鸣而过。运动一律对各阶级的人有一种奇妙的拉平关系。一个步行的长官或将军看起来不是那么令人生畏，难于接近，即使最低贱的农夫也可以随便亲热地向他打个招呼。

“每次你路过这里都叫我们傻瓜”（“Madame”与纳西语“女傻瓜”发音近似），她大叫道，“如果你再叫我们 Madame，我就狠狠揍你一顿。”她勃然大怒。其他的人大笑起来。我保持尊严，尽力做解释。“太太”，我说，“我这样称呼你是出于礼貌。在意大利语里是 Madame，那正像汉语里的大妈。”我继续称呼她们“太太”，每次有一些假装跟我生气，“他又叫我 Madame 了。”其中一个尖叫起来：“等着，我们要抓住你！”她们暗自发笑。他们确实说得到做得到。有时她们会抓住我的拐棍或扯我的裤腰。不过每当这样做后，她们立即表示后悔，并且用一个橘子、几个核桃或一个酒泡梅子来安慰我。漆黑的夜晚她们点着明子（松树火把）护送我到半山腰。

—— 这是一个老外，在丽江生活，办工业合作社体会到的生动丽江。

《被遗忘的王国》
（俄）顾彼得　著
李茂春　译

干杯吧，一切都是最好的安排

空气里洋溢着旅行者的欢喜，在四方街广场，有一个倒霉蛋却想哭。太阳满意地在狮子山身后落去，月亮已准备好庆祝夜的到来。这一切刺痛着那颗受伤的心灵，懊丧像流水一样打磨他。上帝这小子竟然会惩罚一个卖了房子车子追寻梦想的人，公道何在?

昨天，他还在另一个城市，过着安稳的生活。现在，他却在这遥远的丽江，成了一个陌生小镇的陌生人，一个失魂落魄的一无所有的可怜虫。

那个骗子是上帝派来毁掉他的吗？让他追梦的天堂瞬间变为地狱。他恨不得把他撕碎，连同全世界鼓吹梦想的机票。

他走进一家餐馆，只想找份能够填饱肚子的差事，老板拒绝了他。这时，他却听到一个人在酒桌上高谈阔论："嘿，信不信？世界上的事，一切都是最好的安排。他说，以前啊，因为有一位不喜欢做事的国王和一位不喜欢做官的宰相，所以，地不大，人不多的这个国家，人民过着悠闲快乐的生活。

国王没有什么不良嗜好，除了放鹰打猎以外，最喜欢与宰相微服私访。宰相如果是一个人的话，最喜欢研究人生的真理。他最常挂在嘴边的就是“一切都是最好的安排”。

一天，国王在打猎的时候，被一头花豹咬掉了小指头的小半截。回宫后，越想越不爽，我一个高帅富，回来居然够格领残疾人补贴了。找来宰相饮酒解愁。

宰相说：“国王啊！残疾人就残疾人嘛，人家海伦、张海迪不都出书成名了？少了一小块肉总比丢了一条命好吧！一切都是最好的安排！”

国王大怒：“你竟敢讲这是最好的安排。”宰相毫不在意：“国王，真的，如果我们能站到天宫一号空间站上，放大眼界，确确实实，一切都是最好的安排！”国王一击掌，命令侍卫：“把他拖出去毙了！”

侍卫一时没反应过来。国王说：“还不快点，是不是想和他一起享受这最好的安排？”侍卫瞌睡都吓醒了，拖起宰相往外跑去。

国王忽然有点后悔，把他斩了，以后出宫谁帮我买单啊？他大喊一声：“慢着，先抓去关起来！”

宰相回头嫣然一笑，说：“这也是最好的安排！”

国王养好伤，忍不住去山上找花豹单挑。走进山林，与一队脸上涂得像英国足球流氓的蛮人艳遇了，三两下，他被五花大绑，带到山上。国王看到准备好的油锅就明白这回要变肯德基了。

大祭司现身，扒光国王的衣服，露出他细皮嫩肉的龙体。“哟西，想不到能找到这么完美无瑕的肯德基献给月神姐姐！”

这时，大祭司发现他左手小指头少了小半截，Fuck、Shit 乱骂一通，下令把这个废物赶走，另外再找一个。

原来，今天要祭祀的满月女神，象征“完美”，祭品要像没吃过的月饼一样，不能残缺。

国王一路飞奔，路上不忘飞信释放宰相、设宴庆祝自己保住一命，并昭告天下提高残疾人保障金。

“国王没变肯德基，是‘最好的安排’，可是宰相无缘无故在监狱里蹲了一个月，这又怎么说呢？”说故事的大哥问，没人答上来。“你想啊，要是国王没把宰相关进大牢，那么陪他进山的，肯定是宰相；蛮人发现国王不适合祭祀，宰相不就 Over 了？”有人说：“太神了。”

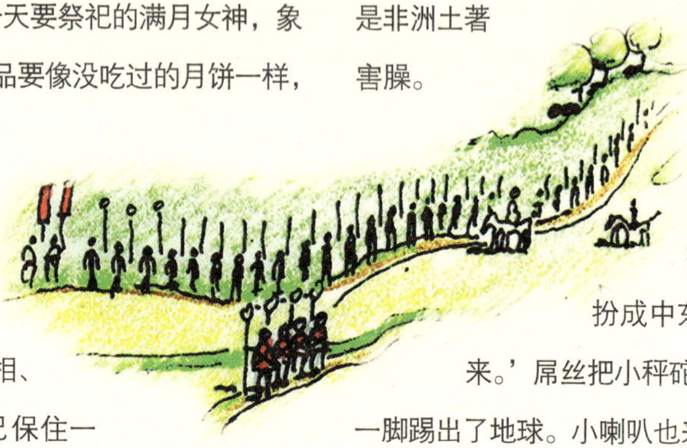

“真的嘛，世间的事就是神得很。小秤砣和小喇叭跟着马帮做经贸。一次，小秤砣来到一个村子，村里男女屌丝正聚在空地上裸舞。小秤砣一看，太有伤风化了嘛，冲上前说：‘你们以为自己是非洲土著啊，不知害臊。快来把我的这些服装买下，把自己打扮成中东油王再出来。’屌丝把小秤砣暴打一顿，一脚踢出了地球。小喇叭也来到这个村子，看到集体裸舞，“哇，奥运会开幕 VIP 票也看不到啊”，脱下衣服和大家一起共舞，结果村民不但热情款待了小喇叭，还用公益基金买下了他的所有货品。”

“你的意思是做生意就是要敢脱啊？听你讲人生哲学，怎么还挺色情。”有人说。

老和接着问："你们说小喇叭姓什么？"大家摇摇头。"姓和了嘛，我们纳西人不就是这种顺应，像古城里的河水一样委婉从容才在各种民族、文化的夹杂中生存、发展的？"

一个人讲："老和倒是这样的人的，好多人来找他，想和他做生意，想骗他，从他身上捞点油水，想让他帮忙、施舍……蚊子都来找他讨血喝，他都统统欢迎。上次我提醒他有个人常常占便宜，要提防，他说：'让自己上一点当，他要占便宜我就主动吃点亏嘛，没什么不好。'

那次，他去拉市海收购一批预定的苹果。当他到达时，苹果已经卖给了另一个出高价的人。可他还是在村子待了几天，把钱分给贫穷的家庭，教村民用天然的方法储存苹果，还参加了一个婚礼，然后满意而归。合伙人老张说：'你浪费了这么多时间和钱，什么都没带回来。'他却说：'嘿嘿，我凭空得了一个假期，还带回了珍贵的友谊、信任、欢乐的时光，赚得很。'老张气得鬼嚎：'这些能当饭吃吗？'他只是笑笑。后来，村民把最好的苹果都留给他，价格还不高。他挣了很多钱。"

"不会吃亏的，上天会让某件事发生在你身上，必定有他的美意，而那个美意一定是'为了你好'。你之所以会觉得不好，那是因为你并不了解整个计划。'坏事'从来不是一个诅咒，它永远都是祝福。"老和说。

倒霉蛋脸上显出光芒，他想，老子为了逃离现实来丽江，为了那些更好的期待。但身边这些人正在传递一个秘密：哪一刻不是最好的呢?

他顿悟了，人生一下子高贵起来。他激动地挤进这桌人，拿起一瓶酒举到空中，对着这个几个生命秘密的信差高喊："干杯吧，一切都是最好的安排！"

无论你遇见谁，他都是对的人。

无论发生什么事，那都是唯一会发生的事。

不管事情开始于哪个时刻，都是对的时刻。

已经结束的，已经结束了。

"一切都是最好的安排"就是那句值一百万的话。

这是一句与六字箴言并列的、最灵验的咒语。在你被小强吓到的时候、被女朋友一脚踹了的时候、被艳遇的时候，你只要记得念上一句，"这一切都他妈的是最好的安排。"你的生命就会很体面。知道吗？我们做这本书，所有的一切，都只为了来衬托这句话。

我们拍了无数照片、创作了无数文字，甚至，不瞒你说，还收了无数的赞助费，全都他妈的只为了这句话。为了使你沉醉于痛苦的时候，还能想起这句解脱神咒来。给你一个小小的建议：嘴里随时随地念叨着"一切都是最好的安排，一切都是最好的安排……"逢人就说"一切都是最好的安排"，或者对着宠物说，或者对着花卉植物说，或者对着死机了的电脑说。

我想到一个很远的小镇，去看看我自己，在空旷的时光里

还债的人回来了——木少说

把遇见的消息放出来是为了告慰那些想念这个当年顽劣少爷的朋友们。我在丽江又见到木少了。“干了不少坏事。”这是他对以前的木少的评价，像讲别人一样。“现在是大释，已经不是木少。”大释是他新起的法名。

和朋友聊天时能听出来，在坚守与放弃的间隙，大家多少有点感到自己成了迷失的主人。而他就在这个时候，回来了。他说：“我还债来了。而且我从来就没离开过丽江。”

“我吃的极简单，一碗粥就可以。”

“那家馆子没粥，可以吧？”

“可以，我已经真的不在乎自己了，还在乎什么呢？”

“跟你对话真是无言以对。只有听的份儿。”

木少说：

1. 你对世界的认识至少得有一个旅行。

2. 我是一个特别贪婪的人，本来就应该这样健健康康地生活，但身体太好，又有很多幻想。一进丽江就特别开心，定不住，像小孩子玩玩具一样，特别疯狂，不知道休息。没日没夜，筋疲力尽。最后，到了另外一个比较极端的生活状态，这个状态就叫——安静。

3. 只有十年以后的今天又回来，才能真正安安静静地坐在这蓝天白云之下、一棵树底下依树而居、以白鹭为邻，鸟语花香，才真正地成就了所谓的生活。今天我就不需要很多很伟大的事情来证明自己了。哪里不是丽江哪里不是家呢？所以我从来也没离开过丽江。我一直坐在一棵树下呢，你们看不见吗？

4. 刚来丽江是来找安静之地的，可是到了安静之地又祸害了这种安静。那个时候老头老妈妈都特别好。门都很古旧，屋里黑漆漆的，顶多有一个灯泡，颜色昏黄。老妈妈把烤土豆拿来，拍一拍递给我。我这个人嘴甜，叫一声老妈妈。她一看，又慈悲了，光给土豆不行，又割了点肉。那时候丽江包括白沙、玉湖都是那样的。水在轻轻流淌，风中的柳絮轻轻飘柔，老头老妈妈都在太阳底下享受阳光，然后我就特不要脸，不知深浅地招摇地来了，特别不恭敬，大声喧哗，拎着一条大狗在街上走，那狗叫一声满城都知道，觉得挺牛逼，挺酷。把城市里小流氓小混混的习气给带来了。然后人家收古城维护费的来了，“你，罚你两百块钱。”然后我就觉得：“我靠，太黑暗了。我们刚一来怎么就管我们要钱呢？”就开始跟人家理论，讲道德。其实，我已经不道德了；人家说你不能放摇滚音乐，你要放纳西音乐，人家已经照顾你了，没让你滚蛋，还介绍你一种音乐叫纳西古乐。你非得要放摇滚音乐，就大不敬了，冥冥中自然派人来惩罚你了，各种人和事来找麻烦。

慢慢开始有人混不下去了，而这几年留下来的都有了见识。

5. 丽江的朋友变化非常大，上课上得很好。以前很安静的人，变得不安静了，开朗了，这里灿烂的阳光太光明，把他变得非常开朗。所以他们开始有说话的声音，可以听到他们清脆的笑声，把一个不欢乐的人变得欢乐；丽江还把一个喜欢热闹的人，变得安静了，来的时候特别 High，每天像过狂欢节一样，现在一见面，哦，这个人成了一个特别有道德的老人了。开始恭恭敬敬，对待每一个人都特别谦虚，有了真道德。

6. 丽江本来就是一个修行的地方，所有人到这来都是上课的。我还是一个比较落后的学生。真正的好学生不会夸夸其谈地坐在对面跟你聊天。他们太幸福了，他们会在一棵树下，享受阳光。他们有智慧，但我命比较苦。前几年在丽江，就等于在贷款，现在房子也住完了，就要讲一些故事还债，分期付款。

一个小孩说了不该说的话，佛说：你无明。

小孩说：哎哟，大师，咱是世俗之人，无明咱听不懂。

佛就沦落，降到菩萨了，说菩萨话了：这个无明啊，叫障碍。

小孩说又听不懂，佛又从菩萨降成人了，说人话了：障碍就是你是混蛋，是一个不明白的人。

小孩一听，明白了：这样的人怎么能教化我，"混蛋"是我的语言，老师都说混蛋了，跟我一样德性嘛。

最后佛陀逼急了：你他妈是畜生。

一下子，孩子明白了：我是人啊，不是畜生。就这样给打醒了。

这说明：

①不要跟不明白的人混，你会不小心沦落到跟畜生一样的地步。老师要降了说混混的语言，混混才能明白；要跟明白的人在一起，不知不觉就给你加持。

②上师是陪你一起堕落地狱的人，比如丽江。你早一天得道，菩萨早一天成佛。如果一个人不明白，做畜生的话，菩萨就在底下压着。你是坐在菩萨的身上活着的。

7. 有人说："我太他妈倒霉了，一进这个城市被人抢了很多钱。一进来有很多人扇我耳光；有人说："这里特别美好，每个人都特别快乐，都没说话，就有人来帮我忙。"这是非常准确的物以类聚，磁场和环境也是这样。我在丽江生活了十年，搞木雕的啊东在丽江开店也十年，为什么我跟他之前不能相遇呢？因为那时我身上的气场太脏，他的磁场特别沉静，所以我没有机缘跟他相识。今天不一样，我回来，我也干净了。他的磁场和我的磁场的感召力到了。一个魔性的人见到了一个魔性的木少，一个干净的人见到了一个干净的木少，就像照一面镜子一样。如果现在有一个以前认识的人说："木少，我在一个地方喝酒呢，一群哥们儿都在，你来吧。"那我请都请不去，因为磁场不对，没有缘分了。谢谢你召唤我哦，啊东。

现在眼前的木少安静、说起话来平和，不吝啬幽默和大笑、时不时拿自己垫底，举个反面例子。星星闪闪当年万人迷的影踪。看来，那些年的歌舞笙箫转化成了今天的明净，就像污泥对于莲花。关键是交他这样的朋友成本极低，咖啡馆聊天，他只喝光水；一起吃饭，他吃素，很少。不过，遇见他的缘分成本极高，那些曾经朝朝暮暮者未必有缘得见呢。

你看他推个多年的老山地车，和着阳光融进古城的人群，心底回响起他刚刚说的话：丽江这个地方特别能变通一个人。佛陀入灭的时候说，世界上没有救世主，只有自己是自己的彼岸。

理想主义者的第一批粉丝来到丽江，十年前。

那时，理想主义者们全是老板，因为他们在开店，开那种显然养不活自己但喂得饱理想的各色小店。那时的生意很小，旨在过一种简单生活，勤劳的人节制勤劳，用更多的时间来唱歌跳舞，快乐简单。

而粉丝们，则攒足了满腹的赞赏和向往，打算做本书来歌颂他们，这几个人就是我们。（果然，其中一个写完这本书后，彻底叛逃，成了丽江小生意的一员）

十年后，当年的理想主义者，有一大批已经撤离丽江，从此与她恩断义绝；有的找到了新的理想国，甚至远到泰国的北部；有的继续游走，在路上炮制简单生活；有的隐退回都市，在物欲的大幕中探索理想的尺度；有的坚守在这里，誓与丽江共命运。

他们熬成了大老板。

几年前，在代表一家媒体对这批人中的典型人物牟鑫进行采访时，他说："我现在最大的愿望就是再开一家酒吧，当年那样的酒吧，只与朋友对酌。"（说这话的时候，他已经是丽江酒吧最大最多的老板）

你以为无为是无果？

——丽江向左走、向右走

十年前，在古城里，我们被很多纳西老人和小孩围观；十年后，我们再也找不到一位纳西老人示以同样的敬意。

太商业，太喧嚣，太艳俗。这是一部分人恨丽江的理由，因为曾经爱过。

要经济，要发展，要人多。这是另一部分人努力的理由，因为是家。

这部份人认为另一部分人擅长谋生，却不会享受生活；另一部分人认为这部分人消极逃避，是人生的败寇。

回想一下，当年我们住在有马粪味的二楼时，也曾盼望有一个整洁的房间供我们疲惫的身心睡一个好觉。当年我们经过一天的颠簸，经过数个凶险的拐道于深夜到达丽江时，也曾希望能否打个盹儿就到。当年我们看到这么多的有趣青年在这里过着如此有趣的生活，头脑一热，萌发了昭告天下的想法儿，于是，我们写了第一本《丽江的柔软时光》，至今，当年一小撮打算私藏丽江的理想主义者们仍认为，这是我们对丽江犯下的，不可饶恕的错误。

如今，我们也在怀念，怀念那时古城寂静空旷的晨夕；怀念那只用 80 块，就可以独享一个大平台 + 大木屋的豪华待遇；怀念那些理想主义者们的高谈阔论和煮杂锅菜的厨艺……

这是什么话，墙头草的宣言？

这是个人人有话要说的年代，既聒噪，又是自由的体现。

矛盾，就是如此明显。它让人痛。然而，痛与绝望是两回事，因为痛是件有希望的事。

所有希望古朴丽江的人，希望繁荣丽江的人，希望宁静丽江的人，希望人气丽江的人，是否真正做好承受想获得古朴所带来的美好的艰辛？是否真正理解了商业所带来的财富背后价值简化所带来的空虚？

丽江人、新丽江人、管理服务丽江的机构、游客、恨丽江的人、爱丽江的人，他们的矛盾一定要化解吗？

我们曾经失去风、雅、颂，失去过唐诗，也失去过宋词、元曲、明清小说，但我们迎来了 QQ 空间和微博。

所以，矛盾不需要化解。

正因为矛盾存在，才让发展不至于激化、治理受到监督、商业支撑文明、人流带来创意。

正如没有欲望，就不会有商业；没有自私，就没有国家；没有自我，就不会有艺术一样。

在熊培云的《重新发现社会》中，用了一段诗意的比喻，似乎为此找到了解答——

“河流弯曲是为了哺育更多的生灵”，想来社会改造也是如此吧。是的，它发展得十分缓慢，简直让人无以忍受，可这种表面上的弯曲何尝不是为照顾更多人的利益呢？暴力革命如瀑布气势磅礴，从天而降，飞流直下三千尺，但它不为任何人停留，只有噪声而无营养。

这就是世，这就是界。

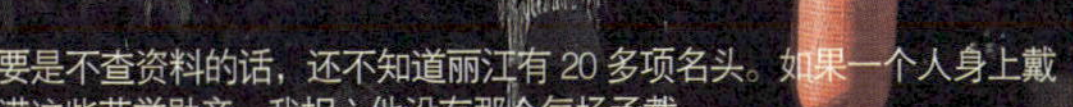

要是不查资料的话，还不知道丽江有 20 多项名头。如果一个人身上戴满这些荣誉勋章，我担心他没有那个气场承载。

丽江古城四项荣誉：世界文化遗产、中国历史文化名城、全国文明风景旅游区、国家 5A 级旅游景区、欧洲人最喜爱的旅游城市、全球人居环境优秀城市、中国令人向往的 10 个小城市之首、地球上最值得光顾的 100 个小城市之一、CCTV2006 中国魅力城市、全国民族文化旅游品牌十强、游客最向往的旅游景区、首批“国家旅游名片”、中国最佳旅游品牌景区、中国百强旅游景区，改革 30 年—中国最佳旅游目的地、中国国际旅游文化目的地、影响·中国特色魅力城市、荣获“中国文化旅游发展贡献奖”、4A 级风景名胜区等。

古城“拍砖会”长

丽江古城无小事，掉一根针，好像总有人都能听到。

大胆请网民参与古城的管理，不管你的“砖题”怎样？举的砖是“高举轻放”还是怎样。

能用这种方式听取民意、有这样平和心态的人是丽江古城保护管理局党组书记、局长、丽江古城保护管理有限责任公司董事长 和仕勇

哎，不就是个艳遇吗？

对面的人狠狠咒骂："《丽江的柔软时光》那帮人要不得，把'艳遇'的帽子扣在丽江头上，引来多少心怀不轨的人。原本正经的，也不正经了。"我们只能老实点："是的是的，是我们这几个混蛋"总不能沾了光，一挨骂，就跑了吧。

木少这个艳遇惯犯也说了："是朋友，我就直说。你们这个艳遇，不管本意是不是男女那啥，但按现代人的理解，不就是那啥吗？造孽啊，别人做坏事顶多口耳相传，你们这一传就是几十万上百万的法力。所以，现在不要再说艳遇了，应该说是清净之地，让人们来修行，这样的正能量传出去，这本书功德就有了。"木变了。

是的是的，何处不道场？

艳遇的至高境界是不怀艳遇。没有善恶、得失，随缘即是福，不可持一物。

当心通明透亮，那可遇的艳，又怎会错失？那不可遇的艳，又怎会强求？

去丽江前祷告，千万别有什么艳遇，影响我旅游！

在丽江立状，不艳遇上一个，我誓死不回！

牟鑫：艳是主观的，遇才是客观和不可强求的。

我说：艳是客观存在，遇是主观需求。

老妖：我们要打倒艳遇。

莺莺：有艳，我遇。有艳，我不想遇就不遇。

樱花屋：艳遇不是什么洪水猛兽，它是溪流中的小拐弯，它是动物园偶尔逃跑的小麋鹿！

酒吧中有人站起大叫："艳遇在哪里？哪个需要艳遇？"我以为我醉了。

"她每年只来一次，居然让我遇上了。"

《阿呆拜寿》

十六号，四月十六号。一九六零年四月十六号下午三点之前的一分钟你和我在一起，因为你我会记住这一分钟，从现在开始我们就是一分钟的朋友。这是事实，你改变不了，因为已经过去了。

《阿飞正传》

我不是随便的花朵。

这是一个猜单双的地方，单的会变双，双的会变单。

我不知道对方身份下发生的爱情至少比现实社会准则下的爱情更纯粹、更可爱一些。

不可以一朝风月，而味却万古常空。不可以万古常空，而不明一朝风月。

艳遇是活在当下，没有以前也没有将来。

这么多年，丽江变了，艳遇哲学也升级了。老大教育我说：当艳遇的想法出现，就像一小片云朵生起，一小片云能遮蔽蓝天吗？当然不能。不过如果你认同它、相信它，与那片云扯上关系而扯不清的话，你将发现自己已被那片云吸进去，而不见了那无垠的蓝天。

但是，如果你只是单纯地看着想法生起，既不赞同也不反抗它，那你就会保持开放，一直与无垠的蓝天同在，与无尽的艳遇同在。

哎，不就是个艳遇吗？神神叨叨的。

你的地盘我做主

——丽江混混

“哥们，从哪来？”到火塘才坐下就有人来搭腔。

“昆明。”

“不会吧？不像云南人。”

“做什么的？”

“做书的。”

“什么书？”

“《柔软时光》。”

“不错啊，《丽江的温柔时光》，我买过，没时间看，都送朋友了。留个电话吧。”

……

旅行所遇到的，无非是沿途的风景和人，然后才会有小片断、故事直至传奇，片断偶尔被想起，故事写到书里，传奇却常被人们提起。

每天会遇上不同人，被不同人遇上，这就是丽江。

我就见过这么一群混混，没特定职业，可能是向导、中介、媒体人、各类民间活动的组织者、各种丽江作品的参与者和信息中心等等，身份可以是民间、半官方、官方，自如地在各种身份间改头换面，代表不同组织。

丽江混混约等于资深旅行者、游侠、文艺青年的总和。

当混混，丽江的日子更好过些。

我找到了捷径，去2416边缘艺术工作室，去火塘，那里是混混密集的地方，方便拜师，容易上路。

我知道，一要脸皮厚，要不拿什么蹭饭？二还要有点才艺，要不怎么讨人喜欢？

那天，一伙浪人在木府外卖唱，旁边还有美女，我有兴趣，凑上去打招呼：

“哥们，哪来？”

“大理，过来一起玩。”

就认识了，我佯装拍照，其实想混入圈子内部。

一伙人嫌人流量少，转移到关门口一带，美女往纸箱里先放上点钱。山羊胡唱老歌，鸭嘴帽敲鼓，同来的美女们跳舞，很煽情。有游客感动了，掏钱。

半小时，纸箱就铺上厚厚一层纸币。散场时，我要了他们电话，留下蹭酒机会。

丽江太好混了，到处是机会，可以混到饭吃、混到钱、混到情人、混到时间、混到幸福、混到某种程度的名誉。大混混老马就拍过号称一刀未剪的纪录片DV《丽江混混》，《新周刊》的老头子在里面也混了一票。

丽江混的老外也多，韩国的、加拿大的、爱尔兰的、孟加拉国的、菲律宾的，丽江工作室那一伙搞交流的也在混自己的生活。其他的小混混跑街边弹弹琴，酒吧里跑跑场。

各种野导，连玩带混，有个哥们叫阿甘，跟人去了趟虎跳峡，就混到了一个女研究生。有名的小石头，没固定职业，搞点装修、烤乳猪、带人玩玩，现在是大混混了。

我发短信给卖唱那伙人，“嗨，在哪活动？要帮忙吗？”

“今晚取消活动，我约了很多朋友在新城吃火锅，快来。”

丽江经常会混到即兴的饭局，只管享用，不用管谁买单。

去火塘，我碰上了几个小混混，才入门那种。“朋友，在哪工作？”问这样问题很幼稚。

“大蕃茄。”

“哦，批发蔬菜还是水果，来丽江发货？”

我没生气，给大家发了圈名片。

看看，他忙着道歉，“不好意思，搞错了，《丽江的温柔时光》原来是你们呀！”

“不对，是丽江的温暖时光。”旁边的出来纠正。

我无语。

"小兄弟，过来，喝一口，我俩是同行。"旁边有位老哥开了腔，"我是做报纸的，你们做书，一个系统的嘛。"

"也是，找到组织了。"我喝了口酒说。

"兄弟，来我的地盘不要见外，有困难只管讲。"口气很大，我有点怀疑他的实力。

后来，我才发现认识了一个高级混混，他混了很多年，老资格的"路子野"，官方非官方可以拿来下酒。我也混得不错，蹭了他一顿饭，还蹭到一场《丽水金沙》，出来混真好。

高级混混也是从小的开始，精怪阿瓜、掮客波特、浪人老徐几个就有高级混混的面相。我们也有潜力成为高级混混，从丽江混到大理、阳朔、海南，靠认识不同的混混写点酸文赚点钱，介绍更多的混混认识混混。

自在的游人、悠闲的店主、美丽的女孩、长发歌手、写书的人、传说中的混混……做个数学里的排列组合，变化出无数相遇，混混爱上混混，混混离开混混，无数相忘江湖的片断，小说一样的情节，时间长了，流传下来，就是传奇。

于是，我唱起混混的歌，"繁华的世界里（啊）什么歌都有，就是没有我的这首歌，一首两首，谁也不会背，因为我们是流浪歌手……"

贴士：

混混鉴别知识

小混混：无名、不轻易花银子、普遍认识人、势利，看脸说话做事（偶尔做点违背道德的事情）、全面收集信息（包括吃饭时隔壁谈论的话题，各种飘散在空气中被时刻遗忘的频率）、混一种生存。

大混混：有自己的圈子、对丽江甚至整个大香格里拉地区熟悉如自家客厅、混名混利、从事常规非常规的自由职业（比如旅游信息服务、房屋店铺中介服务、装修信息服务、临时导游、书或专辑策划和大小活动的组织、联络，获取有形或无形的回报，既更新资源，又解决实际问题），混名利。

高级混混：自己认识人远远没别人认识自己的多，自己就是一个丽江的信息和渠道中心。出手阔绰，善于助人，你的地盘我做主，没事找我。花自己的钱帮别人的事，不做不想做的，混自己的生活。

即使那些见过上海、香港和加尔各答霓虹灯的光辉的人，也总想回丽江生活。因为他的心在不经意的时候，已经被丽江珍藏起来了

老鹰发烧友——放鹰

干几干几胜玉龙桥冷土（走啊走啊到了玉龙桥）
入入工工本尼可冷哇休（晕晕乎乎就过了半天）
日特好子可克五克（喝酒吃饭放鹰放狗）
律不此美对罗兴余江斥友谋（看起来人生真是美好啊）

从纳西族的传统民歌中可以看出，放鹰，是他们美好生活不可或缺的组成部分。历史上，纳西族就出过不少玩鹰高手。例如纳西族猎鹰专家桑岳生（1876 ~ 1958），桑公自幼爱好放鹰、养鹰、驯鹰、猎鹰。曾 6 年隐居山林，绘各种形态的鹰 280 只。他绘制的鹰，形态各异，笔法细腻，描述鹰之不同形态 174 种，并附加 29 条文字说明。

桑公于光绪二十九年三月，只身一人带一条狗、一只鹰、一张弩弓，徒步从丽江“依古堆”古本（大研镇古城）出发，沿石鼓、老君山、黎明，经维西县翻越高黎贡山，顺澜沧江南下，抵湄公河入海口返回。记下了不少鹰的习性、种类和形态动作，创下了纳西人只身徒步“三江并流”探险旅行的先例。

我的忘年之交，杨老师便是个中好手。每年秋末，杨老师都会抓一只鹰。抓鹰，可不是一件简单的事，要熟知鹰的迁徙时间、迁徙路线，更要有当地朋友的积极帮助。没有当地人的同意，外人是不可以随便抓鹰的。

捕猎用的鹰是候鸟。每年深秋的某几天，他们会从遥远的北方向缅甸方向迁徙。绕过玉龙雪山，经过一段连绵的山脉，这是抓鹰的好地方。杨老师们会连续几天潜伏在山上，支起鹰网，布下活的鸽子、小鸡作诱饵，在鹰凌空而下的时候，一举拿下。他们只取所需，绝不多捕。鹰拿下的第一件事，就是仔细地将鹰的眼帘由下而上地缝上。杨老师说，这一步非常关键。因为是野生动物，如果不缝眼睛，会被各种陌生的声音和事物吓死。

鹰的适应能力还不错，两三天后，对外界的声音熟悉了，眼睛就可以打开了。但事情刚刚开始，每年这段日子最为忙碌。杨老师和儿子轮流把鹰架在手上，几个人打牌喝酒聊天烤火，彻夜不眠地熬。“就是和老鹰比，看谁熬得过谁。到最后，鹰熬不过人，野性熬掉了，就听话了。”他说。

熬鹰看着挺简单——戴上厚厚的皮手套，让鹰站在手臂上但是辛苦无比，举上半小时，酸了软了。要时刻提防，老鹰扑扇翅膀要挣脱绳索，若被打着，会受伤。

熬完鹰，开始训练。一般是在鹰腿上拴条长长的绳子，一人架鹰，一人在远处举着一块新鲜的牛肉，向鹰发出呼唤的指令，让饿了几天的鹰来取食。十几天后，开始上山

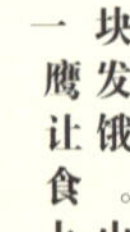

鹰猎了，俗称“放鹰”。一个庞大的团体出动：一只鹰，五六条狗，七八个人。

放鹰的日子，一大早出门。备好吃食，架着老鹰，牵着猎狗，神气地走在古城的小巷里。其实，丽江人说放鹰人是“出门像公子，满山跑是疯子，回家时像花子”。

整个秋冬季，杨老师们每周都出来打猎，有时甚至一周几次。不过，每次都要换个山头。这是老祖宗传下的规矩，不能竭泽而渔。

这一年的第一站，我们去文海。到目的地，猎狗狂吠，跃下车去，撒欢地跑。大家四散开来，在路上已分好工，谁牵狗、谁架鹰、谁负责瞭望，职责明确。

放鹰前，杨老师要给鹰“打扮”一下：在鹰尾上，拴一根长长的白色公鸡羽毛；在鹰身上，安一个追踪器，可以一直发出“嘟嘟嘟”声。这样，鹰放出去后，再从深林密的地方，也容易根据颜色和声音，找到鹰和猎物。

放鹰，一般从山下有庄稼的山头开始，向附近的山林搜索。这是野鸡经常出没的地方。而且，野鸡被赶起时，多数会飞往山下的庄稼地，便于捕猎。

文海，是杨老师几年前教书的地方，他说当年这里的野鸡成群结队，随处可见。现在，一天下来，猎人们翻过几座山头，累得人仰马翻，却一无所获。杨老师说，现在野鸡越来越少了，但今天主要还是因为时机不对，气候太冷，庄稼地的青苗还没有长起来，野鸡不会在这边觅食。因此决定，改道前往气候较暖的金沙江边。

江边的路上，有人发现远处山上有只野鸡飞过。大家开始精神起来，停车。

一部分人带上猎狗，穿梭在山的中部，不断地吆喝着，驱赶着。杨老师架着鹰走在山的上半部，笨人，在山下的庄稼地里，观察猎物和鹰的动向，随着猎狗的一阵咆哮，一只野鸡飞起。我们在山下大喊，起了起了。杨老师一松手，猎鹰腾空而起。半空中猎鹰瞄准目标，收起翅膀，如脱膛而出的炮弹，直直射向惊慌失措的野鸡。野鸡应声落地，猎狗狂吠，围追过去，往树丛追去，猎人们也在后面追赶。

几分钟后，猎人们欢呼：抓到了。鹰每次抓到野鸡，要先用爪子拔鸡毛，等拔得差不多了才吃。猎人利用这个间隙赶过去，再用牛肉吸引老鹰，换得野鸡。

夕阳乍红的时候，收获了三只野鸡。尽管还能看到一些野鸡蹿来蹿去，但没人打算再去追击。我们在溪流边，支起带来的火锅，用三只野鸡和着带来的蔬菜，弄成山野美味。望着被夕阳染红的溪水，听着朋友们唱起纳西歌谣，喝着自酿的大麦酒，人醉了，心醉了。

到了来年 4 月，鹰回迁的时候，杨老师把鹰放归自然。他说这是老祖宗传下来的规矩。

马帮的孩子
说马帮
纳西谚语：
骏马蹄下无远程
勇者面前

“山旮里旯”

我们不叫“香格里拉”叫“山旮里旯”，因为偏僻，生活很艰苦，地理环境造就了马帮与藏民族兄弟般的感情。传说神生了三个孩子，长大了都不会说话，忽然有一天，老大一张嘴说了现在的藏话，老二一开口说了现在的纳西话，老三张口说了现在的白族话。所以纳西族、白族、藏族是兄弟关系。

“父亲的枪”

马帮生活很艰险，常会遇到猛兽、土匪等危险，晚上睡觉的时候马会用不同的叫声来预报危险，土匪来了最先抢的是“枪、马、刀”三件，父亲有办法，晚上睡觉子弹上膛，用绳子拴着扳机，另一头拴在身上，枪口朝外，土匪摸过来，一拉枪管就后果自负了。

“父亲的善”

作为马帮的儿子，多半会走上父亲的路，到时父亲会留下一支枪、一把刀和一匹马，就算责任尽到，否则，留下一个银碗、一双银筷和一把刀，有钱也不会多给，裹着糖衣的小善会使孩子无能，铁石心肠才是大善，才能成就后代。当点石成金时，你是要那块金石，还是要手指？

“活着就是胜利”

茶马古道不是一条路，而是像蜘蛛网一样繁杂，从丽江出发，要走三个月，来回一趟就是半年多，其中艰难是说不出来的。积雪还没有融化的时候，马帮就上路了，积雪盖住了山崖间的缝隙，看起来跟平地一样，一脚上去，人和马都跌下去了，活人除了绕开继续走，什么都不能做，等来年再到这里，雪化了，会看到人和马的骨头悬挂在山崖间的树枝上，汉子们尽力取上来，就近埋了，有的货还好好的，就带走上路。

“马帮领导头骡”

走在马帮的最前的叫头骡，打扮得很漂亮，笼头上绣上花，还缀着些五颜六色的绒线，马鞍也是绣花的，可不是谁都可以这样花枝招展。必须是经过多次的跋涉考验，表现出最有耐力和经验的。在行进中，头骡会凭经验和敏锐，避开一些障碍和危险。休息的时候，头骡被放开到处吃草，其他马则被拴在一起。如头骡吃了，表明草没毒，其他马都可以吃了，否则，都没得吃，只有换个地方了。

“马帮的交通规则”

茶马古道很多地段是栈道。一边就是悬崖，狭窄得只能过一匹马，转弯处要赶忙敲锣，谁先敲谁先过，跟汽车鸣笛一个道理。听到锣声，对面的马帮就会找个地方把路让出来。否则相遇必有人马被挤得摔下悬崖造成事故。

“藏靴不是藏靴”

连接滇藏的茶马古道，使藏区丰富的畜产品由丽江转贩内地，解放前的丽江束河，是有几百年制革历史的“皮匠街”。藏靴不是藏族做的而是马帮从藏区运来皮革，在丽江加工，再由马帮运回藏区卖掉。现在的丽江皮鞋质地和价格都不错，忠义市场的小摊、五一街皮货店和大街上的店都有卖的。

“干了马帮这一行”

马帮是世界上最昂贵的运输方式。见多识广，让马帮从来都是一种受人尊敬的职业，但并不是人人都向往干这一行的。以前为了吃饱肚子，生活所迫才干这一行。但是宣传不这样讲，要说是勤劳勇敢的民族精神。周老先生一再叮嘱不能写出来，但还是写了，是冒着被人用书砸在脸上的危险。

“溜 马”

严格来说，这是事实，不是传说。我看到惊心动魄的一幕（在美国人洛克留下的照片中）。马匹倒挂在溜索上，下面是汹涌的金沙江。为了能在最短的时间内到达对岸，只有货、人、马都溜。当我给别人讲起这件事时，有直线思维的人问马会不会被吊得脱臼。请看照片，马帮的智慧，哪有他那么低级。

周廷伟老先生原任陶瓷厂厂长，现已退休在茶马古道旅游服务中心，从事民俗文化活动，茶马古道的大部分资料，都是从他那里来的。

言有尽意无穷——东巴文

正名：司究鲁究（纳西语） 别名：木迹石迹（中文） 外号：东巴文
年龄：1000多岁 出生地：云南丽江

实际一点不高深，就是纳西老祖先留在木头石头上的印迹。某天一兴起，他想画下家门口那棵竹子，就有了（竹），走到村口回头望，房子好多，有了（村）。我们现在的话叫见木画木见石画石。

淘出来的东巴文有2000多个，不能单纯说是字，有的是词组甚至是短句。同甲骨文和古埃及文这两种象形文字一样，为了方便"画写"，都用简单的线条勾勒，记下事物的形状和特征。虽然内容多是植物、动物和人的行为这些客观存在的东西，但也有女神、鬼、百鸟朝阳等现在认为看不到的，他们的智慧也许比我们的认识更深层。

东巴文留有多部长篇经书。由于纸的出现和经书在宗教生活中的作用，它们幸运地活了下来。它的发音与纳西语相同，除了占卜经书外，所有经书还有特定的调子诵唱。

今天的手艺人对原有的字进行夸张、变形处理，放到衣服、招牌、名片上……成为丽江的代表符号和时尚。东巴文写意的文风与现代追求简单直观的需求吻合，很多字不需要专门学习，看了就能猜个大概，移到标识应用中有自然的亲和力，是一种超文字、超民族的信息符号。

言有尽意无穷。

爱

男左女右，中间的P既表示读音，也表示针的意思。心像针头，刺探着甜蜜与疼痛，针尖的距离就是爱情的距离。像汉字的“好”，一男一女在一起。爱是不是好？好是不是就是爱呢？

纳西人视爱情为信仰，相爱不能相守，就会去殉情。两人隆装，盛宴，在一个风景秀美的殉情地，彻夜歌舞，在欢乐中去往爱情天国。也许生命借由爱情升华了。

遇到我之前千万别恋爱，小心升华。

我

一个人指向自己，是在向别人强调个体的存在。

思考让让纳西族体现出强烈的自我意识，不抱残守缺也不盲目信从，顺应其变，泰然自若地把各种外来文化化为己用，同时保留着本民族鲜明的文化特征。

到丽江去，私奔，和我自己。

唱

在丽江，爱情的甜言蜜语不是说出来的，而是唱出来的，歌艺水准如何指示着恋爱的成功率。爱如滔滔江水绵延不绝，要唱给山对面的她听，要唱给河那端的她听，要唱给二楼窗户后的她听，要唱给并肩坐在月下的她听，要三天三夜唱给她听，要一生一世唱给她听，不用力些怎么行呢？

哭

如果心也需要一个出口的话，应该是眼睛吧？要不伤了心的人那么多的眼泪可以放在哪里呢？可我们常常辜负了上天赋予的礼物，我们学会了隐忍，把眼泪克制、隐藏。这张流泪的脸，让人羡慕古人像孩童一样真纯的情感。

害怕

怕是人本能的一种反应。

东巴教信奉多神崇拜，有各种神灵鬼怪2400多个。人们通过各种仪式，向畜神、药神、战神、铁匠神等各种神灵寻求保护，也驱赶水鬼、口舌是非鬼等各种鬼。祭祀时跳的东巴舞，有一部分就是模仿与恶鬼对战的情景。宗教信仰，给了纳西人内心的安稳。

世界遍布神灵，人应该对原始的、对神秘的事物心存畏惧。

做生意

问价、喊价、估价、出价、要价、还价、砍价……此图为证，“磨嘴皮子”、“唇枪舌剑”之类的较量自古就有。以前丽江城里开店的多为女人，男人一旦出现在商店，麻烦也就出现了，他不知道火柴放哪里，哪个坛子里有人家要的酒……女人操持生活，琴棋书画烟酒茶则是男人生活的主要内容。据说是这样。

我们可能买了一辆吉普车，而真相是，我们追求的是自由。我们可能买了一瓶酒，而事实是，我们寻求的是朋友。很多时候，我们兴高采烈地交换着已经遗忘了的需求的替代物。

鲜活的遗产
——忠义市场

菜市场是一个地方生活底气的小剧场。

里面的物品是否丰富，交易是否频繁，人们交易的达成是爽快还是斗智斗勇，无不展现着这方水土酿造的这坛生活之酒。

忠义市场像一座城，初次的视觉震撼不亚于看《指环王》。我怀疑自己并不在集市，而是在某段时空，50年前，100年前。

迎面摩登时尚的少妇，背上彩色背篓中装着带着露水的蔬菜。快步走过的男孩，消瘦，空着背篓，张望着周围的摊位，我认识他，他七一街上的大客栈正在装修。卖半袋辣椒粉的农民来自拉市海，不太会说汉话。转过弯，杨二车娜姆和她的老外朋友在买胡萝卜，大家忙着生活，没人关注她，也许大家见多了。最酷的老板、一年中偶尔进城的纳西人都在我身边。

地上、货架上铺满的番茄、青花、豆荚，缀着水珠，阳光下美得像被施了魔法。洗净的长着新鲜绿叶的大萝卜水灵灵的，引来一群姑娘、老太太青睐。卖豆芽菜的撑起一把大伞，引导了我的视线。一排油锅，土豆、臭豆腐炸得嗞嗞响，水边洗莲藕的刷刷声、车铃铛声、敲打铜器的当当声、大姐们的讨价还价声……我想我收集到了超过一百种的声音。

阳光开始热烈。

站在市场中心，一抬头就看见雪山，周围熙熙攘攘的人群瞬间跟我没了关系。在一个抬头就能向往、朝拜、解脱、释放，低头可以歌舞笙箫，欢笑恩怨的地方，如此自然、宽厚、包容，让无数人来了又来，来了不走。这座城就同这个市场一样是我们不能脱离的凡尘。

我穿越了自然形成的好几个贩卖区。卖鱼的区域总是充满了鱼腥味，湿漉漉的地是它们的招牌。穿过此地，是一大块空地，没有固定的摊位，三轮车、袋子、筐子、或者直接就铺展在地上的水果，每次落脚都要小心是否踩到了老板们的宝贝。有卖当地丽江红苹果的，是自家树上摘的。也有看上去样子不是那么好看 味道却不错的梨。卖小吃的、卖蔬菜的、卖鲜肉的。现在是干货区了，在这里夹杂着一些小饭馆，整个饭馆被灶具和锅

碗瓢盆所占据，天花板上吊着腌制的腊排骨、腊肉。附近的老板常常拿了自己卖的菜或肉来这里加工，非常便宜就可吃到新鲜的美味。

再出去是个短途车小客运站，不知道合法不合法，全是小面包车，横七竖八地停在不大不小的一块空地上。

市场就此结束了吗？虚掩的几扇折门中，码起来的木雕门一直堆到房顶，斜对门还有做花圈的。

我继续走，继续发现。

纯麦烧饼

逛忠义市场是个看“探索发现频道”的过程，特别是对热爱生活的人来说。

冬天有点小雾，红男绿女站在满街新鲜蔬菜中，周围飘着点烟，没见过这样不真实的地方。闻见一股麦香味，是家热烘烘的烧饼店刚出炉的金黄纯麦烧饼。

三个人配合。一个揉面、揪剂子、团好、压扁、擀，几秒钟一个生饼就抛在烤板上；一个瘦子开始烙饼的两面、滚边，错开烤板，放在下面红红的炉膛中，不停取出胀鼓、金黄的大饼，放进新的；中年妇女忙着收钱、取饼，放上辣椒，招呼来客，四五个人排着队，骑摩托送货的、穿大衣上班的、艳丽的小妹……

刚出炉，喷着麦香的大饼蘸上丽江人离不了的辣椒（这家的辣椒还烧过，有火炭的香味），就着一碗热腾腾用高压锅熬出的川式青菜粥，香滑润甜，“我放了点儿油一起煮的，你吃得惯吗？”好吃的东西，吃得惯。

只花了四元钱，幸福指数很高，是在丽江。

走时，瘦子说：“这种光面饼只有我们四川人会做。

其他人都做不出来。一脸骄傲，手没停过一秒钟。用心，加上手工完美的配合，带着乡土气息的美味是麦当劳无法复制出来的。

米线广场

买好橙子后，我怎么都找不到刚才去点过菜的小饭馆。经过一排鸡豆粉摊，踮起脚尖走过卖活鱼的摊子，在人群中又钻了好一阵，还没找到。

前面有个很大的大棚，过去一看。卖米线面条还能有这气势，整个大棚内，全是卖煮米线的摊子，有两个篮球场那么大。矮桌子上趴满了人，低头吃米线。

卖米线的大嫂们热情招呼："吃米线还是卷粉，还有馄饨、面条？"手上忙着往锅里放佐料。手快，掉下来的酱油、盐巴、辣子、韭菜、豆芽、酸菜遗落在米线锅的周围。没人在意，生活就是这个样。

转了一圈，似乎很难判断哪家会是最好吃的。只有往人多的地方扎，看看汤色和油水，好像不错。不过得下次再来，我点好的菜还等着我。

找便宜的地方

不去忠义市场前，不知道自己到底在古城糟蹋了多少银子。古城里的橘子一块一个，忠义市场一块一斤。古城里的鸡豆粉，五六块一份算你拣到便宜，忠义市场三块一碗。在古城吃饭一个人二十块钱，就得说这顿真便宜。在忠义市场，八块就可以吃到一份管饱的砂锅饭。

忠义市场里两家鞋摊，翻毛皮鞋还是几年前的价格：五十块一双，样子也一点没变，朴素的包头皮鞋。让人想起过去的岁月。在靠近卖家禽的地方，鞋堆着卖，没什么卖样，生意却不错，去看的时候，要从人堆里挤进去。

铜器摊

金灿灿灼人眼的光，是它最好的招牌。丽江的铜器精美、沉重、耐用。铜器完全是手工打制和手工抛光的，具有奇异的光泽。

每户人家至少得有一个铜茶壶，永远涨着开水，以方便招待无数次的茶点。大大小小的铜火锅，像铜茶壶一样，无论贫富，每家必须有一样。铜火锅以及次要点的铜茶壶，都是纳西人生活幸福欢乐的象征。要是没有温暖的火锅和茶壶陪伴，在寒冷的冬天里吃饭就实在没有什么欢乐了

摊主不过两三个，占据了市场不小的一角。勺、汤瓢、水瓢、锣锅、火锅、脸盆、火盆、门鼻儿、烛台……都是用得上的。

现在不单是当地人买了，游客也很爱光顾。大铜铃在旅游商店要一百多一个，这里六七十，镏金缠龙的铜烟灰缸三十。

摊 主

我在忠义市场等人，站不住了，在空着的小凳子上坐下来，面前放着四五种菜，老板不知去向。

“番茄多少一斤？”

“老板有人买菜。”我大声叫了两三声，没人出现。

过一会儿，又有人问：“萝卜多少一斤？”

土豆、臭豆腐炸得嗞嗞响，水边洗莲藕的刷刷声、车铃铛声、敲打铜器的当当声、大姐们的讨价还价声……

我想我收集到了超过一百种的声音

一个抬头就能向往、朝拜、解脱、释放，低头可以歌舞笙箫，欢笑恩怨的地方，如此自然、宽厚、包容，让无数人来了又来，来了不走

“老板有人买菜。”我大声叫了两三声，没人出现。

又过一会儿。“茄子多少一斤？”

“老板有人买菜。”我大声叫了两三声，没人出现。

我喊累了，决定罢工。站起来在旁边等人，不帮老板应付。一会儿一个人小跑着过来了，称完菜，又跑开了，原来还有店。那边才是大生意，卖瓶瓶罐罐。

“苹果读 APPLE、APPLE、APPLE、APPLE……”，这里永远放送着儿童英语碟。到碟店区了，“老板有没有‘遇上你是我的缘’？”我问，这是现在丽江走两条巷子就听到的歌，我要带个回去，给老友们，感受下丽江流行音乐。老板递给我，“老板只有这一首好听嘛，划不着。”老板问：“你是不是要去网上下载？看来我们要关门了。”

五花石板路多少年多少人才能踩踏出今天的美丽光泽，忠义市场要多少年多少商贩的积累才有今天的繁华生机。这是丽江最原生态的生动记忆。

据说，忠义市场快拆了。也许就是有人讨厌旧东西。希望你去的时候，拆的人觉悟了，又把它恢复起来。

也许就是有人喜欢新灿灿的感觉。

在古城看丽江最好的地点。往东，一屋一顶，满城尽带青瓦片，加个边框就是极好的照片。一排柳树冒着绿色的是酒吧街，忠义市场有红白色的遮阴伞。西边是新城，映衬着古城，让古城更古。一新一旧，一老一少，缺一不可。雪山在北边，远远的，一言不发地注视着这一切。

贴士

门票： 15 元 / 人

三重门： 西边的民主路乘车上山，木府后门，四方街黄山上段步行上山。

胖子说：“古城是纳西人所在地，后花园在狮子山，我们对生活环境的要求极高，尤其是空气质量，一般的空气不让进，空气先到狮子山报到，检验合格才能下放古城。满山的古柏是天然的空气净化器，大大小小的鸟都是质检员，每天二十四小时不间断播报空气质量，经过一系列叽喳叽喳的净化监测，空气才特许进入古城。你看我们纳西人多会生活，连空气都是特供的”，他得意了。“本来空气都这么好了，还特供。纳西人的日子不是一般的干净，是相当的干净！”

胖子喜欢的高度是万古楼的高度，把丽江坝子看全看尽。他让我把招子放亮，用眼睛感受蒙太奇的效果，“眼睛就是镜头，镜头叠加就是电影。先看雪山再看古城，切到新城，喏，新城不一样了吧？再来，新城古城，切到雪山，怎么样，意义不一样了吧？”我们看的是风景，玩的是蒙太奇，遗憾的是缺背景音乐。“一样是风景，看你怎么看”胖子放出内涵话。

你瞧，狮子山万古楼名堂多，特供鸟瞰丽江，空气，风景，蒙太奇。去看看，看你怎么看？

上高点，有看点

——狮子山景区

这里，人人都把最美最好的穿戴起来，就像在质问那些吝啬鬼："哪一天不是节日？不值得盛装？"

旅行的细节

——五星厕所的革命

胖子想做一本古城厕所文化的绘本，因为“一生必上的十大厕所中国卷中，至少有一个在丽江古城”。他写，蹲点体验式写作，我画，涂鸦搞笑式手绘。请丽江名人选出心中的厕所 评星级 心级。请妹尾河童写腰封，名堂多了。胖子的创意，盗版必究哦。

我考证考证，先。进门，愣了一下，以为走错地方。胖金妹笑笑，土鳖天天见？檀香淡淡，音乐，MV，自动冲水。鲜花，洗手液、感应龙头、热水、热风机 方便原来可以这样方便，星级方便。

胖子说：“了解一个城市的文明程度，看看厕所就知道！”厕所也是旅行的细节，很重要。普通厕所跟着鼻子进，捂着鼻子出。不去难受，去了更难受。古城厕所不能跟着嗅觉走，得靠眼睛，放亮了，“看上去很美，像咖啡屋像客栈”，有休息区，可以坐下歇气，很享受。普通的厕所使用不平衡，女厕门庭若市，高峰期得排队等，很纠结。男厕门可罗雀，资源利用不合理，也纠结。

后来，有人无视男女分区的传统，男女不分，男左女右不分，提高了亲密度、满意度。“这是厕所的革命，丽江人有创意吧？”胖子很得意，所以他经常走很远的路去享受星级方便，“生活要有品质”。他教导说。

星级厕所可是有着星级收费的哦，我猜古城的几十个间楼上连楼下的厕所生意要盖过好些连锁大饭店的。可是有一天，啪地，不收费了。谁干的？有点神。

我的人生里有无数个黄昏，看夕阳落下，看花开花落。有一群有趣的朋友，这一生我就得到了我想要的，这才是我觉得体面的生活。那是你们爱拼才会赢不能理解的另一种存在

束河玩的是气场

一不留神儿就走到菜地里去了，这是束河笼络人心的方式

常常觉得丽江和束河是Twins， 一个繁盛，一个安静

两种习性

古城玩的是人场和玩场，而束河玩的是气场

所以

把你欠我的时间还给我

把你欠我的拥抱还给我

但是我不想做河东狮吼

我要做温柔绵羊

带我去束河吧

带我去束河吧

——束河

一不留神儿就走到菜地里去了，这是束河笼络人心的方式。这里永远只是松垮，不计前嫌、不计后果的松垮，一种耽溺的全天候的闲情怠惰。一种令文明人七窍生烟的慢待和令失去计划就魂不附体的人不适的闲晃，简直能要了人命。

在骄蓝的天空，放生的云朵下，随意穿行的各路大小型犬，开饭时间，在各自口味中意的餐厅门口守人待肉；身穿白衣的纳西妇女，打来身边的清澈河水，把番茄、黄瓜、桃子等各种水果往搪瓷盆里一泡，兜售天然的清凉；有人是来度蜜月的，有人是来看世界杯的，有的人只是来喝茶的，有的人只是来写论文的，有的人只是来晒太阳的。

有人在束河晚归，在青龙桥遇上借着月光省电费的画画人，右手画笔左手啤酒；有人遇上12点前在桥上吹蜡烛的寿星和一干随从，一句生日快乐招来了他们手中的蛋糕；也有人在束河叫嚣着要把眼袋睡没了，结果，早7点就起身去石莲寺找高人学太极，实则是舍不得那两口含着露水的空气。

束河怎么就把人变有情有义的？吃完晚饭，沿着石板路一路走回去，有人辞去同行，发病一样，突然想为这三个有缘人献上一桌茶席。雅致不分男女，

在束河，是一种真心在场的敬意。小脾性、嗜好、困扰、荒唐都在茶里溶解了，时间，你慢些再慢些。最后他配乐诵了余光中的《乡愁》，木有春晚煽情、诗会文艺，我们却跟着这个光头男心情起伏。

令文明人七窍生烟的慢待和令失去计划就魂不附体的人不适的闲晃，在这里到处都是

乡愁，束河，是不是我已对你蒙上的情感？因为这些真挚的人和情意。我不太领佛意，但感到那就是欢喜，是走着路都傻傻地笑，看什么都觉得美到想哭的情致。

多年前，束河只是不待见庸劣，现如今它却真的雅痞了起来，带了悠远的藏文化，纳西文化或任何异域的东西进来，不排外，只是很安心地混杂在一起，宽容了起来。

还是人迹罕至，到了旺季的时候像发一场梦般来了许多人，余下的时间仍是门可罗雀。

常听不得一些人在耳边说，他们的欲望清单里有一条，便是可以和另一半来束河开个小客栈或酒吧。面对那么多同样的诉求，往往觉得新意不够。但踩着风火轮在城市的烈日下怅然若失，我会突然想起他们的话，除了真正的海边还有什么地方可以像束河一样静谧而附庸梦想。

悄悄说，去束河的5路车，至今还是我心里最美的公交线路。穿过新城，丽江，在身后是一个正在变身的城。看腻了，打个盹，再睁开眼，已在两旁麦地的路上轻驰。司机不时停下车，让黄昏的放牛人赶着牛儿们先回家去。Hi，束河，我来了。

这个世界是如此的声色犬马，草木皆兵，我们经常踩着风火轮横冲直闯，或是任人宰割，难道我们已不是人了吗？我们要休息，我们要玩，玩得晚些，再晚些，我们要无人打扰的睡眠，单纯点的欢快，我们要时间的木马原地摆动，倔强地扬着头，我们要躺在木地板上说绵绵的情话，把你欠我的时间还给我，把你欠我的拥抱还给我。但是我不想做河东狮吼，我要做温柔绵羊，带我去束河吧。

新老家伙们，好玩着呢

——束河人物

束河的家伙个个是人物，好玩着呢，我们只能不负责任地想起一个写一个了。写没写到，他们都在那里，只增不减。

1. 爆米花，小女人。叫她爆米花是因为她的头发，永远像个疯狂的麦霸一样跳进视线。有一次我们正对着东北酱大骨大快朵颐的时候，她小喇叭似的声音突然响起：果汁分你一半！当时我们的下巴都被她吓掉了。我们就好像《魔兽公司》里的庞然大物，而她是那个永远呵呵笑的小小女孩。于是我们这些自认为环肥燕瘦的女人们一下子就掉进了大妈堆里。爆米花和束河的渊源是因为她是第一批来束河[illegible]水的人，听她说那时他们像卫道士一样致力于保护环境，捡垃圾，和恢复皮匠村的美名，但没成想，她却陷入一位貌似同类人的爱河，直到被骗得一无所有之后，她黯然离开束河，但很快又回来了。她说，走来走去，舔伤口最好的地方，还是这里。如今，她的 Mr.Wonderful 人在束河。于是我们有了常常在一起八卦，说男人坏话的日子。看着她坐在夕阳下的幸福里，鞋

上沾着泥巴，一点也不在乎的样子说：等我老了，我就要坐在这里，嗑着瓜子，像个媒婆似的说三道四，哈哈哈哈哈……大骂她是烂女人无可救药了。于是她笑得更大声了。我看着她那小小恶毒的样子，无限遐想起来，我知道我一定是她身边另一个八婆和小老太婆，突然觉得晚年生活美好起来。

2. 沐暮是个过期交警，被称为来得最晚，客房最少，人气最旺的客栈少主。他说以前在城里过不下去，人的日子应该轻松愉快。在朋友同事当中，他的离去（别激动，别激动，是离开城市来束河）简直就是一颗炸弹。已经提拔为专干陪吃陪喝的活儿都不算人过的日子，这不是让广大地球人下不来台嘛。但看看他现在在束河多滋润，这小子明智。

三间客房，一院慵懒阳光，惹得住客彻底变高级宅货，爬上房顶架个相机一守就是几天，静谧星空成了动态的星的轨迹。但是，我不能当面羡慕，不然沐暮数落起一堆资本，活生生把人埋了。什么大老远寄零食土特产的、请吃饭的、自己打扫房间，还越扫越高兴，顺带把另两间也洗刷刷的。所以沐暮更是挖空心思玩物丧志，佛珠串子、翡翠吊坠、石头、茶虫。回原单位看看同事，领导眼珠子都要掉出来了：你这红润的光芒啊。心里骂，快滚，免得众兄弟见状造反随你而去。小样儿，我随后就去丽江吃你的喝你的了。

这帅哥，吃素，心好。自己做饭，少出门。除非他的客人连旁边的老马家、老牛家、老羊家……都安排不下了。

心情愉悦不愁吃穿。看嘛，他又在微博上喊话了：“谁放了一个西瓜在我家门口！！？？人品大爆发？巫婆放在门口的，还是老鬼？好吧，反正我也不是什么好人，不知道是谁送的，谢谢了！我先让朋友吃了试试？”

美女帅哥，大则吃吃喝喝，小则谈谈人生、武学、哲学、心理学、茶道。

现在大师兄组立一个叫本门的小圈子，只有骨灰级玩家才能打进。问为什么叫本门？他反问："你不觉得说起什么来都本门本门的，这个名字很酷吗？"其实就是看得入眼的闲杂人等在一起，玩出点名堂来，再贴一标签，让外人更觉得神叨叨。

4. 写阿玲有嫌疑，因为我们太熟了。但是，她是典型来束河养病，越养越病的。把这种有代表性的人物架空，更有避嫌的嫌疑了。

有段时间，只要闪进院子去打招呼，她都半坐半躺，一看就病了好几天。一问果然多天未出门，养着。这样也好，不然她就各种折腾。对内，改造房间、院子的东西乾坤大挪移、把老沙发蒙上绿布红花朵、对着樱桃树念经驱虫（为避免杀生）……对外，警觉各种机会，转掉这个持续不断地花心思、日夜打磨的院子。她想要什么样的生活、什么样的院子，

3. 大师兄有点怪，亮蛋后面留一撮小辫子。一不高大威猛，二不英俊潇洒，娃娃脸，有酒窝，最多算有气质，大笑如雷，口头禅："那又怎样？"加副毫不挂心的样子。他的气质来源于文气侠气串烧后的复杂感，就是俗话说的看不透。随手拿着念珠，穿行在束河街头，偶尔持剑，其实他擅长的是太极拳。屁股后面总是跟着一群

谁知道呢？这种心热到发烧的人，不会受冷落。大到租、建院子搞装修，小到指点个人形象朋友们样样让她参谋，谁让她顶个寸头，以前还是搞服装的。老苏狠不下心买阿四的手工皮衣，找阿玲听专家建议。阿玲气势磅礴从束河杀到古城，否定了老苏和一干人的眼力后，自觉品味先锋又觉听众太俗，自己试起皮坎肩来。

人不能太有想法，力气使过了，就生病了。但阿玲从成都褪去了公司老总的战袍，又辗转大理丽江做人退心不退的女超人，勇敢地不生病就在准备着生病，不是一般人啊。“阿玲，混饭去。”“有人要租院子，又违约，我要等在院子里把违约金退他们，不去了。”“凭什么？”“纠缠的时间还不如拿来炸点菌油，香着嘞。你要不？”……

5. 安歌是一打开门认识的。那天我们尾随思苗形容里溢出的饭菜香，穿过村子趟过小河，深入一排楸木的乡间小道，去熊妈妈那吃素食，他在门后手掌一立，点头行礼，加上一身素灰布衣，脸上容光焕发，简直是一个身心健康的典范。让他一起吃，他说一天只吃一顿。我想到木少一干人等吃素泛滥，要是每天遇到的都是这样清净又少食的素食朋友，我这没修练的岂不是要被饿死？后来受教育知道吃素饿不死，吃不了素是贪念作怪。原谅我无明。

安歌逆睡懒觉大流，每早 6:30 去石莲寺后山的空地上打太极。由于做环保酵素在束河客栈人士中颇有声望，所以一个人的早休也成了各种妇女、老爷养生的风行小灶。他搞过一本心灵觉悟电子书《升级头脑操作系统》。现在束河升级自己，环保大家。这样的人，在哪里都能起到点振作气氛的作用吧。

几块钱的人生最高境界
在丽江这个全心开放的地方到处都是

有一种福气是无论做过什么、成功失败，都有人为你献上一首歌
在我看来，唱歌的人是个大富翁，他们有吃有住，夏天的路上有海棠果相伴润喉，太阳落山了有朋友一起跳舞
遇见这些老丽江，对气色不好的都市人来说，就算加持了

那些跟你捉迷藏的美感，不静下来不能得见

宁静安详，香气就能致远；无须做作，甜蜜已达人心

小镇传说

从前，小镇有个小店，小店有个美女，

她有我们现在才见得到的毛衣编织机，

每天情书收得一箩筐，

而毛衣成了镇上年轻人的流行装。

可怜，红颜多薄命，整个小镇都为之痛惜。

她下葬那天，连那些从来不参加晚辈葬礼的老人都来了。

但是，据说前几天又有人见到她了。

美丽的故事依然在传说。

金子

从前，有户纳西人家，穷，父亲病，再也借不到钱。一天早上，儿子醒来，他清楚地记得梦中玉龙雪山的那边有个小镇，小镇上有成堆的金子。他高兴极了，把这个梦说给家人听，他要去那儿。家人劝阻他，因为那是个鸟不生蛋的荒凉地方，而且，他可能会长埋在雪山上。犹豫再三，为了父亲，他决定冒险。一切都不出所料，玉龙雪山冰天雪地，儿子几乎被冻得失去知觉，想到父亲，他坚持着，翻过了雪山。终于，到达了那个山边的小镇。

天哪！这里不但非常贫穷，而且还闹土匪。土匪们见到这个奄奄一息的人，一哄而上，抢夺他身上所有的东西。这时，两个骑马人正好路过，把土匪赶跑了。骑马人发现他是外乡人，就问他为什么要跑到这种穷地方来？儿子告诉他们，他从丽江来是因为父亲，并且他梦到这里有成堆的金子。老骑马人听了哈哈大笑，“我还梦到在丽江那个大城市里，有个小院，有三棵海棠树，树下有一个水池，水池底下就有成堆的金子呢！”“年轻人，快滚回去吧，这里什么也没有。”

另一年少的骑马人望着渐渐远去的背影，忍不住问：“老东巴，他那么有孝心，又勇敢，你为什么要这样对待他呢？”原来，两个骑马人其实是出行的东巴。老东巴笑了笑，说：“你不追寻，怎么

的故事

得到，你不困惑，怎么顿悟！给你说一件我年轻时的事吧……”

一天，我和我的老师就像现在一样，天黑了，向一户人家投宿，那是富人家。富人夫妇瞧我们风尘仆仆，连行李都没有，很不情愿地把柴房让给我们。还好，柴房有干草不会太冷，老东巴看到墙上有个洞，就用法术补好了。我们继续游走，天黑了，又到一户人家投宿。那是家穷人，夫妇俩看我们风尘仆仆，很累了，连忙让我们进屋，他们实在没什么东西，只有两个馒头也给了我们，那晚睡了个安稳觉。第二天一早，我们被哭声惊醒，昨晚，穷人夫妇养的唯一一头猪突然死了，我看看老师，可他什么也没做就走了。我实在忍不住，就问

他：“你为什么不帮帮他们？你不是还帮那家富人补墙的吗？怎么忍心看着他们断了生活的来源呢？”老师说：“我帮富人夫妇补墙，是因为我看到墙洞里藏着一大堆金子，不能让有贪念的人拥有它，而昨晚，妖魔来取穷人的命，是我用那头猪顶替她。”

“你要用心眼看世界，而不是用肉眼，你看到的并

不像你想的那样。”老师接着说。

老东巴讲完他的故事，领着小东巴走了。

后来，纳西人的儿子确实找到了金子，不过不是在雪山那面的小镇，而是在他家的后院，他家后院就有三棵海棠树和一个水池。

没有天，没有地

在东巴经典《创世纪》中有这样的记录：在湖水泛滥、洪水滔天的年代，其他人全部死亡，只剩下一个男子，叫“措则勒若”。为了繁衍人类，他娶天上的女人为妻，和她生下了三个孩子，老大是藏族，老二是纳西族，老三是白族。但是开天者是盘，盘为藏族神；辟地者是怿，怿为白族神，所以天为开天的藏人所有，地为辟地的白人所辖，唯独纳西人没有天、也没有地。纳西人用这个故事警示后人，要活下去，就要靠自己的力量去开辟新的天地。

但是在异乡人看来，这个故事或许有另外的隐喻：丽江是一个介乎现实生活和神圣天国的中间驿站。来这儿的人们很少体会神圣的庄严和崇高，但她确实能让人忘却尘世的喧嚣。丽江是有烟火味的，这儿的人们按照他们自己的方式安静地活着。当然，旅游业的发展会改变他们的生活方式，但至目前为止，这种改变仍然是温和的。丽江是能把人完全掏空的地方，这里不需要思想，不需要语言，任何的思想和语言在这里都显得多余。去丽江，你只需带着你的心。在那里，找回自己，不与神约，不与人约，而与心相约。有趣的是，心介乎大脑（思想和语言）与肚子及下半身（食与色）之间，是人体的中间部位，这奇妙的关联，恰如丽江介乎天地之间。

摘自《新周刊》

江边美女

“男人去外边流浪了，美女一个人住江边，每当太阳照到她的房子，她就开始在阳光下照镜子。美女是个哑巴，经常放很响的音乐，会在金沙江里钓鱼，钓到的鱼和拾到的菌子送到公路边的餐馆，让餐馆老板帮卖。”

“每次来到公路边会换一身盛装，如果见到生人就用镜子遮住脸，躲起来。没事的时候，她喜欢往江里面丢石头。”

阿雄跟我们说过几次都没有去成，哈喇子直流。

后来，终于抽出时间。

美女住在金沙江边一个叫树底的地方，四十分钟车程，找到叫“丰水源”的餐馆，跟老板打听，会知道通往江边的小路。餐馆老板很友善，他家的江鱼是真的，干焙洋芋丝也好吃，开始为餐馆做广告了，不过，做广告也没关系，应该为他做点广告，是他透露了这个消息。

美女家养了五条狗，两只拴着的，三只处于游荡状态。我们看到美女一眼，之后她就遗失在房屋周围的芭蕉林。刚好那天她妈也在。我趴在门缝上偷看，没什么收获，转身时，看见老人提着一把砍柴刀过来，在磨石上磨得霍霍响。不会是要杀鸡款待我吧？不敢多想。

看美女已成为阿雄接待朋友的固定项目，总有闻声而来的人。听说最近他又带人去了。那个餐厅老板看来要发财。建议他在餐馆架个高倍望远镜，收点费用，免得再有人惊动美女的妈妈。

小贴士：美女是傈僳族，家境贫寒，估计将来生活会有些改善，慕名来看她的人难免往门缝里塞上十块五十块，我就塞了一百五十块，阿雄塞的可能更多。

干什么

这个幼稚的问题其实最难回答

属于第十万零一个“为什么”

我们从小到大瓦解了许多的难题

唯有“干什么”从来没有妥善解答

到了丽江，选择更是五花八门

一旦碰到“干什么？”这种问题

根据我们的可靠经验

最有水准的应对方法是：跟随自己的心意

像书中家伙流露的那样

泡吧

这里气氛太温湿了，什么都可能发生。泡吧的人来自世界各地，就连吧主也是有着非凡经历的，所以，传奇往往就从这里开始。

泡吧，表面平静，其实不然，心里不免盼着发生点什么，酒精在积攒，咖啡在飘香。可惜期待还没有即时兑现，就困了，只好在梦里彩排。

白天的酒吧，静一点儿，坐在那很出类。你可以通过跟吧主聊天，切入当地的生活。如果在露天底下，可以欣赏来往的人，或供来往的人欣赏。找找同病相怜的人，找到了可能就呆不住了，约着出去自在一下，晚上再来。

夜的酒吧，弥漫上了甜蜜的气息，有浅吟低笑、有眼波流转，也有放声歌唱。总之，在夜色的掩护下，谁都可以超脱。越夜越迷离，喝醉了，顺着小河归去。

贴士：翠文段酒吧集中，很闹，游客和酒吧请来的摩梭女孩对歌，适合初来丽江的游客，看多难免觉得有点俗。其他酒吧分散在各条街道，显出各自的个性，有的酒吧可提供自助旅行的线路、看电影、上网。

适合单身男女

（我差点就和戴白边帽在遮阳伞下独坐一天的女子发生了传奇）

艳遇

在这甜蜜的地方，寂寞的人都会怀揣着点小秘密：要发生点什么。

不喜欢强求的人，选用顺其自然的方法，要么在背街上徘徊，要么在酒吧独坐。或者，像《廊桥遗梦》里的男主角，背着台相机，扛个脚架，在景色最佳的地方出没。只要有足够的耐心，就会有绝好的对象出现，或跟你问路、或跟你借火、或请你帮他搞定一个瞬间。以后的事，就更加自然而然了。

喜欢积极行动的人，可以去留言榜上发帖子，邀约出行；也可给对面的点上一杯。总之，不要结果，没有条件，干净，就这样遇了。

适合寂寞的人

买

适合任何人

古城是个大杂货铺。要检验一个人有没有情趣，就看他身处杂货铺里有没有买点东西的欲望。但如果要看一个人有没有品位，就看他进了杂货铺，是不是急着掏钱包。

丽江诱人的“糖果”很多，如果忙着得到，就会把你的时间全部牺牲掉，把游丽江庸俗为逛超市。丽江大量的人文的精神享受，将被遗弃。带走的，只是一堆空洞的物质，与丽江没多少关系。

我在古城急着买了一条绿色的大披肩，同伴见我披着说我起码成熟 20 岁，再加上后来知道，要在家买，顶多一半价，简直把我气死。所以，高明点，先忍着，看饱了，享受足了，再去把那些打动你的“糖果”收入囊中，满载满意而归。

建议买的东西：木雕：选择面广，能不能挑到好的，就看你有多勤奋去找 / 手工纸：要认真确定，不一定是真正意义上的手工纸了 / 海棠果：好吃还治病 / 瓦猫：象征着吉祥、辟邪，甚至招财。信则灵，其实，它还是很艺术的陶艺。放在家里，知道自己去过云南丽江了 / 不贵的假银器：当然也有真的 / 衣服、果脯、丽江蜜饯、各种铃铛、传统皮具……

建议不要买的东西：虫草：多半是假的 / 手绣领带：其实都是机器绣的。

围炉叙话

选一个有本地人扎堆的圈混入内部，晚上围着火炉，听当地人的土话，交流一下不同的人生。老混混给你讲旧时光，小混混给你讲新生事，土著给你讲传说。就在这样安静的晚上，生命悄悄地醇化。

“从前，有个青年，来到一个偏远的小镇，闲着没事，就每天坐在火炉边陪老人聊天，后来，这个青年便成了艾芜，便有了《南行记》。”

替代品是那些半商业化的火塘。

适合平静爱旧的人

摄影 写生

在这个视觉的集中营，什么都可以收入你的画面，问题不在于找什么对象，而在于把什么剔出画面。同样是视觉大丰收，西藏的景色，不假思索就可以收入画面，绝不会显得拥挤、混乱，都是干净而主题明确。丽江就要考人的艺术修养是否达到了用减法的境界，不用减法，只会使你的画面脏、乱、差。如果是第一次到丽江，就不要着急动手，先动眼，看看实景，再看看别人的作品，比如各种各样的画册、明信片。

适合新老手

推荐一些经典的，当然也是俗了的热门景点：

第一，大石桥，随便哪个角度都行；第二，酒吧街中段，有无数的木板小桥，夜景更美；第三，四方街；第四，咸鸭蛋桥和科贡坊；第五，大石桥上游的拐弯处；第六，纳西工艺店拐角；第七，现文巷和七一街交叉口；第八，古铃精怪的店面；第九，黄山公园，可以俯瞰古城；第十，酒吧一条街的夜景；第十一，表演的马帮，有固定行走路线；第十二，清晨寂寞的石板路；第十三，街边的老太太。

最后，如果你已经超越了古城的风景，那就可以把猎艳的对象转为游客，游客才是古城视觉的新意。顺便提醒一下，写生最好带上遮阳帽。还有，要小心，有一两个最上镜的老太太，不是好惹的。

如果你已经超越了古城的风景，那就可以把猎艳的对象转为游客，游客才是古城视觉的新意。有一两个最上镜的老太太，不是好惹的。

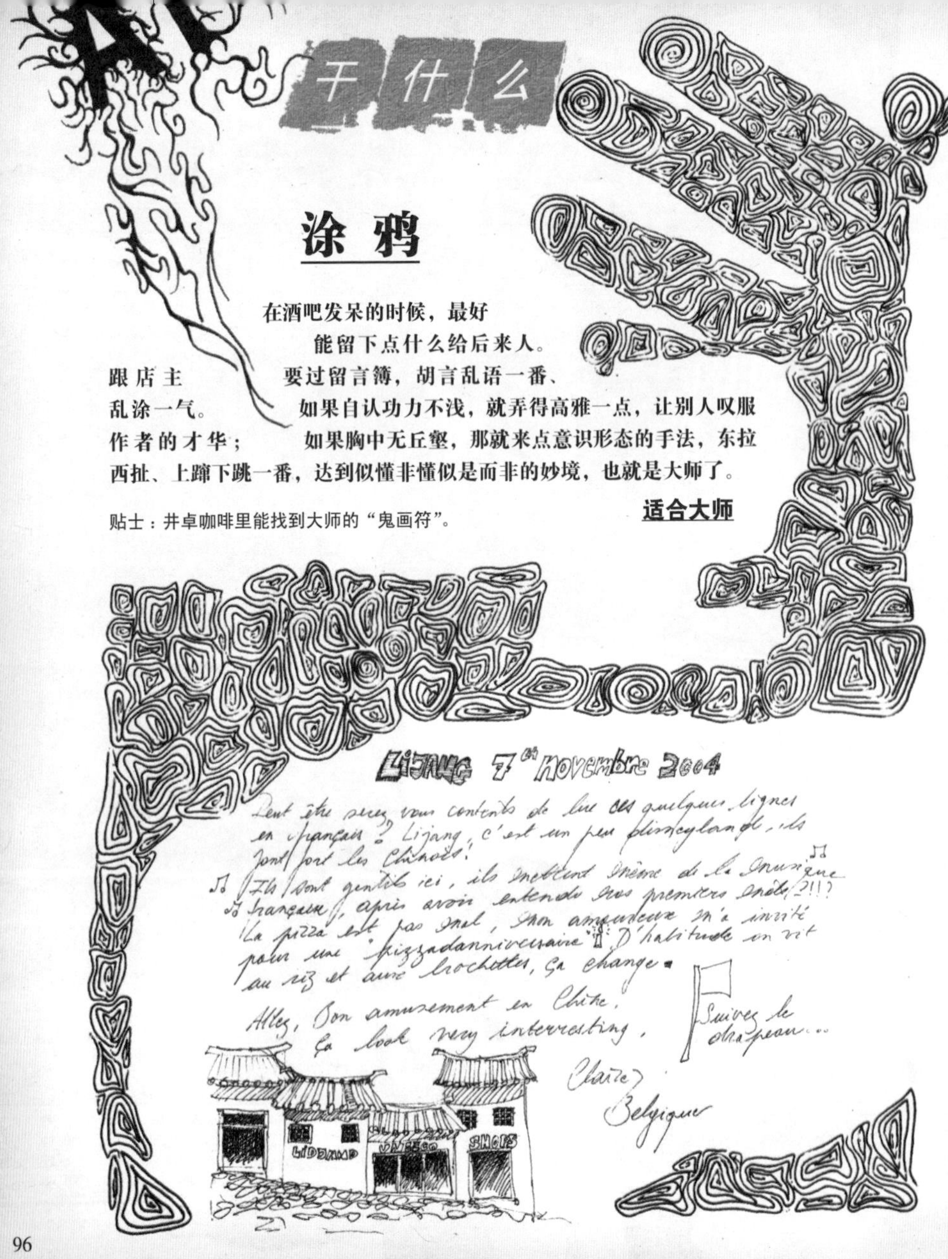

涂鸦

在酒吧发呆的时候，最好能留下点什么给后来人。跟店主要过留言簿，胡言乱语一番、乱涂一气。如果自认功力不浅，就弄得高雅一点，让别人叹服作者的才华；如果胸中无丘壑，那就来点意识形态的手法，东拉西扯、上蹿下跳一番，达到似懂非懂似是而非的妙境，也就是大师了。

适合大师

贴士：井卓咖啡里能找到大师的“鬼画符”。

HUMP coffee. 让我仿佛回到孩提时代.

又开始幻想.

又开始纯真……

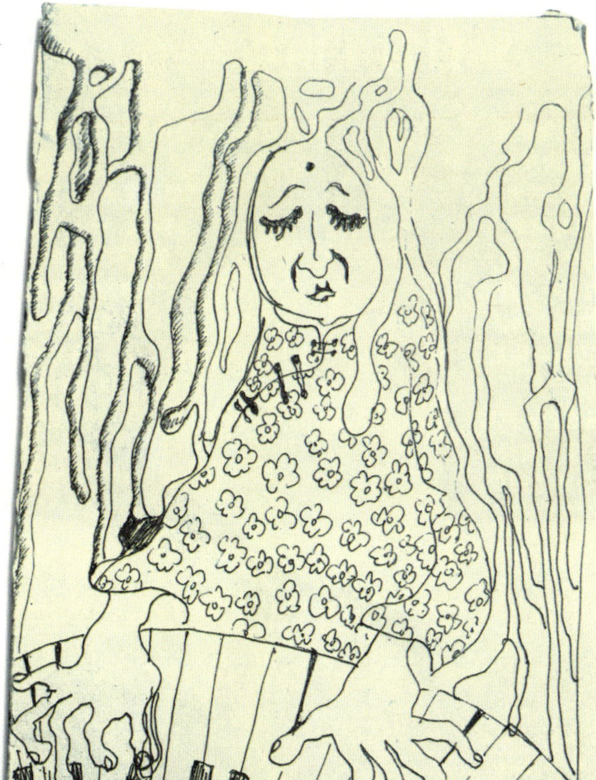

干什么

骑自行车溜达

租上一辆前无筐后无架的山地车，也可租晒幸福专用的双人单车，在笔直的新城到雪山的大道上轻驰，两山间时隐时现的景色和头发一起飞扬起来；捡石头、扯野花、跟路人打招呼，自由自在。如果不打算变成包公的话，需要做点防护措施，因为高原的阳光和高原的风情一样浓烈。

当然，也有匀速前进的，八成是没劲了，那就休息一下，自行车可以随便乱扔，钻出公路边的树，也许还是树，也许是一大片草地。躺下去，微风、蓝天、白云、树叶沙沙，铃铛声悠远缭绕，那是远处吃草的牛儿、马儿。虽说美妙，但也别忘乎所以，雪山周围随时都可能下雨，最好备上防水服。

有客栈免费提供自行车，无论租的捡的，骑车前最好检查一下车况。

贴士：

在玉河广场、电影院附近有租自行车的点，交点押金，30—40元/天，嘴皮子厉害的，20元/天也能租到。

四条经典自行车线路：

1. 古城→束河古镇（7km）→白沙（2km）
2. 古城→束河古镇（7km）→白沙（2km）→东巴王国（2km）→玉峰寺（2km）→玉水寨（1.5km）→（返）古城
3. 古城→拉市海（10km）
4. 白沙→文海（17km）

适合好动又嫌步行太慢的激进分子

放鹰

用这种方式打猎的，现在中国不多了。

想跟当地人上山打猎，得住下来慢慢打听。放鹰人一般都是世袭的，丽江现在也只有十几户了。

从前非常普及，是纳西族男人们主要的生活内容。听朋友说有个叫木原的，爷爷从前是木老爷的将军，他有只厉害的黄鹰，每次去放鹰，也还是能猎到十几只鹌鹑什么的。

总纳闷，这鹰怎么那么老实，到嘴的猎物又送回来。后来，放鹰人告诉我，这种用来打猎的鹰是驯养的，开始驯的时候要用线把小鹰的眼皮缝起来，每天给它喂肉、老鼠，等到养家了，再把线拆开，戴上皮手套，牵上一只狗，就到开阔的地方练眼了，鹰逮到猎物，狗会在恰当的时间出现，取回胜利品，向主人邀功。猎人只会先给鹰喂食，而且不喂饱。

鹰没那么傻，吃饱了还给你干活。

要去，跟当地人聊天找线索。

适合有钱又有闲的人，
当然也要经得起折腾，
追老鹰可不轻松

发呆

说是一个傻子，想一个傻问题，结果想得跟电脑死机似的。这样的呆子在丽江有，我们头儿就是。不过多数呆子不是这样的，他们根本就有不起问题想，是不折不扣的丽江呆。

其实发呆，丽江哪里都可以，甚至可以将人生的滋味，在河边慢慢回味。但标准的丽江呆一定是在酒吧的。叫上一瓶风花雪月啤酒或一杯云南小粒咖啡，坐在角落里，眼睛像望着遥不可及的地方，即使发生天大的事，也是声色不动。请看，这位就是。

也有手杵香腮，神情忧郁的，这不需要太高超的演技，却最是迷人。别灰心，艳遇或迟或早都会出现。

我想呆，可惜我没闲。

如果有钱的话，就要小心了，丽江可有不少丽江呆的克星：混吃混喝的陪客。

适合有念头的人

我相信，下岗的，离婚的，破产的，忽悠的，不知道真相的，一辈子没得过第一的，都喝到过一杯好咖啡

打瞌睡

就是丽江老太太常干的那种。

不是不断提醒自己我要醒着，结果还是哈喇子流了一身的那种。怎么个打法？

这样打，坐在咖啡吧里，杯里已所剩无几，看着窗外，就隐约想起当年哲学老师讲那个什么黑马不是马、白马才是马时，感觉自己就像匹马一样在空中飞驰起来，正飞得舒展粉笔头把我砸了下来。到底什么才是马，我回答不上来……

打瞌睡，温度合适最为关键，其次要没人理你，也就是有你没你都不重要。这两个条件，古城满满都是。阳光下，你走了一会儿，站了一会儿，又走了一会儿，抬头看看，谁说这是个多事之秋呢？分明是个无事之秋嘛！然后，不知怎么，就有些糊涂了，阳光、小桥、人影……

记好，不要在电话里透露给老妈，你只打算花 3000 元打 7 天的瞌睡。

适合累人儿

这次真的醉了 试试 我把小桥流水灌醉

刨音乐

世界各地的音乐在这都可能有，满大街扩散的淘碟店都能试听，意志坚定者，店家会奉陪到底。小心被这些不认生的姑娘伙子一个手鼓扔过来，咚哒哒咚哒，耗掉一个下午。还有一些属于带不走的，通常藏在某间屋子的床头，或者酒吧老板的二楼，看运气吧。

除了世界音乐，丽江酒吧歌手的CD也多。有名没名的，听到一个顺耳的，抄个酒吧地址，晚上直接去接见吧。

贴士：
淘碟店太多了，有个旮旯就是一家。特征明显，非洲手鼓，还是非洲手鼓。

适合感觉音乐的人

骑 马

“有什么好后悔的，不就是骑马玩吗？”“你跟我一样浅薄。”现在我终于明白，在古城的石板路上，骑在马帮的马上，铃声叮当，蹄声嗒嗒，于人群中悠然行驶，入戏般体验一次前世生活，这将是人生中难以磨灭的经验。

马，在小镇是最贴切的交通工具，开着“宝马”上街，也不耽误买东西。看见什么中意的，一脚刹车，踩停在门口，砸下一坨银子，拿起东西，绝尘而去。

其实也没那么潇洒，没有牵马的大爹们，那些只听得懂纳西话的“宝马”，难说只想跟女朋友去河边谈恋爱，还拉你购物？还想摆什么造型？

牵马的木师傅，过去跟马帮一去就是七八个月。“你以前那么辛苦，现在就在这平路上来回走几圈，简单了吧？”

大爹反应有点大：“压力大。你们城里人，不会骑马，怕掉下来。以前赶马好啊，休息的时候，可以逮逮兔子，唱唱歌，和沿途的村民讲路上的事，还可以吹口哨。以前我们戴的帽子，都是自己打来的动物皮子做的。以前好玩，好玩！”

拉市海骑马比起古城，味更野。山路、草地、海边，屁股酸疼对一个返璞归真的人来说算个屁。朋友说那些一车一车坐着旅游大巴去拉市海骑马的人真傻，但我遇见一个家伙，那得意样儿。顿生感叹：担忧钱和时间、舒适、天气的人，享不了这个福。

虽然我了解不少马帮的情况，自己却没来得及体验一下。

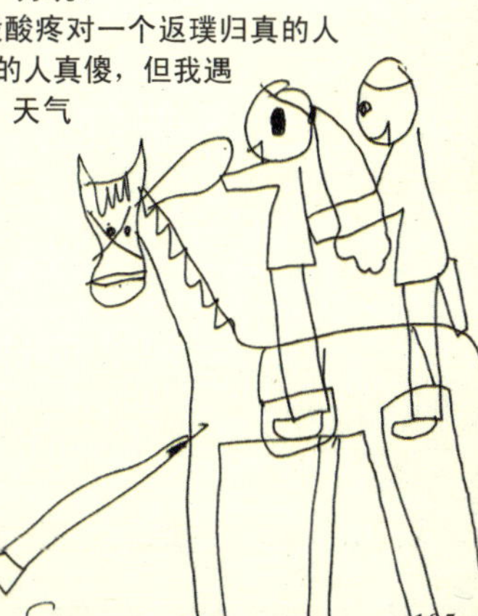

贴士：

从大水车骑马到木府，大约二三十分钟，30元

拉市海骑马，喊价300元的话，给100试试

服务时间：09:00—11:30　13:00—17:30　下雨休息

地点：大水车前　四方街　木府门口　拉市海各马场及村子

建议：骑马的时候显得专业点，让大爹们省点心，也许跟他们聊聊天，他们会开始享受这份新工作，而且难说多带你绕几条街。

适合想体验当年有钱人坐“宝马”、“大奔”的感觉的人

找客栈

客栈，让人想起江湖。各路侠客枭雄齐聚一堂，或明争或暗斗，一时间刀光剑影陡生枝节。

上千家客栈，要是没有点情报，瞎撞，那我知道了，你老人家是一个没有品位的家伙，以后不要在女友面前奢谈品位了。

丽江最不缺的就是特立独行的人，这些人隐于哪？隐于客栈。别看那些客栈老板表面上一瞅都是平常人，无意中一探，其实每个人都藏着一段波澜壮阔的传奇往事。

特立独行的人当客栈老板导致的直接结果是，不是你挑客栈，而是客栈挑你。

有据为证，每个客栈都有自己的"店规"。

衣冠楚楚者勿进。

自带宠物者勿进。

无钱者勿进。一个朋友的亲身经历是这样的，她问："房间多少钱一晚？"老板就此对她态度冷淡，因为，这个客栈的目标对象是有钱人，他们通常只会直奔主题地问："还有没有空的房间？"

单身中年妇女勿进。一个朋友想在四方街的一间客栈投宿被拒，这里常发生女客在酒吧艳遇满载而归，第二天发现钱和男人一起消失的事。

每个客栈的故事如有雷同纯属巧合，就看你撞开的是哪一扇门。

侠骨柔情也并非只是怀想，只要是江湖，就会有故事上演。

无门牌号，全靠小道内部传播。

适合勇敢又有好奇心的人

放河灯

要去套取别人愿望的事情，实在要很雅才行，不是我会干的。问了几个，一个跟我说他的愿望是，赶紧找到旅游团队，一个干脆忘了许愿，一个不告诉我，说：告诉我就不灵了。

愿望是要偷偷许的，不告诉人的才会实现。否则为什么过生日只会在大家的要求下，透露一个最无关紧要的。人都流落到了异乡，抓到个许愿的机会，难说真的把埋在两万五千年前最不可能的愿望都许了出来；或者落个俗套，冀望那个她，可以在明年石榴花开的时候爱上自己。随便吧，反正你也不打算告诉谁，自己偷着乐和温柔。愿望已许，就托付给以后。无论愿望是不是实现了，留给以后的，是我们渴望美好、纯真、善良、温柔的心。

明明知道不能和你生生世世，还在对我们未来的期望中放进“永远”两个字。也许吧，也许真的可以永远。此刻就是永远。

适合有梦想的人

价格：普通河灯 10元一个　情侣灯 20元一个　全家福灯 元30一个　看灯的阿妹说了，许愿的东西不讲价，不过一个灯可以许三个愿。　地址：四方街科贡坊前水边一个　新义街水边一个　东大街两个　酒吧一条街三个　提示：在相同的地点白天也可以放鱼，雅称：放生！大鱼放一条10元，小点的10元3—4条。也可以做一面是汉字，另一面有东巴文字的姓名链，5块一个字。　建议：四方街那个放灯点，人手可及的水岸最长。你放一次不过瘾，方便再逮回来放好几次！　时间：天黑到22:30　资料：放河灯，丽江民间风俗之一，最广为人知的放河灯节令是农历七月半。老人们说一般旧历新年、端午和结婚的时候也放。传统的河灯是纸制的，放油和线在纸灯上面。到了放河灯的时节，不拘多少，家家户户都放几个。

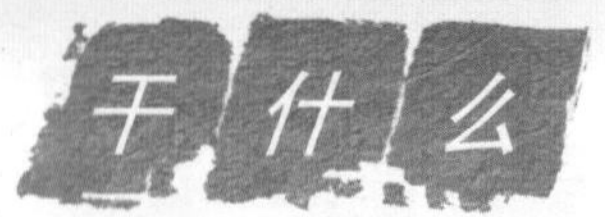

疗 伤

“想做一个神经比较长、满不在乎、身强力壮的村妇。”朋友这样说。
因敏感和紧张而受伤，这是城市人的通病。
偶尔想微笑，却只会像照片那样笑。偶尔想哭，却已不记得眼泪的味道。

不是所有的人都带着思考来丽江，有的人只是找一种最简单的生活来养伤。

流水横在眼前就发发呆，太阳照在身上就眯着眼打个盹，花花迎过来就还一个微笑，狐朋狗友来就挥霍时间。还可以加点什么呢？音乐、图书、爬山、种地、遛狗……

没有什么计划好的事，没有什么非做不可的事。过好每一天的生活，就是疗伤。

学会信任、放松，学会对自己诚实，对生活顺应。包裹在外面的硬壳敲碎了，心就舒展开来。

于是养好了伤，回到城市再受伤。

好在丽江，是个慰藉。

适合内省人士

在丽江还可以做义工、小工、跟店主瞎聊、蹭茶喝、增肥、把自己晒黑、睡懒觉、跟歌手跑场、留下、离开、再来或者什么都不干。

开心是花朵自己的事情，是不讲条件地开放

就像美女不缺艳遇，缺的是不艳遇，不艳而遇

一朵花，你不是因为它是一朵花而喜欢它，而是因为它是这朵花而迷上她

发呆的道具

——音乐/书

丽江的音乐

千年以上的古乐与当代先锋音乐受到同样的吹捧

只要不把喧天的古乐误作了民间的花灯就行

分不清JAZZ和BLUES也无所谓，中听就可以

书是深度旅行的进步阶梯

别的可以不读

《丽江的柔软时光》

就是手上这本

其实也可以不读

但买是一定要买

因为珍藏的书一般都不是拿来读的

去吧，静静地倾听 哪怕听不到知音，也至少可以听到心声——丽江音乐

杂，是丽江音乐最大的特点。换个新潮的说法，叫博爱。所有杂七杂八的，充斥丽江，被容忍，可见丽江多有涵养；而能否扎根，则要看其能否适销对路了，要么对当地人的路，要么对外地来的当地化的人的路，要么对外来游客的路。

千年古乐与当代先锋音乐受到同样的追捧。不同信仰下的宗教音乐所颂赞的也是同一个天堂；与此同时，欧美流行前线也不紧不慢地从容到来。然而这里却从不追赶任何地方的潮流，以至于冷落了许多志得意满的明星。这里也没有什么潮流可赶，因为相互之间并没有模仿的习惯。标新立异地表达自己的满心欢喜就是潮流。

在大小城市混不下去的人呀，尽管来丽江当歌手吧。任何人都行，哑巴，也可以搞实验电子乐。大石桥、官门口、署古井、九鼎龙潭……古城唱到束河，看样子，还要唱到白沙了。唱了相聚唱分离、唱了热闹换寂寥。心事刚好和一句歌词撞上，一点适合的色调，整个爱恨就要倾囊而出。所以一首歌一句词往往成为另一个人的吉普赛占卜师，回不回去、爱不爱那个人、向左向右，给出了关键的预兆。

酒吧和商铺里的音乐也不简单。各种风格都有。好听，是不一定的，萝卜白菜嘛，有的时候如鱼得水，有的时候磨炼耐力。有次在一家位于古城要塞的餐厅，刚

要夹一坨酱油鸡进嘴，那个长发并不飘逸的男人琴一拨，声一出，我就胃疼了。同伴训斥我苛刻。听不懂，也纯属正常。语言横跨英文、日文、意大利、西班牙、法语、梵文……多数是各色候鸟般的旅行者从国际往返途中带到丽江，通过碟片交换的方式，一路走，一路茶马古道般将各自喜欢的站点串联起来，构成一张流动的音乐地图。恋恋风尘的民谣小调、随意自在的爵士、热情奔放的拉丁、中东色彩浓郁的民族风……有人在院子里唱着歌剧浇他的樱桃树；有人听着吉他、小提琴二重奏抛光银戒指……

民乐基本被排斥在酒吧和看上去有情调的商铺之外。只在卖民乐CD的地方、小吃店、菜市场和晚间四方街的广场舞会中可以听到。当然还有倒垃圾的时候。一阵笛子飘来，正纳闷谁在午后这么有兴致，惊觉，啊，垃圾车。搬一个塑料桶、提几个塑料袋冲将出去。丽江就这样，在东巴众神的庇护下，吞进各种原不属于东巴的东西，形成另一种梦境与现实，守旧与开放，慵懒与繁忙同在的奇妙人文景观。有人讲现在这个浮躁的时代，民乐在古镇也销声匿迹了，其实，民乐依然在市井生活的缝隙里穿插，不必担心，老兄，相信它会找到适合的形态，在某个瞬间冒出来。我就在等巴士的时候，哼出丽江民歌花舌舌，惊吓到旁边的老丽江。

世上的一切，是尽够我们享用的。丽江音乐，也是。旅行就是为了遇见心中所想，有一首歌已为你等待多时。相遇的最好途径是酒吧、火塘这样的音乐集市。

去吧，静静地倾听，哪怕听不到知音，也至少可以听到心声。

纳西古乐

『世界上最遥远的距离是你坐在我身边，你喝咖啡我吃大蒜』

优雅的碎片

假行僧：

见信好。

纳西古乐是洞经音乐，与道教宫廷有着千丝万缕的联系。你把纳西民歌和古乐对比着听听，你就会发现民歌是这块土地上长出来的，小调式的旋律，天真质朴。古乐不一样，它从遥远的中原文化中心，一路跋山涉水，口耳相传到达丽江，跟丽江关系不大，就算有关系也是在几百年的传唱演奏时加入了一点点纳西的元素，你听，这是汉人的音乐，汉人的文明在音乐中的体现。嗯，当时应该也不是普及的音乐。你听那旋律，优雅且端庄，缓慢重叠缺乏故事情节的咏唱，听众很难听清演唱的是什么。不过，音乐本来是人类情感表达的高级形式，听不清楚不重要，音乐本身就是一种语言，感受和想象才是最重要的。

纳西古乐与我们这个随意的时代所伴生的音乐，那么的不同。总之，纳西古乐是中原文明的碎片，这是文明与天真的分界线。

开场十五分钟，旋律实在雅致还有一份端庄，

很动人。刚云游太虚仙境，半路杀出一个宣科，坐不住了。他的多话，严重的干扰了欣赏治安，意境全失。古老的音乐，优雅的碎片被他的口水话一句句击得粉碎，在一阵阵笑声中消逝。

你看那些苍老的演奏者，还有挂在舞台上方逝去乐手的照片，一种无法言说的苍凉油然而生。演奏者的苍老和演唱者的年轻，一种心疼对比，很强烈，有一篇文章是这么说的。这些场景让人不由自主的联想，纳西古乐不管你喜不喜欢，以后就没有了，这是一份无人继承的遗产。或者说，就算遗留下来，也不会再生产。

总之，纳西古乐是一群宝贵的人演奏的一种很宝贵的音乐，你一定要用心地听。我们一起听了好多次，你在现场只会笑，爱听宣科的胡说八道，音乐响起，你就要昏昏欲睡，你没有用心去听去感受。

顾彼得说那些不喜欢古乐的“心情还没有达到应有的平静和安宁”。我想是你。

空山鸟语

我听的是相声

空山鸟语：

见信好。

你给我写的傅雷家书已收，写得很好，但我还是想说说对《纳西古乐》感受。我先听的磁带，后看的现场。

我记得《纳西古乐》出过两盒磁带，有一盒封底宣科做严肃状，看上去嘿嘿想笑的样子。第一盒八首，第二盒十首，有《到夏来》《八卦》《山坡羊》三首曲子重复。我说这些是想告诉你我很严肃的听过严肃音乐，那时还不认识你。纳西古乐绵软淡平，淡出个鸟。第二盒的《笃》有种悠长遥远的伤怀，听着心里会难在，点点。那是九〇年代。

我的一个丽江朋友说小时候一死人就来演来唱，依依呀呀，难听死了。我没他这么夸张，但我听下来没感觉。

我去了四方街出口糕点厂旁的纳西古乐现场，十来个加起来八百多岁的老头演奏八百多年前的音乐，有岁月感。宣科介绍曲目的时候，比宣科老的那些老头，有的低头挠头抠眼屎……我喜欢他们的样子，很自然。他把所有的老头都调侃了一道：“我们个个都有绰号，没有绰号的人死得快，一把年纪为什么要规规矩矩，我们要调皮”。看上去很酷的墨镜老头是雪山飞狐，蒋介石和英国绅士在前排。一位老头以前是和尚，“和尚过的生活很健康，不结婚会健康，大家可以试一下”。演一曲，说一段，再奏一曲，又来一段……还是九〇年代。

纳西古乐既缓又慢，又平又淡，容易让人犯困，别说我，台上有老头在打瞌睡，年纪大了，可以理解，我还年轻，可是我还是抑制不住地想睡。如果不是宣科的单口相声，我肯定睡着了。在我看来古乐只是相声的背景音乐，明明是相声界的，怎么自己把自己捆绑到音乐圈？我把这想法一说，马上遭到了有识之士的呵斥，加上我爱看好莱坞大片的恶习，数罪并罚，一顶“没文化”的帽子扣在我头上。

我承认我“没文化”，但我还是喜欢听相声，有古乐伴奏的相声真棒，真 TM 棒。

这些年我心依旧，怀着一颗听相声的心在大研古乐会。在门口见无数拨游客坚定的表示宣科不在就不看，听到后我心中巨暖，他们跟我一样，对纳西古乐抱着一样的相声价值观，大家都是冲着宣科的嘴去的。在这世上我不孤独！“没文化”的人多了去了。

有一回宣科正说得高兴，有人大声打岔：“嘿，宣科，我们是来听音乐的，不是来听你训话的！”顿时引起公愤：“你不听就出去！”我也是愤怒的大多数之一，这么多年像贼一样偷偷摸摸地在纳西古乐现场听相声，终于出了口恶气。当时我就内牛满面，这下可以光明正大地听相声了，时代真的在进步，毕竟是21世纪了。

当然了，出门后，大呼过瘾者有之，大骂上当者有之。我听的是相声，我乐。你知道吗，如果没有宣科的单口相声，演员比观众多，不信你去问宣科。其实他是音乐圈的，被群众强行扭送到了相声界，一切以民意为坐标，我们走进新时代了！

我俩的感受完全不同，但是吃大蒜的和喝咖啡的居然也能坐一块了，你听古乐，我看相声。可是世界上最遥远的距离是你坐在我身边，你喝咖啡我吃大蒜。

适合人群：热爱古乐喜欢相声

特色：宣科会在每晚演出的下半场出现；可以看老人老乐器老音乐

门票：根据座位分三种价格，分别是：120　140　160 元/张

地址：丽江古城东大街86号

电话：0888-5127971

演出时间：晚8:00 每天只演出一场

淘碟店老板透露，如果守店的人能忍住不吐，那么只要不停放神曲，生意火得把玉龙雪山也熔化掉。

神曲雷人，伤不起，《爱的路上千万里》（小娟）《嘀嗒》（侃侃）《一瞬间》（小倩）这几首歌凭实力是挤不上神曲排行版的，旋律歌词不雷不神，伤得起。可被古城淘碟广播店播成了红歌，播得多就雷，一雷就神，一神就成了丽江神曲。丽江神曲仅限丽江古城使用，特此说明。

《爱的路上千万里》神过一段时间，不长，很快被《嘀嗒》挤下，《嘀嗒》在丽江红歌排行版上停留五年之久，那几年当仁不让地成为大研镇镇歌。你没买过嘀嗒你不会哼嘀嗒你没听过嘀嗒，去了不算，这可是丽江潜规则哦。Mariah Carey和boyz II man合唱的one sweet day才在米国公告牌冠军宝座呆过16星期，在《嘀嗒》面前是毛毛雨啦。可是，红歌天天唱已经严重地影响了店主的身心健康，嘀嗒嘀嗒嘀嗒嘀像紧箍咒的咒语，有人一听就头痛欲裂，更有甚者把“嘀嗒”当成了敏感词，莫再提，一提就肝肠寸断。神曲伤人，关爱生命远离《嘀嗒》。五年了，老天终于开眼，派出小倩，抱着吉他在手鼓的敲打下用一首《一瞬间》把《嘀嗒》挤下，小倩稳坐丽江红歌头把交椅。感谢小倩把古城人民从《嘀嗒》中解救出来，女侠啊！可刚解放，又陷入了《一瞬间》的狂轰乱炸，一瞬间轰一瞬间炸，女侠饶命啊。快了，《一瞬间》成紧箍咒成敏感词指日可待。强烈期待丽江歌手不断涌现创先争优，你追我赶争先恐后把《一瞬间》拿下后，创造出一批批群众喜闻乐见的红歌神曲。我们更有理由相信，在不久的将来，将会有更多各行各业的人才奔赴丽江，为丽江的红歌大发展和神曲大建设贡献一份自己的力量。谢谢！

丽江神曲

——淘碟店招财歌

淘碟店的传说

小尹摇头晃脑地拍打着非洲鼓，带了一圈男女跟着鼓点同唱一首歌。

这个家伙以丽江少有的神速，让满街的小旮旯变节为淘碟店。旮旯不就是二家院子中间的夹巷巷嘛，闲置n年。他把音乐碟与非洲鼓就这么一摆，哼，就能让你进店跟着他念念有词手掌拍肿，发现自己原来是个音乐才子。

贴士：

“丽江小尹”挂这牌的，就是他的店。买非洲鼓免费教

适合人群：喜欢音乐，酷爱原创音乐，酒吧歌手的

价格：一般15～20元/碟，原创音乐碟价稍高

总店地址：丽江古城新义街密士巷73～1号（阿溢灿井附近）

咨询电话：15008795776

你要悄悄的……

喝一口香醇的苏里玛酒，
唱一曲动听的玛达咪渔歌，
轻快地划着猪槽船，
去会那美丽大方的摩梭姑娘……
心急火燎，来得太早。
少不得要在花楼下用口弦“攀谈”一番：

“你家的黄眼圈母狗叫得真凶，等你开门我好心慌~~~~”

“上火塘的阿婆还没睡着，这时你不能进来！……”

“长脚蚊子叮得我真狠，等你开门我好心痒~~~~”

“下火塘的阿妈还没睡着，你要悄悄地别弄出声响！……”

情况就是这样。
格姆山下，泸沽湖畔，猪槽船静候在水岸，通往木楞房的
小径曲里拐弯，蓝蓝冷月躺在湖心，花楼上下的情人用口弦弹拨着一问一答。
静夜，他们在感情的潮头相聚；之后，带着甜蜜与幸福冷静地离开。
对夜与昼的理解，孰能如是？

也有这种情况，习惯速度与激情的人空降到这里，多半脑袋空空如也。然后就对这种飘忽感觉上瘾了

生命是什么？是暗夜里闪烁的荧光，是冬日水牛的喘息，或是在原野上奔跑、在落日中归隐的影子

像这样的日子里，也许可以带着一种优
雅、写意的姿态，漫不经心地哼上两句

几本有关丽江的书

有本书拿手上还是蛮好的，即使不看，盖在脸上遮阳光，充当发呆道具也可以，作为艳遇的话题就更加富有价值。

尽管官院巷中段的牌坊“天雨流芳”就是纳西语“去读书吧”的意思，有点礼仪之邦、诗书传家的味道。然而，除了忙考试的学生，不会有人来丽江读书做学问。

书店已经稀有了（大石桥旁幸存一个，是摄影师牛老先生坚守的文化风景）。它冰块一样融化，渗进各个客栈酒吧咖啡馆。

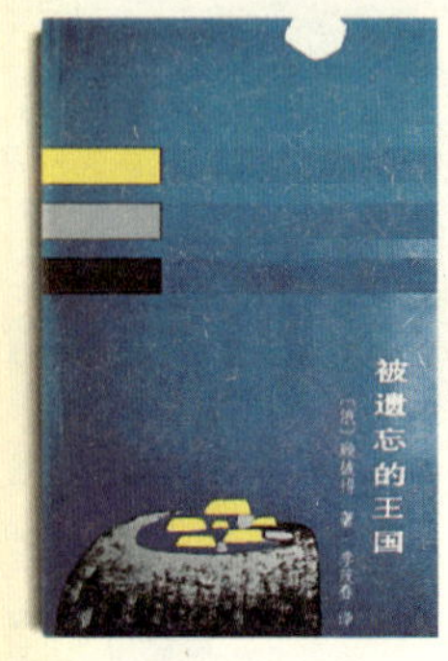

《被遗忘的王国》

[俄] 顾彼得 著

最有趣的讲奶奶时代的丽江的书。那是妇女当家的丽江，是国民政府和日本人都鞭长莫及、当作发配之地、土匪在路上欢蹦乱跳的丽江，是工业合作社的丽江。那时的丽江有的只能在俄国人顾彼得的笔下永远鲜活，有的仍然在生活中上演。我路过菜市场，看到纳西夫妇，丈夫甩着手吹着口哨走在前面，妻子背着一筐菜走在后面。想起他说的“娶个纳西女子就获得了阳光保险，余生可以过安闲懒散的日子。”“没有一个地方可以找到传奇传记中所描写的可爱而又天真的土著，在这些人中只呆了几个星期或几个月的探险家或旅行者，是不可能准确地评估这些“大自然的孩子”的。”怎么样才是读懂丽江？甜腻的丽江我们看多了，换换口味吧。

图精彩，会被大自然打动。

任点是纳西族，家乡人说家乡，比外来人自然。内容较全面。像朋友跟你娓娓道来。

指南性的书。

《原乡丽江》

任点（文） 苏国胜（图）

作者没有到过中国，更没有在中国西南有过任何传奇冒险，可那杜撰出来的美丽、没有战争、邪恶、平和幸福的世外桃源却在世界上几度掀起寻觅“香格里拉”的热潮。被商业过于泛滥地借用，这个词已经显得忧伤了。香格里拉不是一个地理题，历史题，只是一个选择题。一个人要仰望多少次才能看见头顶的蓝天？有一天你突然觉得有慢下来的需要，有付出与收获真城的需要，有感恩的需要，不论是在丽江，还是在别处，你就与自己的香格里拉艳遇了。

《消失的地平线》
[英] 詹姆斯·希尔顿 著

《丽江后面》
于坚 著

“大研镇的后面是丽江，丽江的后面是金沙江，金沙江没有后面，它是最后的。”当丽江大踏步绝不回头地继续完成它的改变的时候，于坚以哀悼者的身份带领我们去看过去的丽江。这位喝着云南的水，晒着云南的太阳长大，文字里充满着云南大街小巷的种种气味的云南诗人，为我们描述了丽江后面活的、蒸腾的、世代流淌的日常生活，每一个细节都沾染着人们在时光里留下的体温。作者有着鲜明的态度，对现代化的质疑，对他像维护母亲的尊严一样维护着丽江的消失的痛惜。于坚是对大地和生命怀有太深的感情，很少有人能理解“大地是由于无用才存在的”这一类的句子后面他试图向我们揭示关于原初、关于永恒、关于存在的启示。可他仍然坚信，“文明有一天会意识到，拯救最终是来自大地，而不是文明，至少，我知道是它拯救着我。”一本书不可能拯救丽江，但我们需要它来安抚我们的浮躁。

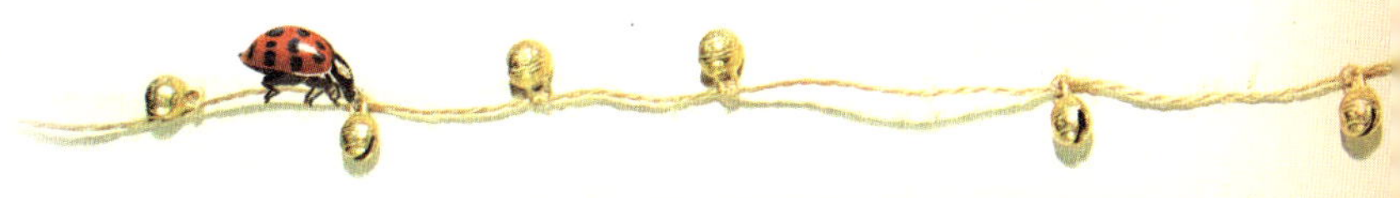

《塔莎奶奶的花园》

[美] 马丁 著，[美] 布朗 摄

韩玲 译

在田里劳动，自制美食，照顾花草，和小动物们打交道，珍惜家人和朋友，分享彼此的回忆……92 岁的美国奶奶过着简单却富足的生活。大多数人选择现实的生活，选择只是想一想这个美好的梦想，而生活在丽江的一些生活的艺术家们早已开始实践，也许你无意中探头望一望某个院子，就藏着一个花园的现场版。那些塔莎奶奶，塔莎爷爷，塔莎姐姐，塔莎等等，或许做着客栈或许开着小店，朴素得只是一个默默无闻的过路人，可他们的心田里耕种着最好的时光。一沙一世界，一花一天堂。即使只是关注一朵花的开放，也隐藏着生活所有的真相。

亲爱的东巴文，如果我能懂你，我便懂了一千多年前的文字。我便会用孩童般的眼光去看世界最初的样子：水是如何流动的；男人和女人是如何在一个房子里生活的。如果我读懂你，我便会知道通往神灵智慧的地址，那也是与自然相处，与自己相处的秘密。

如果我能读懂你，我便立即地给自己挑选一件自己读得懂的东巴文 T 恤！买一本用现代的视觉手法表现古老文字的书，买一本不拘一格地解读东巴文及东巴文化有丽江气息的书，买一本连孩子也会喜欢的启发想象力的书，娱乐就开始了！

《活着的象形文》

大蕃茄传媒机构 著

《中国西南古纳西王国》

［美］约瑟夫·洛克 著

有关丽江最贵、最有价值的书。详尽记录洛克（美籍奥地利探险家 1884 ~ 1962）在 1922 年至 1949 年深入了解到的滇西北，从地理到人文历史都有学者般的详细记录，是最早、最原始的滇西北资料，他的摄影作品至今还是中国西部地区最好的历史图片资料。他凭这部《中国西南古纳西王国》被西方誉为“纳西学之父”。

以为是本讲旅行的书，读完了发现是在讲艺术，等我再次旅行，才恍然大悟它说的是旅行的方式和态度。“云朵带来的是一种宁静。”“让我们在前往远方之前，先关注一下我们已经看到的东西。”旅行，不只是身体的旅行，更是心灵的旅行。在丽江，猎奇，追寻表面的惊艳，是通俗的旅行。带上此书，指引我们见到丽江真美。“什么是旅行的心境？感受力或许是它最主要的特征。”再美好的东西，一颗缺乏感受力的心也是视而不见的。怀揣一份温柔的心意，即使在加油站，在机场，甚至足不出户在卧室，也会有旅行的乐趣。

《旅行的艺术》

[英] 阿兰·德波顿 著

在 2012 年读 1990 年的普罗旺斯，很想向彼得·梅尔问好：“和普罗旺斯一样，这里有很多有趣的人，他们过着自己认可的最恰当的生活，生活也就变得和他们一样有趣了。这里的人同样奉守漠视时间观念的原则，随性安排时间，而不是被时间所安排。他们也养花种树，收获果实，和狗一起度过快乐的时光。你懂的，他们热爱美食，是因为热爱和朋友在一起的时光。我想，上帝欠我们一个普罗旺斯，于是我们有了丽江。”

《普罗旺斯的一年》

[英]彼得·梅尔 著

这是一本详细批露摩梭风情，特别是走婚习俗的书。

根据经验，尚未作古的名人，一旦出版了传记，要么是准备急流勇退，要么是到了强弩之末，躲躲闪闪地“坦言”一些自己想让别人知道的事。今天，仅有 8 万人的摩梭族很荣幸地被世人从深山里“发掘”出来，受到 50 亿人的关注，出版很多“详实”的民族的传记，毫无保留地“客观”评述、公开发表，就好像摩梭民俗已经遭遇了十面埋伏，穷途末路，唯有赤膊面对。对于大多数人来说，泸沽湖本身的美已足以吸引他们前来直接或间接地破坏民俗了。要是民俗也有版权的话，我想摩梭人是不会冒着移风易俗的险来向世人充分展示自己的。

《走婚的人们》

萍水相逢的朋友

这些人并非三头六臂或身怀绝技

他们也没有随遇而安、任意漂泊的习惯

不小心凑到了丽江，是因为这里正好适合他们

满怀着寻找精神家园的冲动

迷惘中却偶遇了自己失散多年的恋人

于是喜不自禁而若无其事地一起寻找——这个恋人就是丽江

丽江接纳了他们

抚平漂泊的灵魂

也不要求他们揣上厚重的资本或人无我有的技艺

就给了他们并不匮乏的物质独立

他们并不是特定的某几个人

来来去去的人类里，他们心存丽江

最有名的古老音乐经纪人

宣科

地下丝绒：你知道丽江吉祥三宝吗？

滚石：雪山古城纳西古乐。

地下丝绒：错，雪山古城宣科。

滚石：宣科比纳西古乐牛？

地下丝绒：没有宣科，纳西古乐会有今天吗？

滚石：也是。

地下丝绒：丽江最早的本土乐队都玩纳西音乐，本地纳西老人组成，来自民间，鲜有外地人知道，有，也是听说过，没听过。

滚石：丽江老乐队走不出丽江。

地下丝绒：对，直到宣科出现。纳西古乐是宣科对丽江老音乐的命名。当年他到政府第一招待所（丽江宾馆）对面的餐厅里吃早点的老外说："我们丽江有一种民间的音乐，有六七百年的历史，原来是皇家音乐，你们听不听？"老外拿着他写下的地址找去，慢慢的才有了点名气，后来才扬名世界的。音乐从来就跟商业不矛盾，没有商业无法推广。

滚石：他是第一个纳西古乐的经纪人？

地下丝绒：对，宣科像Peter Jenner于Pink Floyd（平克·弗洛伊德），Peter Jenner是剑桥大学的老师，在一次音乐节听到了学生组合Pink Floyd的演出后，兼职做了乐队的经纪人以及后来的第一任经理，没有他Pink Floyd可能没有现在那么伟大。宣科把丽江最古老的音乐做成了丽江主流音乐，推向世界，而且也成了纳西文化的象征之一。

滚石：呵呵，如果没有安迪·沃霍尔也没有"地下丝绒"。话说回来，音乐需要商业，可是搞音乐的人不懂商业，懂商业的人又不懂音乐。

地下丝绒：对，好音乐有，但缺的是既懂音乐又懂商业的人。如果没有宣科，纳西古乐可以活到现在，可以活得很好，但绝对没有现在这么牛。因为他，让世人再次看见、听见丽江，了解了丽江古老音乐动人的魅力。

滚石： 你把玩古乐的老头说的像维姆·文德斯(Wim Wenders) 的纪录片《乐满哈瓦那》（Buena Vista Social Club）里玩音乐的那群古巴老人，因为片子的影响，他们还在纽约的卡内基音乐厅演出过。

地下丝绒： 真是，真事。宣科一个人做成了文德斯的事，靠他的才华口才文字等。没有他，大研古乐会不可能在世界各地巡演的。可惜，如果有文德斯那样级别的人拍纳西古乐的纪录片就更牛了。

滚石： 不用拍已经很牛了。

地下丝绒： 大研古乐会是世界上年龄最大的乐队，乐手可以打瞌睡，天天演，可以申请吉尼斯世界纪录了。从前的乐手都是高帅富，现在连女的都可以加入了，原来女人是不能参与的。你看，对古乐的传承有很大的帮助。

滚石： 宣科大器晚成，是不是金牛座？

地下丝绒： 我看不像，据调查，美国四十岁以下的新锐富豪，有四分之一集中于魔羯座和天蝎座，我猜是摩羯座的。

滚石： 他八十多了。

地下丝绒： 他是中年人嘛。

滚石： 他什么血型？

……

宣科语录

◆谦虚就是虚伪，虚伪就是不诚实。

◆丽江古城被联合国教科文组织列为世界文化遗产，那些老房子是次要的原因，我们纳西古乐才是主要原因。

◆我的同龄人中，只有我一个坚强地挺立。从75岁的青年人到了82岁的中年人，有人问：“给是吃了什么药，耳聪目明？”

◆人生的目标都是死亡，坟墓，一个都不能例外。我看清了，我不怕，人生道路越走越近。老想着这样那样的病。想长寿，就病起来了。

◆我在音乐界指挥出了名的，我的钢琴伴奏是傅聪，他比我聪明，他逃跑了，也不通知我，后来我就恨他了。我在英国演出的时候遇见他，他大叫：“宣科，我还没有位置呢”“你是谁？”“哎，你忘记了”“傅聪”“哦，好久不见了”。

◆21年在监狱，谁有我这个本钱，谁有？

◆我是变色龙，很自然，很舒服。别的人只能是一种，变不了，我可以变。

◆商业里面，钱最重要，想方设法不择手段把钱弄到手。

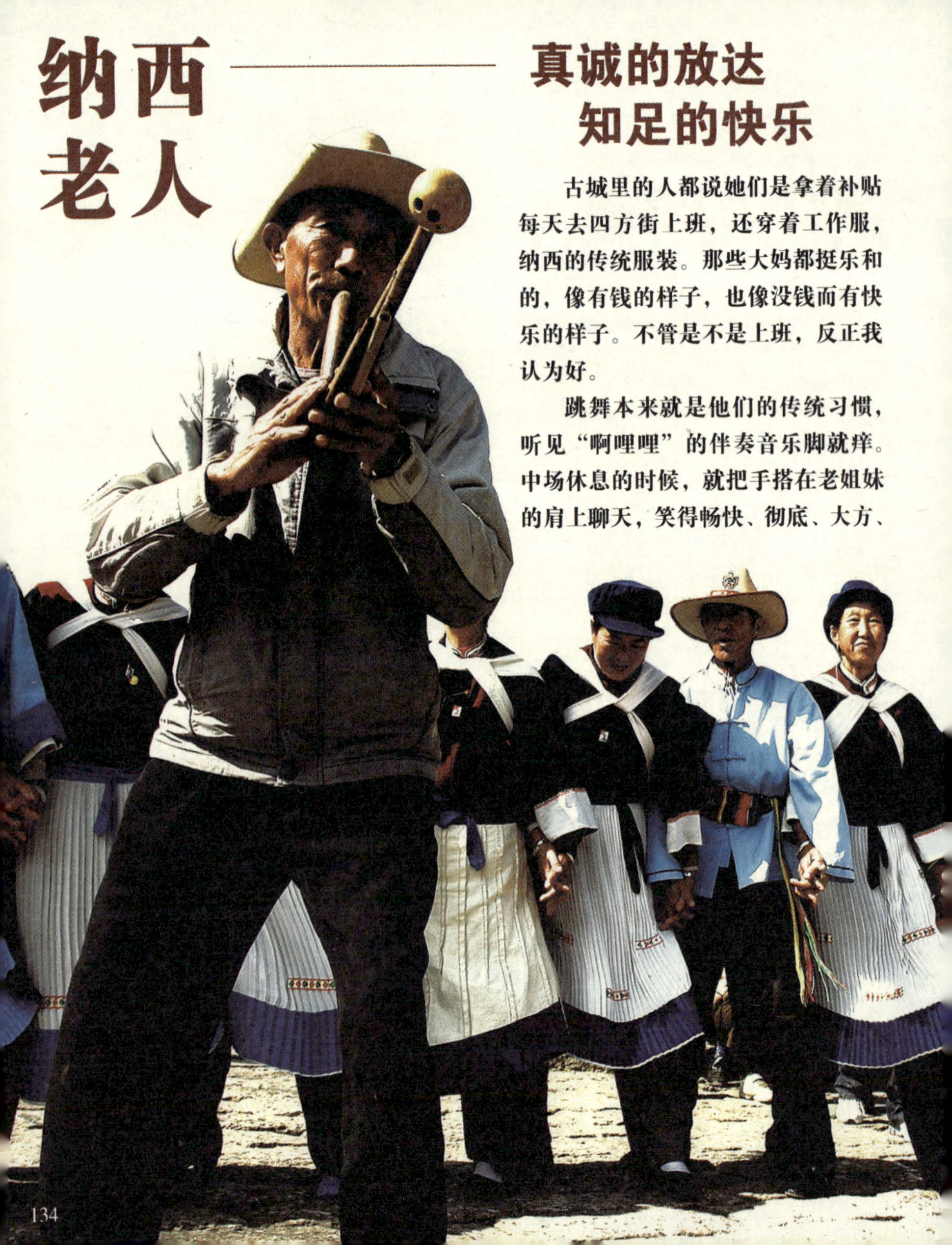

纳西老人

真诚的放达 知足的快乐

古城里的人都说她们是拿着补贴每天去四方街上班，还穿着工作服，纳西的传统服装。那些大妈都挺乐和的，像有钱的样子，也像没钱而有快乐的样子。不管是不是上班，反正我认为好。

跳舞本来就是他们的传统习惯，听见“啊哩哩”的伴奏音乐脚就痒。中场休息的时候，就把手搭在老姐妹的肩上聊天，笑得畅快、彻底、大方、旁若无人。如果有时间，建议仔细看看。

“能跟您聊聊吗？”杨大妈转过脸来，笑得十分灿烂，手自然地搭在我手上，说：“你要问奶奶哪样？”我问什么其实不重要，她只是想说心里话。“丽江有房子，你们来买房子嘛！丽江好。全国人民大团结，全国一家人，跟我们照相不要钱。你们难得来一回，欢迎你们呢。”

陈大爹，奶奶队伍里唯一参与跳舞的男士，比较有墨水，烟草公司的退休职工。看我是来采访的，那更是会说了。“现在丽江人来多的嘛，我们不会烦。‘水要水潮，人要人潮’，现在这样才会促进丽江的发展。我们来这点跳舞么，还是为了欢迎游客。‘万物之首，人为本’，比我们丽江漂亮的房子多了，人家只来看你的房子啊？当然是要看风土人情，有我们在这点跳跳舞舞，才看得着呢噻。”

跟陈大爹聊得好，也看我忠厚、老实，要邀约我去他家吃饭，另外两个老奶奶附和着：“走嘛！走嘛！”还给我留了手机号。陈大爹忙，要用手机，每天除了在这里打跳，还要去各处唱歌，回家是八九点的事了。

大爹会玩，大妈们也会享受。有专门雇了保姆，把自己放出来玩的。

大妈们笑得开心是真心觉得日子好过了，她们说，以前是真的很苦。

人知足，就觉得幸福感强了。看看这些快乐的大妈们，心存感动。知道学会知足、感恩，是快乐的唯一来处。

关于老人们的贴士：

1. 都非常热情，有问必答，不问也答
2. 口音都很难懂，不要追根究到底她讲的是什么，只用点头
3. 跳舞时间：早上10点到11点半，下午1点半到3点
4. 年龄最小的50来岁，最大的80多岁了，不过不跳，只是风雨无阻天天来看，算是参与

感情没有缺席

——那些在着的手工艺人

老木、啊东、木云柏、阿四

时光，一去不返。于是，他的眼光停留在一块木头上爱抚，然后拿起那把经历岁月的凿子，划上去。像把最炽烈的情书上那句不再隐喻的思念，永远地记录下来。这就是手工，向着美的理想和生活能达到的极限，献上考究的——致敬。

安心，上帝的庇护

若明天就是2012年12月21日，我猜这几个丽江人依然会和家人朋友吃喝玩乐，并留一点时间凝神静气做他的手工。上帝选定他们做手工艺人，就意味着一种庇护。天下大乱，仍可以静坐家中，继续手上的活计，因为那就是一件与生命力最紧密相关的事，似乎造好后要镶嵌到上帝皇冠上的宝石，是人类无上的荣光。

你策马翻腾攻打江山，我静静一坐精制作品，手中的技艺，是时间河流中的芭蕾，宁静、高雅，不图虚华的名声，一心呼唤内在的真挚。纳西男人的不管琐事，落得心闲（都由家里的女人去操持了），塑造了与世无争的天性，让他们拥有手工艺必须具备的资本——安心。

放一圈鸽子、浇浇花，阿四来到店里，打开店门，挂上自己做的鸟笼，里面住着一只不会说话的八哥。几个小时过去，他一直对着电脑，研究刚买的英文皮革手工书的电子版。英语看不懂，但图片上的场景让他一下点头、一下拿笔比划。

“老板，这鞋能少一点吗？”

“不讲价。”他笑笑。

阿四从不拿“手工做的，我做的”来说服对方。很多人认定时尚考究的都是外来的高级货，一旦知道这是生活在丽江古城的阿四之作，都不敢相信。只要阿四多几句话、得瑟一点，生意就会爆。可他的心思都花在怎样排除干扰，专心创作皮衣皮鞋上。最近几万块买了个经营管理软件，想把两个小店的盘货问题解决，腾出时间来。这在丽江怕是第一人了，城里的老总也没几个舍得。

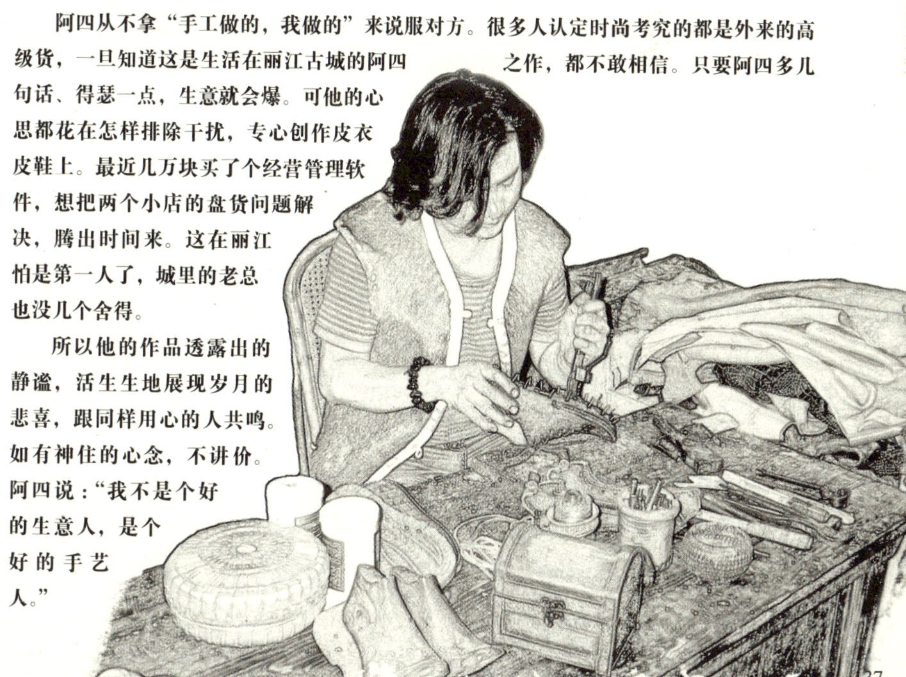

所以他的作品透露出的静谧，活生生地展现岁月的悲喜，跟同样用心的人共鸣。如有神住的心念，不讲价。阿四说：“我不是个好的生意人，是个好的手艺人。”

本土玩家

小人物的生活没有历史剧的恢弘，对于手工艺人，市井才够生动。

一个刚下过雨的午后，马铃铛晃过窗外的石板路、游客唧唧喳喳又添置了几件纪念品、风把云朵吹到了玉龙雪山的肩膀上。老木正一时兴起，把手中的桃核做成了指环；阿四在一块羊皮上画下了新皮衣的模子；木云柏刻完了十米长的木雕组画的最后一刀。

现文巷那间小铺面里，啊东静静地坐在那，要看穿木头的心思。里面有一条拉市海的鱼？一个玉龙第三国的勇士？一朵不规则的调皮的云……他要把他们喊出来。“滚出来！”“给老子出来！”不不不，这种粗暴对于木头里的精灵是没用的。引诱他们出现，需要的是“感情在场”，一种静下心来，与世界沟通的状态；也是对丽江气场的认同和欣赏，当然作为土生土长的丽江人，他的生命已和丽江交织在一起。这份与丽江气场的心意相合，从他手中的木雕外化出来。就像出菌子一样，地气不同，一个地方出一种菌子。

手艺人的作品也显出他的内心，贫乏还是饱满，纯净还是充满噪音。啊东店里的工具放得整整齐齐。那些常坐公司总经办的大老板，整天吃素养生，可那东一堆西一堆放满书和文件的办公桌早已透露，他们的心还是很忙乱。

“啊东，你的作品要做减法了。”跟啊东从小玩到大的摄影师阿苏就像在研讨一整个艺术界的走向。他几乎总是按时到啊东这报到，然后坐到啊东对面，盯着啊东有没有做减法，顺带看看过路的美女。“嗯嗯”啊东继续刻着鱼鳍。阿苏不停嘴：“你不要想着自己是大师”旁边的人看不过去了：“你这个监工，自己不是做木雕的，还指手画脚。人家啊东一个木雕再贵也不愁卖。”“我是不跟他抢饭吃，再说跟照相一样，做减法才够大师。”“愁的嘛，我还愁着房租呢。所以我一直乖乖听你老人家指导的。”啊东顺着说，做出恭敬的表情。

我们这些常窜过来的看客哈哈一笑，看他们纯朴的眼睛，会被晶莹剔透的眼光打动，那是要怎样一个精神世界才能保护好的透亮。我暗中倾慕这帮性格不拘、血液里融化了玉龙雪山白雪的家伙。

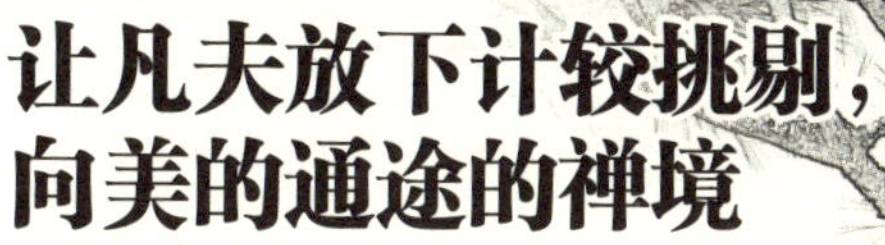

让凡夫放下计较挑剔，向美的通途的禅境

神叨叨者说：老木是禅，阿俊（老木的老婆）是参禅的人。老木和他的木雕一样，大而沉静。阿俊是上帝派给老木的代言人，不过她也挺有觉悟："我要少说，让老木说说。"老木还没开口，她又开始呱啦呱啦。

禅是心无挂碍的解脱，找解脱的人，即是参禅的人。手工艺人的作品是物化了的禅意。当一个普通人遇见让自己心动的手工制品，就像是遇见了情人，她未必一生一世形影不离，她的出现只是唤起了那就要失去的耐心和热情，支撑你去更远的地方，走得更久，感受内心最柔软的地方。

阿四的皮衣皮鞋常有倾慕者看了又看、摸了又摸、试了又试。整个过程，这些心动不已的人都很安静，犹如朝圣。朋友给我描述他和一双手工鞋的相遇："那工整的缝线、流动线条的接搭、鞋头上儒雅的光芒，简直就像一个专为我而诞生的奇迹。我似乎能感到阿四在工作台前的日光灯下，手上的温度一点点传到皮子里。我只想谢谢他。"

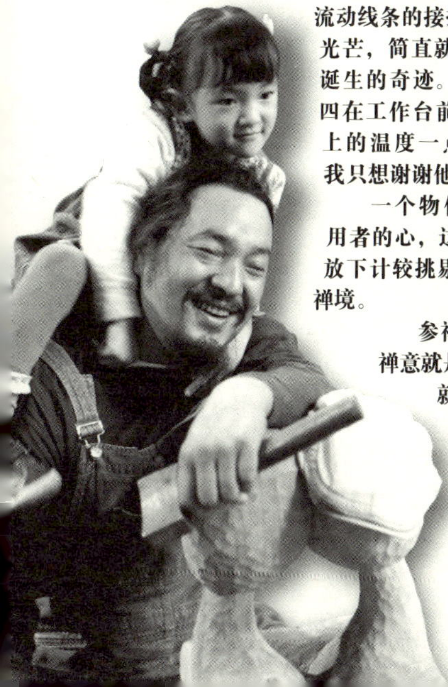

一个物件，能击中观者、用者的心，这就是一种让凡夫放下计较挑剔，向美的通途的禅境。

参禅的人遇见自己的禅意就是极大的幸福，这就是阿俊脸上随时望向老木的微笑。

别做个艺术家，做个生活家

“在他身上一部分变老而另一部分尚未诞生”，我不得不用这句话来形容这几个做手工的家伙。

但如果面对木云柏，我就不敢这么说话。那天我转过头问他：“你画这个的时候是不是感受到了神？”他那表情，大概又遇到了一个给他下定义、扣帽子的评论家。我急忙解释：“我只是觉得看这画的时候，有一种被击中的感觉。”“我没遇见过你说的神，只是想这么画就这么画了，感到了一种情感。”那幅画是画他的妈妈生病躺着打点滴，输液瓶一直接到天上去，各路鬼神充满空气。“想这么画”也是一个不寻常的事嘛，我觉得。正要从一个艺术的角度去讲他的艺术，他开始跟我八卦村子里修路要花多少钱。艺术家不拘泥于艺术，心无挂碍我算是见识了。他听见可能会说：“你才艺术家，你全家艺术家。”然后抓把瓜子递过来，让我安安分分拉家常。

我这个八卦王，见到大师就要找点艺术气味来装饰一下自己，可大师从头到脚，从说到做都显出他是从原味的生活里长出来的。

机械时代过度的矫饰让手工艺的本真隐退，像同样隐退于世间的不丹，当人们回过头去，再看见那光芒，才感叹这是一颗多么珍贵的宝石。听任时光、慢慢生长的事物，那种定的力量似乎在鼓舞着被成功追杀的我们，慢慢地、认认真真地没什么不好，破除迷信看似能帮我们一步跨向伟大的捷径。

就像老木的木雕太大，难以搬着满世界做展览，他就约上几个朋友，带上阿俊和女儿，开车到太安洋芋田边，品味春天新榨的菜籽油炸黄的洋芋；没有浮夸的心，就没有浮夸的需求，也就不会得一个夸张得连自己也不敢面对的失望。

感情在场

啊东店门口拉了一根绳子挡住，人不在店里。短暂离开的样子，应该是去上厕所了。看来他今天心情平稳。不然，遇见店门不开，要么他心情大好，和朋友在哪片山里郊游；要么就是不爽，在田里散心。啊东说："我笨得很，不会一心多用，功能单一。"做东西就好好做东西，全心全意灌注在上面才行。玩也是，不能又想做木雕、又想着守店、又想着玩，最后，心不在，一样也得不着，划不来。

心在就是感情的专注，感情在场，一年就像一天，舒畅通透自然会在作品里显现。怪不得阿四当年被传为五一街开店最传奇的。吃过晚饭7点去开门，9点就关门了。白天的勤快人去找他买鞋扑空，还以为他移民另一个星球了。《被遗忘的王国》里说："人们有时间享受美好的事物。……当工人们突然想到湖边或到雪山上野餐时，工厂就干脆关门一两天。然而工作未受影响，而且干得更好。"我简直怀疑顾彼得遇到的就是这几个家伙。

我们向往自在的生活，什么是自在呢？感情不缺席是心的专注，当心安住于现在这一刻，你不会为过去悔恨，不为明天担忧，你就自在了。

"别总结啦，动筷子，我们饿不得啦。"好的，吃饭更不能缺席。

这么邪，只好让他开分店了

——老郑

有个家伙不知道这世界有个地方叫丽江，从日本回来后背着包去了苏州，不适应。到了北京，有点紧张。在昆明火车站下了车，人来人往，还是不安。他到了大理后很放松，把背包从前面挪到了后面。几天后，他准备回家，去买牛皮画时掌柜说前面还有个丽江，很好。他说那我去一下就回来，画先寄在你这里。

他去了，“对了，我要的就这个氛围”。他留下开了家客栈叫木家苑。

我去一个陌生的地方，人生地不熟，有人接我，我觉得很方便也很高兴，他说住两天免费接机或者送机，三天以上免费接送。当年木家苑房费六十，跑一趟机场六十，一算，客人住两天免一天房费，住三天免两天。没有哪家客栈这么干，也没有谁主动给自己开良方配好药的目的是为了让自己快速地垮掉！这是自杀式开客栈，你疯了？有人反对。

他说，只要客人方便就可以做。半年后，没跨，入住率反而高了。他不仅接机，还买了三轮车为客人进出古城运送行李。有客栈耐不住，赶快学。客人打电话订房老问，接不接机？有变本加厉的质问：有没有三轮车？没有？你开什么客栈？当初没有哪家客栈这么做，现在还有哪家客栈不这么做？

他有心让客人方便，踩着三轮车驾着小面包车用简单的交通工具把古城的客栈开到了心级服务的高度。他更无心，不算账，很多时候心里的小算盘不要打，一打一算一计，你不敢做你也做不了。

“你要算的话，算不过来的。”他说。

他在日本见过乡村水果摊，一筐筐标了价，一个装钱的篮子，四周没人，自己付钱找零。他想，人家能做到，我们也可以。木家苑的水果，标了价，让客人自己付钱。有客栈模仿，秀了几天，水果被一筐筐地倒走盗走。亏了慌了，问："你的呢？"他说："我不知道，我不关心。"很多事情不要去想，想多了是负担。不关心水果，会有更好的结果！水果少了，但人多了。不用算，看得出来。后来，水果干脆免费，想吃就吃。

古城很多客栈的免费服务，电话水果等都是一场场模仿秀。他的死党小林说："他怎么做我就怎么做，没错！"

我们不喜欢付钱时对方拿着老人头望闻问切的优良传统：捏着老人头的衣领搓两搓，甩几甩，对着光寻找暗藏的毛，不时用审视嫌疑人的眼光瞟你几眼。不得不感叹：我们从来没有离不开过毛。虽然不喜欢但很习惯，他不喜欢被这样，他就不这样。他的客栈不验钞，夸张的是住店不交押金，不查房，也就是说，你可以口袋空空心安理得地住在木家苑，走的时候结账或者跳墙。

客人方便，客栈麻烦。他不以为然："把麻烦留给自己，有麻烦自己想办法解决。"

跟着他走的客栈多了，但不交押金不验钞不查房这招不是谁都可以复制谁都敢复制的，小林都不学。木家苑你学不会啊！虽然学不会，但不可复制的后果是每年都有人顺东西付假钞逃单，这也是我这么想这么做的代价。"不过，比我想象中的好"，他说。看来传说中的诚和信还能在古城这个环境中苟延残喘，幸好有丽江有他，但愿有一天传说中的诚和信能在丽江重新复活！信春哥还是信他，真让人纠结！

两年后他去大理取回了牛皮画，如果没有那张牛皮画，没有掌柜的"前面还有个丽江"，那么，没有他的丽江客栈是什么样？像什么样？

他的店多了，还连锁，不过他看上去更像个木匠，夹着拖鞋在古城的石板路上走得很急的那位就是。相对于丽江速度，他的步子快了，跟古城的节奏严重不符！

这个破坏江湖生态的家伙就是老郑，主宰真美客栈的邪恶力量。

哈哈，梦想家，欢迎跌落红尘做个生活家——老叶

老叶系一条围裙在厨房里鼓捣，外面大圆桌上铺满了美味。馋人大呼有福撞上这么一顿。我倒是对他把这3层别墅搞成毛坯版的长城故宫表示敬意，梦想家不是逢人就讲他的梦想，而是天天住在梦想里。抬头撞着墙上他挥毫写的诗，看来这些年老叶还是一贯的High。

老叶总是说两句就哈哈大笑，一点也不酷，好处得很。熟人说：他有很多创意，爱给别人出主意，自己做不出什么来。原始人说，当年老叶搞科贡坊酒吧，老船木、青稞架各种野外的老旧东西被他整做装饰，后来一大批人尾随。现在这些东西价格高得要摸着天了，就是老叶带起来的。上个世纪，老叶是欧美多家权威图片机构寻找签约的摄影师、国内若干主流媒体撰稿人；曾在黄河源头漂流、在阿里呆着不走、在藏区拍人文地理照片、在东北玩冰雪越野、在戈壁大漠玩极限、在广东做生意，身价千万。后来沉默了。

以梦为马，他的历史够分解成各种文艺片、剧情片、风光片、爱情片、魔幻片、武打片……

现在，他对面住了一个只画竹子的艺术家，只晚间出没。若火塘老李到访，平淡的夜就成了3个疯子的天堂。

天没黑的时候，老叶以做美食发微博为乐。梦想家变身为生活家。刚要动筷，“等等，拍个照片微一下。”一排酒坛立正在墙边，玫瑰李子梅子樱桃石榴普洱茶……一个民间密酿作坊。门口，小区绿化种的紫叶李没被放过，敲下来等着入瓮。喝一口，身心携手走进春天的百花园，清风送来美意。酒杯里沉浮一片樱花瓣，老叶不着边际的浪漫情致，度数高啊。

继开酒吧、餐馆、看风水、酿酒、作诗后，最近，我听说他要玩一辆能穿梭古城小巷的餐车，原谅我如此没有想象力的说法。让我们一起想象老叶驾着它呼啸而走，为人间送上美味的粥和炒粉。我觉得他要定制一身斗篷，样子可以结合蝙蝠侠、蜘蛛侠、孙悟空各种款式。“头疼的是要找到合适的材料，在这个电动三轮上搭个架子，既要轻，让车跑起来像飞；又要稳，不能一阵风就飘了。”

哈哈，梦想家，欢迎跌落红尘做个生活家。

一张照片引发的梦想

——李卓

这货上小学那会，看了一张同学去北戴河旅游的照片，有图有真相让他神往。他想：等我长大，我要去看海。从那时起他心里就埋下了上路的种子，所以说从小树立远大的理想很重要，哪怕是看海。

他上大学了，十七岁那年的雨季他看到了照片中的海。他想：这世界如此精彩，不好好看看太可惜了。从那时起他心里埋下的上路的种子发芽了，他要走遍全中国。人要有梦想，不然跟咸鱼没有什么区别。他花十多年的时间走遍了祖国的大好河山。他走走走走走啊走，走到了改革开放的前沿阵地，该有的都有了，可他“一宿宿地失眠”。你看，靓丽的风景线后面有多少先富起来但睡不好的货，同情中！哎，一个人要走多少路，才能找到属于自己的地方。

他去了丽江，“天那么的蓝，心情无比开阔，可以真正地静下来”。他认识了很多在路上的朋友，意大利三舅，七十岁还在路上老驴友……终于找到了组织，他踏实了。哎，一个人要走多少路，才能找到自己的丽江？他把房子卖了，在丽江边开客栈边走，从丽江出发，他要走遍全世界。

当年他来丽江的时候朋友举手赞成：你做先锋我随后赶到。他在丽江呆了五年，随后就到的朋友还在城市，“放不下走不开啊！”唉，一个人就算找到了自己的丽江，去你的丽江，还是得放下。

有个故事说的是两个人准备去朝圣，一个说等我准备双鞋子，一个拔起脚就走。朝圣的回来了，那位准备鞋的还没上路。

这货江湖人称“卓哥”，永远在路上的货，在路上籍邸的主，在路上国际青年旅舍的掌柜。那张北戴河的照片拍得多好啊，内涵图，求分享！

李卓微博：

2fwww.weibodi.com/pic/user/1594603251

一切从爱情开始

——牟鑫

老牟（牟鑫）和金的樱花屋故事是一出漫长的丽江现实版韩剧，一中一韩遇见爱上爱不让爱爱太难，亲情家庭生存创业奋斗……韩剧所有该有的元素都有了。

老牟在大理遇上了金，忘不了金的好，他从大理追到了丽江，经过一段曲折的经历，俩人终于走到了一起。韩剧是韩剧，生活不是，仅有爱是不够的。老牟开了个叫樱花屋的小酒吧，一楼经营，两人的家在二楼。这样，进入生存篇，谁都知道，如果一直贫穷，爱会被饿死。樱花屋一中一韩的组合很国际化，起点高但生存艰难。两人是老板又是员工又兼厨师，路人甲游客乙背包丙也会帮点忙。这样，樱花屋活下来了，越来越好。于是，丽江爱情故事进入创业发展篇多元化篇，一篇篇的展开……现在，樱花屋的故事已经拍到了十六季，外景地已经到了老挝，还在往下演。

丽江爱情故事多了，一不小就成了寂寞难耐的七寸，围观者摩拳擦掌的要去寻找艳遇，去之前在心里默默写下脚本。虽然老牟的樱花屋爱情故事在第二季已经画上了完美的句号，但是因为爱情在那个地方，依然还有人在那里游荡，人来人往。所以，老牟很慷慨地提供场地负责氛围营造，让樱花屋客人自编自导自演丽江爱情故事，每天一集，一夜版含恨版生死版离合版……老牟兼总导演总策划兼美术总监。为了人间烟火爱的过火，从泰国引进纸灯笼，把非洲手鼓连鼓带人请到樱花屋。明目张胆地怂恿艳遇，没有物化的艳遇。当年他爱的时候，根本没考虑过那么多的现实条件，才有了今天的樱花屋。颁发泡妞证书，以解当年不合法婚姻之痛，他和金

的结婚证申请了三年才到手，不痛才怪。近两季的樱花屋加入了拍卖的游戏，一本关于樱花屋的漫画书拍到了三万，一杯鸡尾酒八千。你看，都是热爱生活的货。

一切从爱情开始。如果没有樱花屋，新华街不一定是今天的酒吧街，也许是另一种境况，谁知道？

有一次我问朋友："老牟在哪？""不知道，反正在打飞的。""什么？""打飞的出差了"。"哦！""他经常打飞的。"朋友说。

有好事者写了一篇《怎样打飞的》的小结，提纲如下：1. 爱上一个姑娘　2. 为姑娘开一个酒吧　3. 两人一起奋斗　4. 把隔壁的屋盘下　5. 再把隔壁的隔壁的店拿下　6. 开分店，一家接一家地开　7. ok，天天打飞的。

咦！怎么看着怪怪的？

有来泡者，只要投缘，我们应当站在自我立场上坚决彻底干净全部征服之。

伤心贴士：

老牟的故事在台前，更多樱花屋的故事不为人知，幕后的故事暗流涌动，让人难舍。樱花屋这个树洞藏了无数的秘密，浪漫伤感纠结无奈……老牟的故事讲上千遍万遍都是传奇，我们的事讲一回都欠扁，虽然我曾陪她们开放，可是那些花儿，还要开放还在开放。所以，沉默是想你的最好方式。是吧，姑娘？

老李人挺好，就是想法整不成。
穷，音乐也跟不上这个时代了。
火塘搞不下去就画画，居然还有一个北京人出3万块跟他买，
怪了。——认识老李的人说

火塘边的现实与幻想

——半山火塘老李

老李说自己是“客居丽江写作《丽江的一千零一夜》与画油画；平日里再弄点音乐搭酒一块售卖，以维持生活”。

喜欢老李的不是艺术范儿就是上整型，我两者兼备，一拍即合。他的半山火塘从几年前在古城黄山半山上玩到、或者说被玩到现在的束河，总是烧着洋芋、唱着老歌和山调子等你回来，命里有风，歌里有火。围坐的多是旧友或被命运勾搭进来的游客，听他的黄牛嗓招魂一样哼着苏联歌曲、罗大佑、仓央嘉措……有人无法控制，像喝了酒，跟着喊几声，难听死了，却能感染到有品位的女性；有的只是低着头听，偶尔抬抬眼镜。

老李话多，不唱歌就憋不住讲故事。“有个家伙挥金如土，整日喝洋酒吃大餐。把一干丽江混混好汉弄得不知东西南北。还不失时机给众人封官许愿，要送这个十亩地，送那个一套别墅……一女混混与他很快好上了。一天，两人吵架。他说：‘我们家的门槛很高，不是谁都可以进的知道吗？’‘谁想进你家了！’女混混嘟囔道。他说：‘你最好别跟我闹。让我姐姐知道了，她的专机随时都会降落，一枪就把你给毙了！’众人越发敬重他。但是，他在半山火塘招待众混混们喝了很多酒，都没给酒钱。长此以往，我，李铁马终于忍无可忍，下了逐客令。

众好汉谴责铁马不顾江湖道义。铁马面对此众叛亲离的局面，大义凛然，义无反顾。一日，一人告诉铁马：‘他说万一他姐姐专机降落，千万别让她知道他和铁马发生的不愉快，以免姐姐一枪把铁马毙了！’铁马不以为然，越显孤家寡人。朋友们都不

上门了。

半年后，众混混不期而至，又齐聚半山火塘。一个个沉默不语。铁马的心如同快乐的小鸟。众人一巡酒过开始哀声叹气。

铁马朗声道：‘就你们这副德行，我姐姐的专机一旦降落，一枪就把你们给毙了！’

众人狂笑不止。一个说：‘妈的，我们都是一群傻儿！’

另一个遗憾道：‘唉！我的十亩地。’

铁马喊道：‘我姐姐的专机……’

众人道：‘马上降落了！’”

一个接一个，听得人嘻嘻哈哈回到了过去，去到了未来。故事背面，是沉默的岁月，伴随火塘的火苗里蹿出来。

啃着老李递过来的烧洋芋，感叹有的人的现实是有的人的幻想，无论淡泊什么追求什么，所有人，都能坐到一起唱唱歌、说说话。夜深，老李送我在月光下走路回家，几天后惊叫：老李哥，那天的茶钱我没付啊。

贴士：有的人初次见面就愿意屁颠屁颠跟他混，老李就是这种。他还叫做李铁马，在我眼里是真正的艺术家，因为一个不会审丑的艺术家就不是真正的艺术家。用这个标准一衡量，不单是丽江，就是这个世界上的艺术家也少了一半。有人记恨别人把自己拍得太丑，老李不一样，不管旁观客多么愤愤不平，他都说“挺好挺好。”所以尽情跟这个可爱的人拍照留念吧。

可以到这里看老李写的故事：blog.sina.com.cn/litiema

半山火塘地址：丽江束河古镇康普巷

什么，一个卖臭豆腐的是你心目中的英雄？

——臭总

他赊了袋黄豆，磨成粉，压成豆腐，捂臭。在两幢房的空隙间生起火，臭豆腐摊在夹缝中冒烟。流浪歌手抱着吉他在夹缝前歌唱，背后是他烟熏火燎的生活。一前一后，讲述老百姓自己的故事。

民谣和臭豆腐的组合，有中国特色。

半年后，他租了铺面，请了帮工，在古城四处摆摊，“一个点能挣十块，五个点就是五十块”。他朋友多，本地外地都有，卖臭豆腐的身份身价很容易交到朋友。有味道的人在哪都不合群，直到在人间烟火中遇见了卖臭豆腐的小贩。卖臭豆腐是很有前途的行业啊！

摇滚也加入了民谣和臭豆腐的组合，中国特色更有特色。

“上海小白领”在一个书店认识了他，她说“人好很踏实”。她飞到丽江兼职卖臭豆腐，她能想到最浪漫的事就是和他一起卖臭豆腐，一路上收藏点点滴滴的钞票，留到以后坐着摇椅慢慢算。这也是我能想到的最不浪漫最不正确的爱情观了，百年大计教育为本啊。“既然跟他，再苦也要跟一辈子”。嗯，狮子座，敢爱。到哪里找那么好的人，陪得起我千山万水的旅程？

妈妈跨省追捕："我女儿没工作了，你拿什么养活她"，他说："靠双手赚"，妈妈无语。私下问："你图她啥？"，"他是我心中的英雄"，"什么？一个卖臭豆腐的是你心目中的英雄"！长期沉溺于英雄漫画对青少年的成长极为不利，漫画中的人物现实生活中不存在，专家大声疾呼。妈妈失望而归。英雄都是人为制造的！从认识兼职辞职专职连人带财产加盟臭豆腐这个很有前途的行当，他俩没牵过手，不丽江。过的是日子，不能丽江。再说，爱在丽江也有很多姿势。

"和他在一起吃饱穿暖就很幸福"她说。爱需要爱，要会爱。

"后来呢？"我问，老和说不知道。老和的店在豆腐摊隔壁，反正他不卖臭豆腐好多年，有酒吧有书吧，唱歌唱得好的都在他那里了。"他还有客栈！"。老和很吃惊："唉，他整着钱了，唉！你不要说，这个人骨子里面有股韧劲呢，不服输呢那种。"一袋黄豆能长出这么多店，多好的黄豆啊！"古城这种人多了，几年不见，什么都有了。"听故事的人补充。

他现在一门心思推广丽江原创音乐。当年给他赊了一袋黄豆的老李还在卖黄豆，而摆臭豆腐摊的去卖音乐了，推出了歌手小倩，还有更多的歌手等待在班布旗下推出。输在起跑线上也能赢。他连锁店的粮油都是老李的业务，一切都是从那袋黄豆开始的，多好的老李啊！每次见了，老李不住感叹："你变化大啊。"他在夹缝中生存时，城管过来，撸起袖子没收劳动工具，老和的妹夫说了一句："算了算了。"他一辈子记着，不时去看看，"提着烟来呢"，老和说。

我们叫他臭豆腐，有人把臭字去掉，叫他豆腐，有人叫他臭总。他无所谓，他还是那个卖臭豆腐的，在推广丽江原创音乐而已。卖臭豆腐做原创音乐，更有味道！那推出朴树老狼叶蓓的宋柯不做音乐去开烤鸭店了，卖臭豆腐的反而不卖臭豆腐去推音乐，反了反了，结果会怎样，答案在风中飘？

那个卖臭豆腐的确是"上海小白领"心目中的英雄。嗯，有眼光。

街对面的首饰胡是这样评价阿初的："一个诚实的人，诚实地对待别人，也诚实地对待自己。"要知道这话出自惯于拿个放大镜、在日光灯下仔细品鉴宝石的大师。问题是，现如今，诚实是什么？答案是：sha，施啊傻，傻瓜的傻。

"一个叫阿初的在五一街开了个小酒吧，酒钱随便给。""这不扯淡吗？""你认识这个扯淡屋啊？""没有啊，我是说在丽江古城，即使对不抠的人来说，也难免会有挨宰的感觉。随便给可能吗？如若真像你说的，对于以寻欢作乐为目的的我来说，倒是毫无压力。晚上呼朋唤友去，咱谈感情，不伤钱。"

晚上，扯淡屋门掩着，看上去没开的样子。一道光从门缝里挤出来，细看，坐满了人，阿初坐在中间抱把吉他，所有人天真无忧。

推开门，内心欢呼着："不担心钱的夜，我来了。"时唱时聊，时间从一首首歌和一个个故事间，瞎扯着划过去。慢慢一些人离去，有的两瓶啤酒，扔下两张一百的；有的喝了一打，只掏出十块；有的没给就走了。

阿初这傻子把主动权交到酒客手上，酒客们倒很容易就把小气给忘了，找到了久违的慷慨。

还真值得试一试一分钱不给，你想，这要有颗多么强大的内心啊？

原来这些歌、酒、欢笑，加上一个随你定价的药引子，是傻子下的药。

给不给，给多少的表象下面，是人心之海上的或狂风暴雨或偶有波澜或风平浪静。不管你怎样，阿初计较不来，计较的也玩不起这种游戏。他说："玩的心，不担心失去，只会获得。"

唉，够傻。

"我们还不配拥有自由，因为我们身上还充满了猜忌、贪浊、恐惧各种习气。"

阿初的照妖镜让我看到自己还不算自在。

我么时候能和他一样傻呢？

我想跟他一样，够傻 ——阿初

贴士：

1.阿初的身份：街头流浪歌手、二流电影配角、DV策划导演摄像（自由派）、扯淡屋住持

2.下午的扯淡屋，门小小地敞着，看进去没人。摸上小木梯，一群在生活与情绪里躲懒的人窝在二楼看电影，墙有多宽，屏幕就有多宽。纪录片、文艺片、好莱坞大片……阿初在一旁给所有人泡茶。免费

3.晚上的扯淡屋不细看的话，门是关着的，其实里面天天过节

地址：丽江古城五一街文治巷79号

平均1年零3个月搬一次家；一间空屋子，看一眼就想在这里放个花瓶，那里摆个椅子，想象自己住进去的样子。这个人就是Lucy。美对于她，就像出没在神话森林的麋鹿，一直追逐，无法停歇。

“丽江真的远啊”，摊开地图，之前半信半疑的妈妈才发现，Lucy这小妮子这回是慎重地——发疯了。

“穿一条长裙，捧本书，在花园里这个角落坐坐、那个角落坐坐。这就是我想要的生活。用花间堂来实现，后来发现，住店的姑娘经常这么一坐就是一下午。”怪不得我回味起来有点美中不足，原来是少了一条柔美的长裙。

我卖的是我的生活方式——Lucy

Lucy得意地宣告：“我卖的是我的生活方式，一个从小时候的美妙记忆里长出来的童话。重要的是分享美与欢乐。”理想不能当饭吃？《向宇宙下订单》里面说，想要什么都能实现，没实现的是因为你没有发自内心地想要。太多的理想只是说说而已。

Lucy花心思让美蔓延到角落：舍不得丢一朵落花便用一碗清水供养、四处绽放的静谧雅院惹得拖着音响、CD旅行的住客冲出房间，为大家放送音乐……难怪有人偶遇花间堂，第二天就拖着行李，拐着友人住进来，生怕错过这现实版的桃花源。

这个做过6年电台主持人，还是瑜伽教练和跆拳道黑带的MBA引发了旅馆不再是一间房一张床的旅途驿站，而是投奔花间的美妙生活的变革。现在Lucy有了六个店，这场变革还在蔓延。套句台词：这只是开始。哎，不懂美、没有梦、不会感恩分享的，难混了。

现在，Lucy弄了个幸福课程，让伙伴们感知生活里的美。各位，跟我一起潜伏进去吧。发现美、实践美的生活方式，难道来丽江的人不需要？没来丽江的人，不需要？

我有话要说

——杨四龙

杨四龙人格闪亮地活了半辈子，“四十多岁一样都不会”，想想划不来。他抽起烟，吞吞吐吐地晚节不保。“瞧，青春期没过好的后果”。那青春过得好过得浪过得更漫至今一事无成的混混说。

“我姓杨，杨四龙，纳西族”，他见人就说，生怕别人不知道他是祥林嫂。

老杨有话要说要有地方说说了要有人听。于是他撸起袖管来开公司，从古城地摊到旅游出租汽车公司到 KTV 到房地产 ……. 十几家吔。他私心重，花十几年时间做强做大还要明证我纳西人能做事能做大事。晕！

老杨披了二十八个头衔，不敢用来粉饰自己，而是为民族说话说真话的。他不做举手的人大代表，也不做拍手通过的政协委员。每次发言，像打了鸡血针似的兴奋，十多年的奋斗就是为了说人话说真话，好不容易可以说话了你怎么舍得打瞌睡打酱油瞎举手乱鼓掌呢？每次他都要争取第一个发言，“第一个容易引起注意”，争不到就等到最后，“大家说完了，我画上一个句号，不容易忘记”。他提过一百多条建议，货真价实的。“纳西族呢计划生育真呢不能搞了”说得最多。老杨话多，有人开玩笑，杨代表去代表的时候，他手机的语音分别用汉语纳西话ENGLISH提示：“你所拨打的电话正在提案，请稍后再拨，真呢”。

他把时间大把地花在说话上，基本不务正业基本实话实说。如果代表都像老杨那样代表，这世界就美好了。我信！

杨代表的含金量高，24K那种。不然洛固村村民也不会联名写信请他出任村主任，谁会请个爷来供着，来了要干活的。他在洛固的所作所为百度知道，对比着看，你就知道他去之前和去之后村子的变化，恕不重复。洛固是藏语，汉语有落后的意思，洛固河沿河有十八个村寨，为了改头换面不落后要旅游要开发，改名“十八寨沟”。“我们村比九寨沟还要多一倍的寨，呵呵！”老杨说。

杨四龙语录

商业对丽江对纳西的冲击很大，我们还在文化梦的时候，一堆堆的钱砸过来掉，把我们砸得头昏眼花。

纳西很危险，古城的商业必须转移，纳西文化才能保留。

丽江连我都不说实话了，那就没有人说实话了。

我从来不穿名牌，一般般就行了嘛。在我身上穿起了嘛，哪怕是八十块钱的衣服，人家会问，给要八千？

五十年前，“小桥流水，纳西人家，玉龙雪山永不化”。这五十年，“古城哪有纳西人，玉龙何处明白雪”。再过五十年，人们会说：“传说古城有纳西，遥听玉龙曾有雪”。

有些人是人，但又不是人，是人但不说人话所以是人又不是人。

有钱是好事，慢慢地有钱最好，来得太快，会把人砸晕掉，甚至砸死掉。

我每天吐露新名词太多太多，脱口而出就忘记了。

打着学习的幌子玩——尼雅、波特、和照

这帮家伙挺幸运，有点爱好，别人还配合着送上门来满足。以前干劲十足地在捣鼓什么剧本，弄了不少，一个也没拍出来。没写剧本的，帮本地歌手拍了几个MTV,天天在丽江玉龙电视台播。

送上门来的机会不少，有来头。先是老谋子的《千里走单骑》隆重邀请尼雅出演群众角色，放出来后看了八百次，确信自己被剪了。后来经过各样的磨炼，再加上幸运之神的垂青，终于在电视剧《五星饭店》里弄到个有名、有姓、有台词的角色，过了把真正的演员瘾。

尼雅是酒吧老板、大画家，怎么甘心做这样的绿叶？“我主要是学习和观摩他们的经验。”

学习是幌子，玩是真。除了当群众演员，尼雅和波特，没事就借去帮剧组选景的机会，开车出去拉风。丽江、束河、玉龙雪山、香格里拉、稻城、大理都被踩了一遍。这些家伙也算玩得认真投入，现在已经有几十个地方，几千张图，好好存在电脑里，一有机会就给各种大大小小的导演提供素材，居然不收费。钱肯定是想要的，只是不好意思开口。

不太清楚到底波特是尼雅的跟班，还是尼雅是波特的跟班，不过可以确定的是，他俩都是和照的跟班。拍他们唯一公之于众 MTV 的时候，我以为他们真的是很大牌地出去指挥着歌手怎么摆造型，怎么控制摄像、灯光、道具。尼雅很小声地说，没有啦，我们只是帮着拿拿东西，打打反光板。

和照才是导演，有专业设备，虽然只是爱好，工作室里的设备小点的电视台都赶不上他的高级。可能是在和照那里找不到大牌的感觉，尼雅、波特常常都是单独出去采景拍照，自己的地盘自己做回主了。

波特的特别个性，不单是从他的打扮来。那顶永远扣在头上的棕制牛仔帽，看见就知道他来了。最重要的是他无论遇到谁都会从他巨大的背包里，拿出一本硕大的笔记本，让你留下大名和电话。所以你可以想象了，凡是在丽江活动超过一个星期以上，并且想在丽江干点什么的，找波特，定不会失望。说他是古城信息库、文化联络员，大点的称呼就是文化掮客。拿着他的大笔记本，为不少想在丽江干点文化事的人砸开了门。

尼雅的酒吧是个据点，出入不少名流及混混。有的是来找他帮忙的、有的是来叙旧情的、有的来蹭酒、有的来唱歌。跟他认识,都算他那一伙儿。再说了，尼雅的爱好也不只一百个，想玩什么了，就跟哪一伙在一起。

以前玩剧本的时候，有一出叫《尼雅的白日梦》，不是讲好吃、好喝、住大房子、当大官的，内容很有追求，什么鸟语花香、世外桃源、对生活的美好向往之类的。

他们现在的白日梦，是想在玉湖村旁边的一个大宅子里搞个雪山影视城。计划要有大大的展厅，为画家办画展，要弄茶文化、酒文化，并且免费为游客开放，还要弄影视俱乐部，再给画家们弄个可居住的画家村……

做梦没什么不好，有梦想有蓝图才可以参照去变现，祝愿他们的梦想早日成真。

站在丽江边边上的人

——释子

好多次，明明想好要去找释子，结果都走过掉，又倒回来。我怎么会不熟，只怪那里太小。你想嘛，左边52号，右边53号，他一道老旧红木门夹在中间，在寸土寸金的古城，连个号都排不上，有多小？

长4步，宽2步的空间，放着他的老牌缝纫机、锁边机，一条学校用的那种两人坐木头长凳上放着杂志、琵琶曲谱、布料……店里的衣服裤子永远不超过20件。一个人进去，坐在那张摆满布料的长椅上，会有连做他的朋友都是限量的那种自喜，第三个挤进来的纯属气场的强者。

释子最早在四方街附近有个店，卖自己刻的小木雕；后来搬到大石桥旁边，卖佛珠之类的；现在退到了五一街尽头，卖自己做的衣服，自得其乐。同在五一街做生意的杨老咪说了："他是聪明人，站在边边上，不跟商业玩；我们这种笨人就被卷进来，不玩不行。不过现在也明白了，玩和被玩都是境随心转。"

这哥们儿的心简约吧！你看他长发飘逸还吃素。衣服，没有设计，想怎么做就怎么做，有时甚至顺着布料原有的毛边，做个夸张的领子或隐喻的下摆。他的衣服挑人，不是合不合适，而是能不能驾驭。

这老兄也有虚荣啦。我猜，也没表面那么无欲无求啦。没几天就穿一件自己做的新衣；还坐火车去昆明吃吃零食；有天路过进去，正在看台湾综艺节目，哈哈大笑。

当我正窃喜他和我及我身后的世界没那么不同之时，他却在晚上10点大街上游客还成群结队已经升温的旺季，掩上店门，弹起琵琶来。

提示：释子的店在五一街尽头，夹在52号与53号之间。太早不开，太晚不在，恰当的时间去如果关着门，上面有个像是"文革"时期就用粉笔写着的电话号码，可以试试。

丽江阔佬

——Ken Nilson

ken Nilson 的画配上罗伯特·斯蒂文森的儿童诗歌经典《一个孩子的诗园》，成了一本优美活泼的童话书。我买了一本，送给孩子气的自己。这个银发阔佬给我签字的时候，望着他，心生怀疑，他到底几岁呢？我看真的存在另一个童话的世界，ken 就是国王。

他是个阔佬。闲聊、画画、唱歌、阅读、写作、做建筑设计这些美好的事放在一起，对我来说，依然会把我在丽江悠闲的一天给毁掉。但看他的画，感到对他而言，好像可以永远画下去一样，无尽的细节、色彩；树、鸟、人……像掉进一个童话的漩涡；而听他唱歌，就像所有故事都要从他弹了五十多年的吉他里走出来……以此类推，在 Ken 身上流动的是那种永远不缺的阔绰风范。

每天睡到自然醒；下午让想做的事占据，不用费脑筋安排；而每晚只用两小时唱唱歌什么的就当工作了，还可以挣得一大票友谊、啤酒。

Freshnam cafe 二楼是 Ken 的画廊，朋友们毫不客气地来分刮他的自在时光。阔佬一挥手，尽情享用吧。

代表

“你知道丽江的三个代表吗？”SUN问。“雪山古城纳西古乐”我说。“错，宣科、和志刚、和跃林。”SUN说。宣科和志刚我知道，“和跃林是谁？”“他是‘喜饶’，纳西的马锅头。”“杨四龙不算？”“算他就是‘四大天王’。”SUN一本正经地说。

丽江的

1.和跃林担任东川泥石流挑战赛的表演嘉宾后，一个人开车进了西藏。他说：“这是世界上绝无仅有的一条路”。2.他要把“世界上绝无仅有的一条路”奉献给世界，回丽江成立了“和跃林旅游汽车公司”，走绝无仅有的路线，让别人跟着走。3.他穷，叮当响，车有不起，借别人的车先跑，之后买二手车，后来买越野车，现在有了轿车。“小鸡长大了就变成鹅，鹅长大了后就变成羊，羊长大了后就变成牛”，富贵说。4.“你不去终生遗憾，去了永生难忘”，他说。四星级的旅游线路，三江并流高原湖泊，海拔最高5200米。有钱没有身体，你去不了。5.他的车队到了墨脱，给墨脱小学带去了笔记本电脑，同去的队员发愿誓，凡考入大学的孩子所有费用由他承担。“我带他们去做人生中最有意义的事”。6.他不报价，“你们要走的是人生中没有走过的路，一生难忘的路，价不有办法报，反正一天合多少就是多少”。7.小鸡长大了就变成鹅，鹅长大了后就变成羊，羊长大了后就变成牛，牛以后呢？他就成了一般人做不了的“喜绕”——纳西人中最勇敢最强悍最能干的马锅头。8.走着瞧！老和没有手，秃手，无手无证驾车N年。很多老驾纷纷表示，压力很大。

三个代表之一

（无手无证驾车N年）

——和跃林

这两个家伙说不清是谁勾结谁，相互搀扶着从城市来到这个雪山下的小镇。他们明白：莫让唯利是图的活动塞满人生，偶尔闲晃一下，等待一下，甚至拖延一下。追求快乐比狡猾的合同、僵化的行程和丰厚的报酬，都来得重要

这是奶茶飘香的小猫钓鱼店，在束河

买点玩意儿

这些都是生活化的艺术

或说是日常生活的艺术化

古城就像是一条艺术长廊

至少充满了艺术的浪漫情调和各种用来拼凑艺术的素材

匠气十足的东西或许不少

但也不乏真正的艺术品，就看你的眼光了

艺术品的价值很大程度取决于背后作者的修为

所以

有机会最好去找他们聊聊跟他们交个朋友

顺便收集一点故事

以使你买的作品更有内涵

朋友来参观也有些谈资

一个刚毕业的穷小子，借了钱带着女朋友旅游。姑娘喜欢上一只很贵的老银手镯，他掏出手机跟店家交换，能成吗？

A.是　　B.否

2. 甲看中乙的一条银项链，这条项链很贵重，价格和金项链无异。甲想要又舍不得买，向乙借来戴一段时间过过瘾，她会归还吗？

A.是　　B.否

丽江交易密码（猜中有喜）：

你是不是有憨福测试题

——官院银楼

3. 甲看中乙的一个贵重的佛像，乙看中甲的一颗罕见的红珊瑚，二人商议好交换。甲先带走佛像，乙能如愿得到红珊瑚吗？

A.是　　B.否

4. 一个人去藏区收老银器，纸币不流通，钱都换成银币背在身上。收了银器后，以免半路被黑，提出"货到付款"，让对方护送到自己觉得安全的地方再结账，能成交吗？

A.是　　B.否

以上四题全选“是”的，有喜啦，速来丽江古城官院银楼认亲。这些都是官院银楼的写实版。你们既是傻乎乎信任世界的乐观者，也是生意上的鬼才。不受观念和规则限制，一切都有可能，俗称憨人有憨福。第一题，那个用手机换手镯的机灵鬼，不发财也难，已赚了上千万资产。当然他得向成全他的官院银楼的老师致敬：一买就是几百万。当然没有防备之心，也会吃亏。比如第三题，朋友拿了佛像就人间蒸发。这是上帝给极品三鲜汤里加的几颗胡椒，用点刺激的味道来提鲜，不然一直甜腻是不是快要睡着了？

全部选“否”的同学，请勇敢站出来接受拥抱。孩子，很幸运，你分到了太多胡椒，这不意味着你比别人能做出更多份鲜美的三鲜汤吗？来官院银楼找老板喝喝茶，听听他们那些憨包才会做的事，结果没想象的那么糟，大部分人还是不好意思辜负别人的信任的。

不过，传到涛松和家松两兄弟，老王家的官院银楼已经是第五代了。也就是说，他们这种豹子胆信任人的基因已经融进血统，成为本能了。其他人没有祖宗积累的傻福，那就从现在开始吧。

“是是否否”都选了的，来官院银楼拿张名片装进钱包，上面写着：“穷，要穷得像茶，苦中一缕清香；傲，要傲得像银，老银实而不贵。”保心安。

贴士：

第四题就是老王家闯荡藏区的事，藏民不单接受了“货到付款”，还与之结成世交，如今他们的儿孙仍为老王家收老银器牵线引路，王家爷爷亲手做的酥油灯和银腰带都帮着收回来过

官院银楼生意好，是以心换心。自己打的是999纯银，就敢在背面落个名，以后你不喜欢了，欢迎回来换新款或熔掉重新做。老银器，以前提纯技术不高，达不到999，主动把信誉卡上的纯度改低。懂的人，佩服他们专业、实在；不懂的，放心，卖家不贪

特色：实在，情谊比钱重要。因为人脉太旺，老银器多得挑花眼；打银器的手艺历经5代，扎实

适合人群：对老银器和手工银器感兴趣的、想沾点福气的、想把福气传递给亲友的

地址：一店：丽江古城光义街官院巷4号（公房19－20）

二店：丽江古城七一街八一上段28号

电话：

13578388852、13095232611（涛松）

13988886639、13988885135（家松）

“百岁坊？你是说那个银器店？” 近十个百岁坊银器店在古城布下棋阵，名气甚至胜过了“百岁坊”那个地名。这就是它的江湖地位。

有江湖地位的人往往重点情义。

员工结婚，老板一定去捧场。员工家人的丧事，第一个带头抬棺材的人是老板。公司资助了40多个孩子读书，不讲究程序标准，碰上了，当即就拍板，资助过的其中两个已是在读博士了。

我说老板的魄力像黑帮老大，员工却把纳西人不排外，以化賨

[银]行的丽江法则

——百岁坊银器有限公司　丽江民族首饰厂

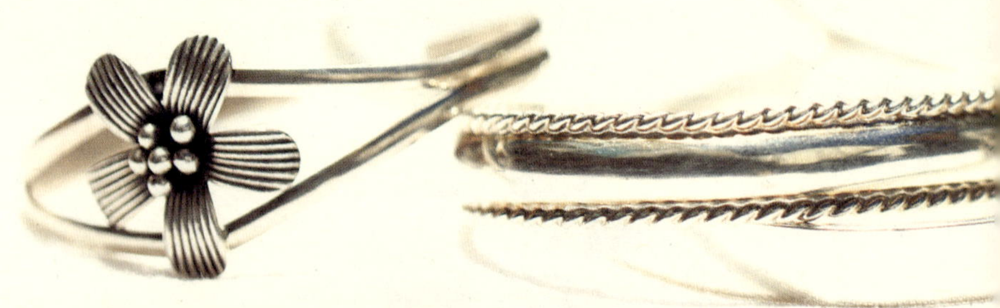

（中国最早的互助AA制）的方式共渡难关的传统搬出来和我理论。

有江湖地位就有所担当的道义。老板做事似乎总是从情感和责任来考虑应该怎么做，而不是做的结果会怎样。

科贡坊的店在酒吧街上，各酒吧的声音嚣张得很，小妹说话得扯着嗓子喊，房租又贵得不靠谱，可老板说：几十年前买的，当时又没电话，老顾客回来找不到怎么办？撤与不撤意义不同。

1977年，丽江民族首饰厂由政府组建。许多本地人有了自己的第一件银饰，不再遮掩爱美的愿望。曾经红火的首饰厂后来没落了，但有些东西不应只成为记忆而已。2006年，百岁坊接管了首饰

厂。本地人生活好了，想买点好东西，想彰显一下骨子一直都有的贵气，所以，把为人民服务的精神执行到底的首饰厂现在不仅卖银，还管供玉。

搞文化保护还是在做生意？老板不想那么多，认准了理就一直走。

江湖地位靠的是日积月累。11年，习惯加信任，本地人都从百岁坊买银器，一不小心就成了义务广告宣传员。

一位客人在店里买了手镯，后来被流言击中，想退

货。她的电话打到12315，没想到竟是“广告热线”，“我们也在他们家买东西，你放心吧。”

还有一次，6个七八十岁的当地老太太来店里，要把以前在百岁坊买的手镯打个新款。她们齐刷刷地一坐，把一对台湾老夫妇吸引过来了。不是来看银子，是看人。80多岁的一位老太太开始了广告时间：“……我们家四代戴的都是他们家的银子……”老夫妇表达感动的方式不是买东西，而是下次带孙子来受教育，中国也有像欧洲一样的老店。

在丽江买银器，想绕开百岁坊，有点难。

贴士：

地址：挂丽江百岁坊和丽江民族首饰厂牌子的都是百岁坊下属的店。在丽江古城和束河古镇有很多店，没什么江湖机密，稍稍留心就能看到。新开张的玉石店在古城边鱼米河步行街上

适合人群：没太多时间逛街，又担心买到假货的人，到百岁坊买省时省力

特色：百岁坊街区原为手工艺制品一条街，有很多老店，但都逐渐关门或转行，所剩寥寥无几。百岁坊银器店自茶马古道鼎盛时期就以家庭式手工作坊的形式存在，2001年成立了公司。公司是质量保证及文化保护方面的获奖专业户，不放心质量可以先检阅一下他们的获奖证书。在百岁坊买的银饰，不论年限，付加工费就可重新制新款。首饰厂的玉石也延续着百岁坊的传统，货真，在店里发现假玉者有奖。价实，从几十元到上百万的东西，都有

营业时间：09:00—24:00

百岁坊客服电话：0888-5165999

首饰厂客服电话：0888-5171728

投诉电话：0888—5189891

价位：遵循市价标准，根据工艺的复杂程度每克银价有所浮动

网址：www.bsfyq.com
www.ljmzyq.com

不懂得欣赏，后果很严重

——李成个性银饰店

穷和富是心态问题，不与钱的多少成正比。富人在乎价值，穷人只盯着价格。卖银饰的李成似乎用生意在布这个道。

“哪有银的东西要卖到 1680 的，宰人嘛。走！”爱上银手镯的老婆忧愁地跟老公走了。

半个小时后，他们再回到银店。男的把钱从柜台甩到地上。

李成捡起钱:“收好你的钱，对不起，我不卖了。”

第二天中午，有人直奔那个手镯，“我买这个！“显然是有备而来。“这个不卖。”他猜出了谁是真正的买主。

晚上，另一个为手镯而来的人出现了。这一次，李成懒得较劲，卖了。

对于那些摆出气势压价的“穷人”，李成用棍子打回去。“富人”的认可则让李成超有成就感。看人卖货，李成很江湖。

李成也很天真。有一次，店里来了个小姑娘，100 元只是个戒指钱，她看中的却是手镯。父母离婚多年，她想把手镯送给最亲的奶奶。

看了看小姑娘，倾尽所有正在为母亲在老家盖新房的李成，把手镯送给了她。

半年后，凌晨 3 点，一个香港佬犯了 2012 年挥霍综合症，把 6 万 8 的货铺满柜台，还不接受李成打 8 折的好意。事实是小姑娘的舅舅来还情。

说故事的李成状态有点 High，像是找到了自己的主场。

贴士

李成语录：

谦虚很累，虚伪和夸张更累。自己是第一，为什么要说是第二

现在的人不缺钱，缺的是好东西。

做银器不是水平问题，而是思想问题。我做的时候不会去想花了多长时间，能赚多少钱。我只是花了很多心思很多时间很多……完成一个自己满意的作品。

同样价格的东西，喜欢的人当宝贝，不喜欢的人当成是废品。

地址：丽江束河古镇四方街青龙桥旁

适合人群：以富人心态论价值而不是以穷人心态计较价格的人

特色：带着诚意去鉴赏作品，否则有钱你也买不到货

营业时间：09:00—23:00（随主人心情会有所调整）

联系方式：0888-5102893 13987042181

价位：每克银价遵循市价，与其他店相近

Q Q：442364371

原味的，用心意灌注，可是有祝福的气场的哦

——东巴吉祥铃 东巴龙凤铃

有东巴文化刻印其上的铃铛，是原创，但已经被抄得到处都是。而且抄得比原创的卖得好，价格便宜嘛，当然品相要差不少，**蒙不识货的嘛**。这家**卖正货**的反而被挤到五一街中段。不知道店主木华有没有想过，干脆不做了，没意思！

不过我知道的**一个故事是，有人开始唱**中国风的歌，结果全部人都跟着唱，开创的那个很愤怒地不玩。**有人告诉他一个简单的道理，**开创的还被跟风的挤垮，那才没意思呢！于是此人又接着做，这人就是周杰伦。**我想木华也这样想。**

木华，很东巴文化，吉祥铃和龙凤铃的设计者，一个身残志坚的纳西民间艺人。

不知道有什么理由让你绕几条街**去买正货，**不符合价值规律。但每次用高价买正版CD的时候都劝慰自己说："**不要伤害自己喜欢的人。**"还是把大张的钞票付了出去。

真心喜欢的话，就支持原味吧，灌注的心意可是有祝福的气场的啊。

贴士

特色：真正手工绘制，在这里花10元就可以选到真正有丽江文化的礼物

价格：

东巴吉祥铃 10—180元/个

东巴龙凤铃 280—1600元/对

东巴纸书签 30元/套（5张）

东巴纸明信片 30元/套（10张）

店主：木华

电话：13988818568

13988839323

地址：丽江古城五一街兴仁上段28号公房

不是所有的店都淹没在民俗的俗里——听茶书院

NAJIE TEA
A Tea for the world
献给世界的茶

EDENUS
万仟堂

“反正你们想好，在束河开这种店，能挣够房租再稍有盈利，就不错了。要甘于寂寞，就是说吃肉的要做好吃素的打算。”眼见这两个三四十岁还在造梦的人，朋友好言相劝。听者表面一副受教的样子，内心依然悸动如初，束河，hello.

于是这俩搞设计的腕儿一个搬来万仟堂茶器，一个搬来自己的纳姐茶，在这纳西院子的苹果树下饮茶为盟：为散布茶气息、传染闲精神而奋斗终生。不尾随世俗，不脱离文化，不曲高和寡，不见利忘义。痴人说梦梦成真，Oh Yeah.

如果束河是丽江的禅意，听茶书院就是禅意里的禅意。看遍了大红灯笼悬门头，这个现代线条感的门脸让人透了一口气：不是

贴士
适合人群：想在忙碌中坐下来品味心境的；想感受韵味，又想从民俗的俗里超脱出来的；茶、禅迷
特色：主营源自云南生态茶山的纳姐茶和万仟堂品牌原创设计茶器，另有花器、香器。至清至净又时尚灵动，显而易见主人对茶的情谊和品质生活的追求。可购买（不好带的可代邮寄），可饮茶，可自主或享受茶席。还有与茶及茶文化相关的分享活动（其实就是各种蹭茶蹭知识蹭情谊的机会）
营业时间：10:00—22:00
价格区间：68—2800元
地址：丽江束河古镇仁里路11号
电话：0888-5189478

所有的店都淹没在民俗的俗里。钢结构的白色和绿色属Fashion一派；店内简约明净，是一叶茶心盛在碗里的样子，一种雨后的清灵透过大面玻璃，引人飘进去慢享一刻珍贵的温暖时光。

试营业，一对泰国设计师父女两次登门品茶；一个家伙带朋友来，想蹭点礼品，三次都得了一枚桃子；好多人进来眯着眼睛看，像见了久违的情人。

看来，禅意之梦亦畅销。谁不想离开了束河，在家展开杯碗，喝一口清新畅然下肚，继续开一种气象，暖一段时光?

不辜负茶，不辜负人

——谦叶堂普洱茶

可以保证你不被这家店打出来的方法是，真心实意买真茶。不管是要送人还是自己喝。

这老板很刁的，不但挑茶还挑人。

挑茶，只做普洱茶，只做老树茶和古树茶，只做高端好茶，玩什么私藏普洱的概念。

挑人，对茶不恭敬的人，傲慢的人，会被请出去。像俺这种货色，不乔装打扮一下都不敢去。

带点茶回去送你惦记的人也算不俗，不过要是买到烂茶，那就俗了。几年前我去过一个小巷里的批发店，茶叶堆积如山，价格惊人便宜，估计现在不在了。我买的是茶吗？

做茶，原料是基础。如果只要百年树龄以上的，那是自找苦吃。这个世界不乏自找苦吃的，这刁钻老板会全程亲眼监控，死盯每个环节。

那茶的品质与贵气，不由得生敬意。这样的挑剔，你也许喜欢。

挑剔的老板，把心气浮躁的人过滤掉。上好的茶配上好的客人。所谓上好，是要喜茶善茶敬茶。真正懂茶的人，是对茶的恭敬，是对喝茶时光的珍惜。

《示人以真》一书这样说，真正吸引人的，是以真实面貌示人，不粉饰，不刻意迎合顾客，还原一颗本真的心。这老板不就是这样吗？

懂茶的人，配得上这份挑剔。不辜负茶，不辜负人。

贴士

适合人群：真正爱茶懂茶会品茶的人

产品：老树茶、古树茶，专营高品质普洱茶

特色：茶席很有诱惑力，有任何关于古城的话题，美女茶艺师可以跟你娓娓道来

把最好的茶拿来私藏，为朋友和自己，是做“私藏普洱”的意义。朋友的信任，对朋友负责，像是契约、永久保证书，有效期是一辈子

老板：李鹏飞，临沧人。大山深处的父老乡亲，靠茶改善了生活，李鹏飞帮助家乡修了一条路，也用茶在他们心里筑起了一条路

地址：丽江古城七一街八一下段131号

电话：18760989641 陈丽华

博客：2008yuanjulijiang.blog.163.com

这份诚意，便化作时光的芬芳——平湖秋月茶馆

光鲜炫目者，常如烟花划过丽江的天空。而有些人，如普洱茶，拿在手里灰扑扑，内敛不争的姿态。勤恳专注，沉着稳健，一点一点地沉积，一年一年地蕴藏，像茶发酵，随时间流逝而弥显芳香。丽江这样的人，不少。

解方＋艳子＝平湖秋月，相濡以沫不离不弃，随岁月积淀陈化，好茶好水终未被辜负。

这家伙对茶很执著，就像对老婆一样。第一次创业受挫，手里没有分文。在南京长江大桥上徘徊，没跳。艳子在家等着。

这家伙有点傻，动不动送人茶，亏了好几年。分享是快乐的，朋友是痛苦的。如果你有幸认识解方，又有幸留下电话，你就有福了。你正在普吉岛吹海风，会收到他盛情邀请的短信；你在与情人投入地共享大片，会收到他盛情邀请的短信。总之，请你共享好茶。

盛情实在难挡，多年下来，服了你啦。解方江湖地位渐稳，走完应该走的路，现在，可以走喜欢走的路了。那份自得，已如茶一般，平淡从容。

点点滴滴的诚意是专家的功底。每一次品尝，天气，水温，和谁分享，心情指数，一一纪录，一款茶一份档案，不负时间的赠予。这份诚意，便化作时光的芬芳，缓缓地注入到茶里。

一份有故事的礼物，适合人们带回去，蘸着时光品味。相信那里面，有对生命的诚意。

贴士

分支机构： 平湖秋月茶馆　秋月堂普洱茶庄　平湖秋月茶学堂　秋月堂茶艺师俱乐部

适合人群： 爱茶，爱生活，爱丽江

服务项目： 茶馆、茶庄、客栈、餐饮、媒体、培训、茶书销售、对外茶事服务、茶事活动策划与举办

产　品： 丽江人文普洱茶

特　色： 主题活动：公益月茶会　校园茶文化节　木嘎带你去喝茶　周末茶文化学习班　我和丽江有个约会

老板： 解方（木嘎）

地址： 丽江古城区寨后街寨后上段15号平湖秋月茶馆

电话： 0888-5169941 5152128

网址： www.ljqyt.com

微博： weibo.com/ljqyt

淘宝店： ljqyt.taobao.com

谁是你生命中的贵人

——紫棠·丽江

贵人，就是你愿意给他下跪的那个人。

贵人，就是以帮助别人成全别人为己任的人。

你想要贵人？是啊，我也想要贵人呢。可惜，贵人就是贵，通常不会从天而降。怎么办？根据那个破吸引力法则，得到你生命中的贵人，取决于你是不是别人的贵人。

姜太公与姬昌的艳遇，诸葛亮与刘备一遇再遇，表面上是被遇了，其实呢，是他们主观上有想遇的心。能霸业成就，两老伙计使一样的法术：助人。

路过紫棠·群品茗茶，看见王永强和员工悠闲地喝着下午茶，笑语分食各地好友空运来的茶点零嘴，人气火爆。十二年下来，强哥成了有抱负的福建年轻人在丽江创业的成功代表，不知不觉酝酿出紫棠丽江浓厚的企业文化，那是得益于幕后贵人。

“我只是幸运地遇上了贵人。”

强哥一本正经的低调，感动得我差点就信了。姿态放得越低，越赢得别人的认可，成功要靠借力，借别人的梯子，登自己的楼。他算是得了真经，难怪有超越年龄的老道之处：

对朋友，太义气，谁有困难他都出手相助。其实他想难免日后自己也需要帮助。

对员工，太纵容，像家长关心子女，害得他们越呆得久越反客为主。其实他深知好的员工是企业不断壮大的保障。

对客户，太热情，人家来买东西，他揪着不放，交流请教，还送东西，交了一大把忘年交。其实他明白每个客户都会介绍来更多的客户。

对家人，太眷顾，事业再忙也要照顾家人。其实他想，成功的欢乐如果没人分享有啥意思。

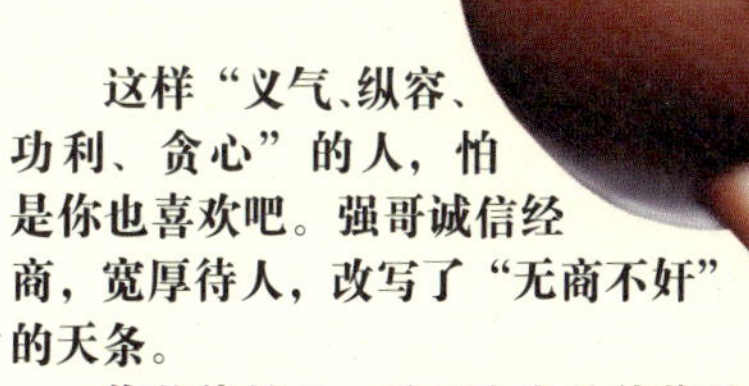

贴士

适合人群：想做别人的贵人的，喜欢被高级服务"宠坏"的人

服务项目：在古城有四个店，紫棠·群品茗茶（茶叶），紫棠·紫棠府邸（客栈），紫棠·蓝莲花（翡翠），紫棠·宝坞（水晶琥珀）

特色：员工有强烈归属感，每遇王永强随手送人礼物，他们会越权干涉，不怕得罪老板。享受丽江服务业罕见的每周双休待遇。员工和老板同享超五星私房菜美食。你也可以借喝茶之机顺便来蹭饭，那会使你惊艳。建议不要因老板常带员工出国游而考虑来这里打工，进来容易，出去就难了

老板：王永强

连锁店地址：

紫棠·群品茗茶

地址：丽江古城新义街积善巷41-42#

紫棠·紫棠府邸

地址：丽江古城新义街积善巷9#

紫棠·蓝莲花

地址：丽江古城新义街积善巷54#

紫棠·宝坞

地址：丽江古城七一街八一上段25-27#

电话：0888—5184527

网址：www.zitanglj.com

微博：weibo.com/zitanglijiang @紫棠丽江强哥

weibo.com/u/2347943171 @紫棠丽江群品茗茶

这样"义气、纵容、功利、贪心"的人，怕是你也喜欢吧。强哥诚信经商，宽厚待人，改写了"无商不奸"的天条。

你善待员工，员工也会善待你的客人，客人会带来更多的生意。善待家人，家人是你的动力源泉，更是事业发展的强大后盾。所以：

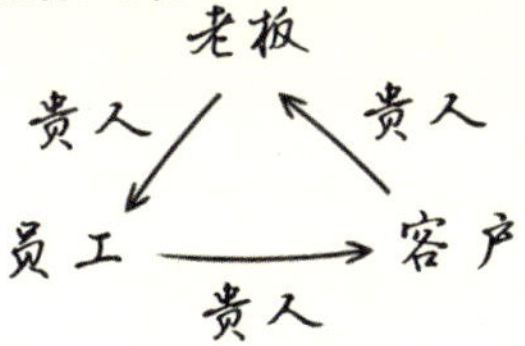

老板

贵人　　贵人

员工　　客户

贵人

（贵人循环图）

YKK 拉链大王吉田忠雄说："播种善的人也会得到善，善善相续，在善的循环圈里，所有人都会得到善的恩惠"。

你乐于付出，真正的贵人即是你自己。

出道不久的马云值得亚洲首富孙正义为他投资4000万，靠的是为团队做马前卒。"先替客户赚到50元，你才能得到5元。"

是别人的贵人，更是自己的贵人。

旅途中的心意

——瑞红首饰

有种颜色，一碰就会融化，容不得不清不楚左顾右盼。她是火焰的心脏，生活里的一抹热情，那是纯粹而激烈的红。

一贯男子气概的哥们，今天变得很女人气。身影闪现在古城各个小店，心里涌动着一个念头、一个不能将就的心意：买点什么带回去，给那个特别的人。似乎丽江让他内心有所发现，以前是多么缺乏对她表达心意啊！

每个人都可以给别人一点幸福感，打开礼物时的雀跃或微微一颤会给她久远的感动。而每个人都渴望得到关爱，和想象恋爱多年，这点小感觉，让贫乏的生活有了微妙的光芒。

他走进首饰店，我想，他正在想象她戴上的样子。

“我想选一件礼物。”

“给谁？”店员问。

“我老婆。”

“你喜欢的，她也会喜欢，因为是心意。”

他的眼光停在一付红色的耳坠和挂坠上。

“这是红玛瑙？”

“是的，天然红玛瑙。要找到这样的 5A 级玛瑙，淘汰率是 98%，剩下的是一块红玛瑙最纯粹的地方。这款叫雀上枝头，孔雀尾的元素寓意美丽灵动。”

我想起了那个故事：汝窑能成为第一瓷器品牌，是因为有一个聪明的皇帝。别人问他，你喝茶的杯要烧蓝的还是绿的？他就看着天：“给我烧一个雨过天晴的颜色。”窑工要等下雨，还要等雨停，要看天空很久，才能看出那个蓝跟绿之间有一种光，太阳正要出来时的淡淡的粉红。这东方美的细腻让颜色不再停留在蓝白红简单的区分，像雨后天晴的蓝一样，眼前这个红是火焰的心脏。

他的眼神透露出他感到了那种热烈。

“我没有送过老婆什么礼物，这个她会喜欢。”他似乎是个不善表达的人，而这个红色像一个掩饰不住的心意，热烈坚定，和着古韵和诗意“你为谁而开屏展翅？”在一个人身心都放松下来的旅途中，更加触动心灵。

他没买，98% 的犹豫需要筛除，2% 的坚决才会慢慢明显起来。第二天早上他就出门了，眼里燃着一团火焰，像是那珍贵的 2%。

贴士

适合人群：不将就心意的、气质里有古典雅韵的

特色：品牌连锁。不但在丽江，各大城市和机场都有店，售前、中、后都能享受专业保障。1.饰品以红色为主，玛瑙、琉璃、宝石、水晶等多种材质，设计糅合古典时尚，文化内涵鲜明：中国红，东方美。2.每款产品背后都有一个故事，配以诗句，寓意的丰美 3.不强求。4个小时试了又试，走的时候店员讲：没关系，你需要时间。太大气了

价位：200—6000元

丽江古城一店 地址：古城四方街21号 电话：0888—8885836

丽江古城二店 地址：古城四方街145号 电话：0888—5189579

丽江机场店 地址：丽江机场新航站楼安检内 电话：0888—5147697

网站：www.ichinared.com

淘宝商城：瑞红旗舰店

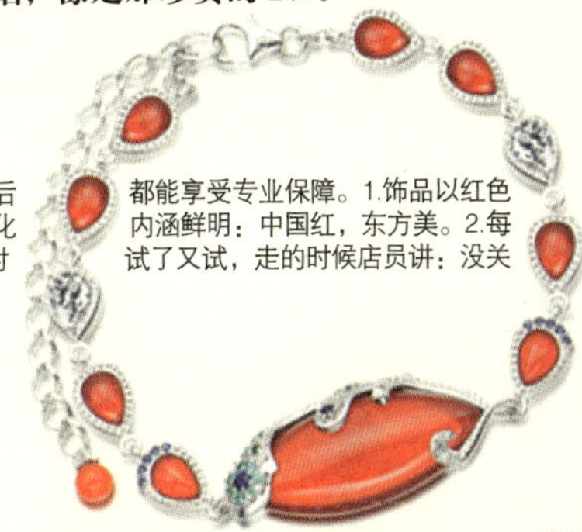

每个人
都可以有一颗豪华的心
——心物首饰店及服饰店

怎么搞嘀，这样的店开了8年居然没倒！

该做什么就做什么，秘诀在幼儿园被灌过了，可只有像孩子一样生活的人在实践。

孩子气的老板工作就像玩。阿辉管服饰店，顺带搞点设计。他需要很艺术的修行状态来激发灵感：心像没有雾只有晴朗的湖面。负责首饰店的小陶心情不好就去首饰店"打坐"。当几个小时的哑巴和聋子，专心于搭配组合，一堆东西完成了，心情也风和日丽了。总有同样气场的人认定他们的店，纵容了他们贪玩。

要么旅行，要么挣钱准备旅行。孩子气的老板生活得写意。半年外出，不外出的半年，也不一定在店里。和朋友在丽江旷野搭个帐篷玩简单之旅，偶尔到国外奢华一把。他们记得尼泊尔那些朝圣的人，穿过繁华的街道，却可以对物质的东西不屑一顾，他们有颗豪华的心。

孩子气的老板自信而天真，他们出门就不会把心放在家里，但会把小孩放家里，老板和父母角色都让员工包办了，他们连电话都懒得打一个。

不忘初心，方有始终。骑永久开宝马，都有一颗豪华的心。

地址：丽江古城五一街兴仁上段2号（首饰店总店和服饰店）

新义街百岁坊16号（首饰店分店）

适合人群：喜欢寻找一见钟情合自己气场的心中之物的人

特色：首饰和衣服都有个性，但那种张扬是低调的。阿辉希望再灿烂的衣服也是可以穿得出去的，不能买回去却没有机会穿，唯一功能是可供回想一下当初试穿时的惊艳。阿陶没给员工做复杂的培训，只交待了两件事，要有发自内心的微笑，要告诉客人制作饰品的真实的材料是什么，尤其是人工合成或染色的材料

店主：两个人很善良，和店员同吃同劳动，一起去泡温泉，吃农家乐，别人常常分不清谁是老板

营业时间：09:00—23:00

联系方式：18608887026 18608887036

价位：首饰有石头、琉璃、玉等多种材质，价位从十多元到上千元不等；衣服以民族风格为主，100—800元

邮箱：lyh0036@hotmail.com

手工之美在于不计较光阴，作者在那静默专注的制作过程中，犹如一场打坐冥想；把心血和祝福灌注作品，完成一次灵魂与物的合奏。

民工和摄影师都有机会做一次审美的冒险

——黑色部落手工皮具坊

一双皮鞋拷打着这位民工，一次一次去店里看了又看，也不好意思跟老板搭腔。有一天那双昂贵的英伦手工鞋开始在每个傍晚，叩击着古城油亮的石板。石板们有着国际化的眼光，什么鞋子没见过？可是对于这双总是在满是木屑和灰尘的工地上穿着劳保鞋干活的脚来说，意味着从石器时代一步跨入了文艺复兴时期。

一件手工皮衣同样拷打着摄影师老苏多日。买？不买？他似乎在做一个人生的重大决策，关乎审美的新生。当他买下皮衣后，心里发出了一声欢呼："耶！"

"你、你、你，老、老、老，苏，你搞什么鬼？"一个炒股专家在街上惊呼。

手工有那么大的力量？

日本京都手艺人，做一双筷子花三年时间。上漆，任其自然风干，打磨，再上漆，再打磨，再上漆……倾注用心的气息，留下时间的芬芳，那是传世之宝。

老苏的皮衣，经过在水里揉洗，揉洗，揉洗，让其自然紧缩，生成时间的皱折，共历经30多道手工工序，终究生出光辉的气场。

手工，给予凡夫俗子以美之通途，给每个人与神邂逅的相同机缘。美的物件值得为平凡生活所用，民工和摄影师，都有机会做一次审美的冒险、平凡生活向着美的跨越。

贴士：
这些手工皮具的缔造者阿四，常从网上买来电子书，学习国外手艺人的技艺，看不懂外文，就根据图片一遍遍尝试，加入自己的想法。在大师面前，我甘当井底之蛙，呱！呱！

适合人群： 有艺术气质的，想有艺术气质的。

特色： 经典还前卫，有国际范儿。很多人第一反应：不可能是丽江本地人做的。

老板： 阿四

地址： 一店：丽江古城五一街兴仁中段33号
二店：丽江古城七一街八一下段31号

电话： 13097441330

一天换十次花裙子
随时像要去参加生活的盛宴

“表面是服装店，实际是有一个火塘，有一帮人，每天太阳出来就去赚钱，然后回来都有饭吃有酒喝，天色一暗升起火炉弹琴唱歌。”——一个小镇姑娘的乌托邦

这个瘦瘦的姑娘，眼神明亮，最爱爽朗大笑连嘴也来不及捂。似乎一天换十次花裙子，随时像要去参加生活的盛宴。连她店里的衣物都在说，生活呀，永远要美美的。

“我穿民族风其实不是美啦，是气场。”

我理解这种气场是一种招摇过市，一种得瑟的高调。

那年被束河迷得不想走，花光了银子。厚着脸皮与早年火塘堂主十三说，能不能留下来做个义工。第二天十三背来了一顶帐篷，她在二楼朝北的阁楼里一住就是多年。一有钱就去买花裙子，“每天醒来，阳光很好，躺着看帐篷里全是花裙子，好美。”“在三眼井洗完的裙子挂在院里的苹果树上，被阳光照得明晃晃，好美。”端茶递水时总被客人追着要买。好吧，开个店。第一批货是她穿过的衣服裙子。有次客人试穿，从口袋里摸进去，一坨卫生纸。她坦白是自己的，150 买来，穿过，做个鬼脸，120 卖了。

现在她在丽江的商业混战中扩张一家又一家店，有人说她是束河史上最成功的义工，有人说她是傻大胆得瑟妞。乌托邦的追梦者都疯狂的，做什么先衡量美不美。

瞧，把一切都看得那么美、想得那么美，一边按计算器一边看风景，是天赋吧。

那些有关美的理想复活了

——莲服饰店

贴士：

不喜欢的满身铜臭盛气凌人的客人，给再高的价，不喜欢你，就不搭理你。对于礼貌又怯场的姑娘，没关系，会有额外赠送。她的赠送是一个邀请，请你把美穿戴起来，大大方方走进小镇。不过，要是游小花对美的痴狂瘾发作，她的正经事就是就在树下和朋友喝小酒，而不是在店里了。

适合人群：想在丽江美美的姑娘们，想让自己的姑娘美美的爷们儿。

不要忘记：穿民族风，重要的是“气场”。

店址：莲 丽江古城五一街中段44号 电话：0888-5114541

莲 丽江古城七一街八一上段107号 电话：0888-5396151

莲 丽江束河古镇老四方街清泉路4号 电话：0888-5113904

莲 丽江束河古镇烟柳路大石桥附近

此店门半开。玩泥巴的人玩缘分，以物结缘，有度。门大开，应付不来，无缘，无门。半开是缘分的最好尺寸。我在小巷里走了好儿圈才找到传说中的彩陶店，作为一个资深旅客让我很惭愧，怎么走过路过差点错过呢？看来我招子不亮跟陶无缘。

一坨坨的泥土在手中塑型、雕刻、再入窑静静迎接生命最后的历练。。。烈火中陶终如凤凰浴火涅▮重生！

泥土涅▮，人在悟道。这些陶器是她十几年在路上的见证：从绚烂夺目到质朴无华;从对艺术的顶礼膜拜到将之请下圣坛融入每一个生活的当下，这中间要经历这样的故事方有此顿悟呢？她说这就是她的“道”。

店门半开不说，有些陶还不卖。她心里珍藏，一个陶一段时光一个故事，放在那儿自己慢慢体会。不像做生意，更像是租了个铺面的陶艺展。

有人拉着另一半进门，说喜欢，男的低头看价格，抬头说走吧。有喜欢的人觉得贵也不愿走，坐下喝茶聊天，很投缘，边聊边一眼一眼的看，越看越不舍，死活把她自己留的软磨硬泡满心欢喜的带走--不嫌贵就怕主人不卖。也有来喝茶说话的朋友，不用事先约，路过了进来天南海北、海阔天空都随性。门外人来人往、太阳耀眼，一晃一晃；门内清茶一杯书一本，我自悠游心自在，一切皆随缘。

玩的是泥巴，用的是心；做的是艺术，结的是缘。不讲价！

一个陶一段时光一个故事，心里珍藏 ——自在工房

贴士

特色：15年彩陶艺术，家居用品居多，很云南很色彩，可定制

价格：低高不等，有缘无价

提示：不讲价 禁止拍照

地址：丽江古城官门口光义街新院巷59号

淘宝：shop71438013.taobao.com

网址：hi.baidu.com/new/zzgf2012

电话：0888—8889565 18388822060

Q Q：974222805

那一刻，我哭了

——雪域之花精油

阿拉伯公主有一个秘密。

多年后，老同学们发现她还是10年前那个耶鲁大学里的万人迷。岁月在她脸上几乎没留下痕迹，连眼神都还是青春年少时般清澈动人。在她还不知道什么是Birkin包的时候就已经拥有了Birkin包，从小伴随着满屋子的名牌和珠宝长大，不会对奢华动心。可这个石油富国的公主随身携带的总是一本淡蓝色的笔记本，那上面有祖母、母亲以及她对于精油所有的秘方。

拧开乳香精油的瓶盖，凑到鼻子前，那一刻，我哭了。一滴珍贵的精油，触及了内心深处，多年未曾静下来去细闻一股气味、细听一个声音、瞩目一个动作，为上帝送来的消息，表露一个感恩的惭愧之心。

一点精油，几千朵高原之花的奉献，只为传递一个信息，像故事里的妈妈在所有酒吧、夜总会门口粘贴了海报，写着：“玛丽，回家吧，无论你正在过什么样生活，你永远是我的女儿。”我们的心也永远欢迎我们回家，那个走过孤独、寂寞……苦难，就可以回去的乐园。去享受奢华的纯净安宁。

当内在的高贵被唤醒，我不也是公主吗？我要带着这个暗色的小瓶子，它装着从枝叶、根、花生长出的这个消息。我要把消息传递给朋友：我们是上帝的公主，在打开瓶子那一刻，生命的那些高贵都会被唤醒。

贴士：

适合人群：想要在丽江艳遇一件真心实意的礼物送给自己和朋友的、想要学会善待自己的、想要减压、减肥的、减回程负重的……想要享受大自然的珍贵礼物的。

特色：我的家乡云南是植物王国（我小学作文常这么开头），雪域之花精油是这个王国的馈赠。卖精油的小妹妹很专业，由心而发的讲解让我从了解精油到感动大自然的奉献，然后深深地觉得对不起自己，原来从来没关心过自己的内心。一个看上去有点沮丧的家伙进店，小妹妹拿一款叫快乐鼠尾草的给她闻，她笑了。简直是魔法世界。

网站：www.snowlotuslcj.com

地址：丽江古城七一街70号（关门口附近）
丽江古城五一街兴仁下段16号

电话：0888-5188579 13388886693

Q Q：133361685

绿丫头

果脯

买了包海棠果果脯，边走边吃，吃得停不下来，见到同伙儿，拿给他们吃，想让他们证实我的品味能力。一小会儿，吃剩下的海棠果蒂，堆起来一小堆。

我好吃果脯，过四方街，就去买点，每次买不一样的。

“我要吃绿丫头。”是当地很多小孩要吃果脯时候叫唤的标准语。

当地人爱吃的东西，也不是什么传统老店。是个爱吃果脯的本地美女最近几年搞起来的。

绿丫頭

老板张琴梅，嘴馋，想吃好的果脯。听说大理有做果脯的秘方，跑遍大理，连兽医都不放过。创业的时候，就两个人，一辆三轮车，一家家地去推销。现在，丽江的每个大超市都有绿丫头的东西卖。当地人也喜欢推荐给外地人。

老板娘干什么都会有一股激情，不只在做果脯上。学肚皮舞学到边开车边舞；减肥，可以从81公斤狂减成现在的窈窕身段；徒步旅行，鞋不好走，甩掉鞋子，赤足走二十公里。做事有狠劲儿，不是一般美女。

老板该为自己独创一种巨辣的果脯。尝到了，才是了解她最好的途径，名字就叫：真我风采。

“吃了还想吃。”是张琴梅对果脯的要求。

我大包小包的扛了不少回去，送人，自己吃。

特色：生态、味道好 **价格**：18元／斤—32元／斤 **提示**：30多个品种 **营业时间**：08:30—23:30 **地址**：丽江古城新华街翠文段132号（四方街口）绿丫头专卖店、丽江新城东界河中段河西绿丫头销售部、丽江新城百信商场、丽客隆超市也有卖 **电话**：0888-5171187

买东西备选

穿的戴的

丝路花衣

淘麻、棉休闲衣服、泰国真正植物染色的手工服装，他们家就对了

适合人群：喜爱有品质的休闲衣服的

价　　格：200 元以上 / 件

地　　址：丽江古城七一街崇仁巷 5 号

咨询电话：13908887786

阜饰店

随意但不随便。每件不一样，刨三次才算看过，颜色和花色别致

适合人群：注重做工和布料的

价格：200 元以上 / 件，一般不打折，遇反季时购买会让人停不下手

地　　址：丽江古城四方街 55 号
丽江古城五一街文治巷 129 号
丽江古城七一街八一上段 69-2 号

咨询电话：0888-5182056 5166637 5166478 5104355 5106273

荷风轩

时尚与民族元素结合得恰到好处，既搭古城的调也搭都市的调。悦己悦人

适合人群：注重穿衣品质的

价　　格：200 元以上 / 件，反季有惊喜

地　　址：丽江古城光义街现文巷 53 号
丽江古城七一街兴文巷 28 号附一号

咨询电话：0888-5136026

个性饰

站在这个店门口，钱包就想往外跳。来古城的女生一般都进去过

适合人群：喜欢东南亚衣着风格的

价格：200 元以上 / 件

地　　址：丽江古城东大街纳西古乐会旁 个性饰
丽江古城新义街密士巷 52 号 非常民族
丽江古城大石桥旁 非常民族

咨询电话：0888-5177802

隔壁的猫姑娘

小鱼在隔壁的奶茶店火到爆，把小鱼从台湾钓来的小猫也按耐不住了，发挥专长开了这家店。不要看她卖的杂，衣服裙子，帽子鞋，围巾手饰一大堆，风格倒很明显，她家的欧式田园风格外清透。

适合人群：想买件回到城市穿着也甜美的衣服的姑娘

地　　址：丽江束河古镇街尾村 94 号四方街东侧 20 米

电　　话：15240987361

木石标记

朋友来丽江，瞄了一眼杨老眯二口子开的手饰店，脸色欢喜如花。你看她耳环，水晶手链，绿松石项链，再挑二个银戒指，付钱时不停地谢店家，回家后不断推荐朋友来买

适合人群：喜欢手饰的女性，想送老婆小礼物的男性

价　　格：20—1000 元 / 件

地　　址：丽江古城五一街兴仁上段 4 号，93 号

咨询电话：13187793897

杂七杂八

东巴纸坊

了解纳西历史文化的活化石。稍贵，却特别有怀旧的调子，写日记情书画画都让人感觉到位，明信片、书签、书、笔记本、像框等，漂亮，很难抉择购买啥

适合人群：想珍藏纳西文化的
地　　址：门店分布丽江古城大街小巷，牌子只有“东巴纸坊”一个
电　　话：0888-5112218 15987934321

东巴作坊

艺术原创手工木雕，有中大型木雕作品，也有小小的木雕饰品。独具韵味，拒绝还价
适合人群：想自己珍藏或送朋友礼物的

地　　址：丽江古城东大街密士巷 82 号（纳西古乐会旁）
咨询电话：0888-5101251 13013388675

啊东木雕

店里的木雕越来越少了，不是他偷懒了，是订购的太多，基本上是出一件卖一件
适合人群：懂木雕艺术品想收藏的

价　　格：从几千到几万都有，贵是因为这些作品没法请人代劳，都是啊东花心血做出来的，而且确实是有灵魂的艺术品
地　　址：丽江古城光义街现文巷 13 号
咨询电话：13708827772

一棵树

七拐八弯才找到这个挂满铃铛，摆满手鼓的店。铃铛分有铜、铜银合制，有花无花；手鼓更有讲究，大小音色不一。当然，价格也是。老板免费教

适合人群：送自己或送别人礼物的，在这都可以挑选到合适的
地　　址：丽江古城现文巷 44 号
咨询电话：0888-5112612 13578390648

农布丽江货行

很多店都是到他家进货，所以找民族老刺绣品，老银饰品，云南翡翠玉，各种古玩到这吧。价格有空间

适合人群：喜欢收藏真货老货的
地　　址：丽江古城现文巷 73 号
咨询电话：0888-5149200

古道铃坊

不是普通叮当响的铃铛，这可是能敲出哆来咪的音乐铃铛哦。大小合适，便于携带，价格不贵，还特别有 feeling

适合人群：想买个灵性的礼物带给亲友的
地　　址：丽江古城现文巷 34 号
咨询电话：18608884390

十二心缘故事

咋个整的？一张小卡片要动手写，要花钱贴邮票，还要几天几年后才可以收到，老人家都会在网上发信了，它还这样火
老海，用心做事。他设计的“十二心缘故事”各款明信片惹火了丽江市场啦。

适合人群：送朋友送自己明信片的人，想做明信片生意的人
价　　格：3 ~ 10 元 / 张 通过网络预定有优惠
地　　址：丽江古城漂流慢递、海豚不在家、东巴吉祥铃、束河正福草堂家居院等店有卖
网　　址：www.12lover.com

海豚不在家

明信片就像古城春风，不知道什么时间就兴起来了。到这里可以挑选喜欢的名信片，还能购买到关于丽江的图书哦

适合人群：文艺份儿、小清新
地　　址：丽江古城七一街兴文巷 41 号（近兴文小学）
咨询电话：13208889697

漂流慢递 （丽江店）

未来是什么样子？在古城的心情是什么样子？稍做停留，拿起笔，写一张明信片，给自己，给家人，给朋友，给未来。制定递出的日期，他们就按时寄出
适合人群：明信片控

价　　格：3 ~ 10 元 / 张
地　　址：丽江古城光义街官院巷 62 号（木府大门天雨留芳牌坊柱子旁）
咨询电话：0888-5139353

伴手礼

嘉华鲜花饼

以云南特有的食用玫瑰花入料的经典点心——鲜花饼，现烤现卖。离开云南，吃着这"花味、云南味"，想念云的南方再好不过了

适合人群：爱吃小点心的、想带点有风味有品质的好吃的回去的

价　　格：10 多元一盒，包装不一，价格不一
地　　址：丽江古城东大街
丽江民主路人行天桥旁
咨询电话：0888-5184132

营养的

绿 A 天然螺旋藻

全营养绿色健康保健品，好多年的老品牌了。具有免疫调节、抑制肿瘤、调节血脂（降低胆固醇）、抗疲劳、耐缺氧的保健作用

适合人群：有需要的合适人群

地　　址：丽江古城东大街第十铺面
咨询电话：0888-5185008
网　　站：www.greena.com.cn

百岁坊玛咔

玛卡被秘鲁奉为国宝，生长在海拔 2800 米以上，外型像小萝卜。现在在丽江、香格里拉安了家。这里卖的是提取其精华制成的各种保健品，据说能调节人体荷尔蒙

适合人群：有需要的人群

地　　址：丽江古城关门口
咨询电话：0888-5313978
网　　址：www.bsfmk.com

青刺果油

成长在雪山下草原田野里的小黑果，榨出来的油是宝贝，可与橄榄油并论。食用可做菜，外用搽烧伤烫伤挺好；丽江当地小孩子不用强生护肤品，用这个

适合人群：想买点天然、健康的东西带回去的；烹调迷、或是想备一点烧伤烫伤药的
价　　格：依季节而定
地　　址：忠义市场榨油房

茶

三眼井印象

发明把生茶、熟茶、康提普洱茶汤按 1:2:7 比例勾兑在一起"艳遇"喝法。卖茶的很多，他家属于玩茶的

适合人群：讲情调讲口感的

价　　格：老板介绍的茶一般不贵，视你选择的品种而定
地　　址：丽江古城光义街光碧巷消防队三眼井旁
咨询电话：13988848586

万子茶坊

品茶、听小河流水、看美女、赏花，一样都没少

适合人群：茶、景都要讲究的
价格：高、低价位的都有，看跟哪个品种有缘

地　　址：丽江古城七一街崇仁巷 88 号（万子桥旁）
咨询电话：0888-5170061
微　　博：@ 万子桥茶庄

正福草堂家居院

茶叶茶具藏香，香烟袅袅，佛曲低回，这里的调调总那么漫不经意，游客喜欢在风格古雅的店里店外拍照留影。茶具独特，精巧，不敢轻易伸手。二楼书房有香器精品陈列，一般只接待朋友和草堂住店客人。堂主倡导古典式生活，着汉服，举办过古琴教学、国学夏令营、泸沽湖环保论坛

适合人群：喜国学、茶禅文化、对香道感兴趣者

地　　址：丽江束河古镇龙泉路束河完小东侧
电　　话：0888-5117369（丽江）
0512-63320576（同里）
0512-57219333（周庄）
网　　址：www.zfct.com
微　　博：weibo.com/zfct @ 正福草堂
淘 宝 店：ctxs.taobao.com

这里为黯然的心提供一见钟情和浴火重生

泡吧的艺术

不是惯常酗酒的人适合在丽江

而是在丽江适合喝点酒

因此，酒吧林立，酒量不高、甚至滴酒不沾的人都可以去泡

不是所有人都只为赚钱才开的酒吧

物质独立是情调滋生的必由之路

所以，吧主们也是相互泡的

泡吧时应该顾及自己的钱袋

但不要有挨宰的沮丧

更何况古城的酒吧并不贵，情调又那么好

人多不一定为患

结对的可以让别人分享你们的喜悦

单身的正好去发现目标或被目标发现

一味感叹过浓的商业味的话，又有哪里比丽江还要丽江？

让我们立刻开始这段感情吧！

——樱花屋.金

"让我们立即开始这段感情吧！"是樱花屋之饮食男女最常用的动作。无论结局，不在乎未来，敢爱。

Z在光天化日之下以"不以结婚为目的的恋爱都是流氓"的面孔示人，对为爱生爱死为爱奋斗一辈子的货横加鄙视。这位道德标杆，在樱花屋练门大开，人性大发，几十年炼就的"不以结婚为目的的恋爱都是流氓"金钟罩铁布衫瞬间崩塌，在樱花屋氛围的怂恿下，奔向美女奔向爱的怀抱。

大家都是热爱生活的货，一进樱花屋就不由自主地孔雀开屏，露出人性的 B 面。小样，也许这才是人样！

丽江一不小心就建在了人性的弱点之上，樱花屋是它的七寸，爱的命门。经常有心急火燎地问路人：“酒吧街在哪儿？樱花屋是不是很好艳遇？”，当然了，都是男的。每个男人骨子里都是八戒转世，氛围一到，原形毕露。

L 来了，啊，居然还有美女，昨天的那位。昨天他喝大了，哇地一下把消化了一半的腊排骨吐在了她身上，边吐边哭，嘴里喃喃地说着什么。也许美女懂 L 的吐槽语，也许美女母性大发把他收了。谁知道，这地方什么事都会发生，逻辑和常识甚至是推理探案都靠不住。

M去找朋友，晃了一圈没见人，正准备出门，被一美女截住："帅哥，别走，要不你告诉我你的电话要不我告诉你我的电话"，M一愣。"不告诉我是吗？我的电话是139......"。一美女，身边围了几个男人，她没兴趣，一直冲着老T这边看，老T没反应，她火了，冲出重围，走向坐在角落里怀疑人生的老T说："你怎么回事，都看你半天了？"。

所以，另一个朋友玩家暴，坚决不允许老婆去樱花屋。"那里的气氛太诡异，你会身不由己，管不住自己。"他实话实说，虽然他不敢是小崔。

W更牛，走过去指着美女很严厉地说："你，起来跟我走一趟"，美女愣了。他说："走，赶快，我让你知道什么是真正的幸福"。

H对她说："我认识你之后，我答应你不在樱花屋泡妞。一个月之后，我答应你不在丽江泡妞。三个月之后我答应你不在云南泡妞。现在我再也不泡妞了，无论在哪"。H修成正果，一生不变。

很多时候，樱花屋的遇见关乎下半生，而非下半身。但是，就算是下半生，一起走完走尽，谈何容易？So，好好珍惜吧！真的！

这些年，我们在樱花屋做的"荒唐事"多了。不过，年轻不荒唐，那就太荒唐了。当然了，敢爱也要正确的区分狼和哈士奇，爱更需要节制，你懂的。

贴士：
世界是女人的。看看樱花屋对美女的待遇你就知道了，重女轻男，哼！
适合人群： 哦，热爱生活想热爱生活的货
特色： 演艺 帅哥 美女 有爱，晚上十点以后美女帅哥最多，请选择时间段自主自愿自由组合
特色菜： 韩式酱汤
店龄： 15年
人均消费： 100元
提示： 十一二点左右为厕所高峰期，拥堵，请排队。樱花屋到处都是故事，曾听到一女的对男的说："你在这等一下，我把那男的甩开，马上过来"。My God
厕所： 有
营业时间： 19:00—03:00
电话： 0888-5115851 5187619
地址： 丽江古城新华街翠文段123号
网址： www.sakura.yn.cn
微博： e.weibo.com/1941047940/app_2271

为什么总有一些芬芳让人情不自禁?
为什么总有一些艳丽使人忘记戒律?
为什么总有一些甜蜜令人迷失方向?
也许，犯错也正确

人人都有受教育的权利

——小吧黎酒吧

我那个自称很懂红酒的暴发户朋友带着我们这群随时准备暴发的朋友去小吧黎喝红酒，他气定神闲地点了贼贵的一瓶，说这酒兑雪碧特好。酒来了，没有雪碧，朋友爆发了，把小妹叫过来质问：“怎么不上雪碧？”。小妹客气地说；“对不起，先生，这酒不卖了”。“咋个呢？”“先生，这个价位的红酒兑什么都太可惜了”。朋友又问:“给是要兑可乐？”其他人听明白了，拉拉他。他还在问，“百事还是可乐”……他反应过来后有点难堪。不过，出门后他到处吹嘘：“咩，小吧黎太屌了，有钱都不卖给你”。你看他那贱样。

这哥们后来成了小吧黎最忠实的红酒粉丝。不过，他不敢说自己懂红酒了。人人都有受教育的权利和义务啊！小吧黎不是酒吧，教育中心？

小吧黎还真屌，从不打折，认识谁都没用，打谁的电话都没有折扣。当然小吧黎的酒水也是不折不扣的。去，你就知道。

贴士：中法合资夫妻连锁，乐家生和三姐的酒吧。小吧黎有调调，很浪漫，也浪得慢。

喝红酒那伙，无论去哪，非到小吧黎买酒不可，这伙叫红粉，纯爷们，红粉纯爷们！从古城打车到東河，买一堆芝士蛋糕草莓派，再打车回这拨，糕丝，全姐们！喝小二的啤酒控，只认二次发酵浑浊型全麦啤酒，很二。喝“苏格兰单一麦芽威士忌”的货都姓苏，自称苏一哥苏一姐。哎，丽江已经无法阻挡小吧黎的造粉丝运动了。七支乐队，全丽江乐队最多阵容最强大的酒吧，本地洗脑乐队在丽江店驻唱。每个乐队都有自己的迷，听说吉他手的FENDER，GIBSON都是女歌迷送的。啊！丽江音乐的春天在小吧黎发芽了？

去小吧黎，带上你的嘴巴和耳朵，切记切记！

适合人群：热爱音乐喜欢美食美酒

特色：音乐、西餐（生蚝鹅肝蜗牛，提前预订）、法国红酒、德国啤酒、苏格兰单一麦芽威士忌

店龄：11年　**人均消费：**50元

提示：不打折　**厕所：**有

营业时间：09:00—人散后，一钩新月天如水

小吧黎束河店

地址：丽江束河古镇飞花触水酒吧街

电话：0888—5185233 小吧黎古城店

地址：丽江古城新华街翠文段108、109、110-1、111号

电话：0888—5187379

网址：www.ljparis.com

微博：e.weibo.com/208085609

去听在丽江红了的歌，原版的，现场的
——班布酒吧

走几步“一瞬间”，再走几步还是“一瞬间”。不错，时间一瞬间一瞬间的溜走。淘碟店不厌其烦地播，把“一瞬间”播成了丽江红歌，淘碟店成红歌办。店家为你指出一条明路，去班布听一瞬间看小倩，人类已经无法阻挡红歌办为班布酒吧做广告了。

当然了，班布除了小倩还有马戏团乐团，店家不说，要给你更大的惊喜?

古城的酒吧很多，很多歌手大搞模仿秀，在以假乱真的道路上越走越远。马戏团会翻，唱谁的歌都带着马戏团的烙印，很硬。有几首到最后才听出是谁谁谁的原唱。会唱，赞一个。那首寂寞难耐雷鬼版，姑娘尖叫着合，大老爷们跟着“哦时光不在哦时光不在唉”的感叹，我们一样的寂寞难耐。我喜欢，再赞一个。小倩没唱几首，被台下“一瞬间”的叫声打断，去班布没有近距离目击小倩，没有亲耳听到她唱“一瞬间”，去了也不算。一瞬间众人齐唱“一瞬间”，众望所归。饮食男女在酒吧齐唱红歌的场面让人泪牛满面，心与心相连，手和手虽不相间，但我们相信彼此之间的距离不再遥远。我感动，再赞一个！

我们冲着班布的音乐，听小倩，看马戏团演出。听，TA们的音乐。

歌手 小倩

歌手 文子

贴士

适合人群：喜欢音乐喜欢交朋友的朋友

特色：音乐，还是音乐。有国内外乐队不时在班布演出，别错过

提示：班布是丽江为数不多推广丽江原创音乐的厂牌，小倩在旗下出过两张CD。老板臭豆腐是班布的音乐推手，马戏团乐队的首张专辑快了。听，他们的音乐。

卫生间：有

地址：丽江古城玉河走廊 B区2—3号

电话：13578482822

营业时间：19:30—你想走的时候

丽江的酒吧里啊，什么人都有，就是没有我的心上人，
她对我说不爱我，因为我是个没有钱的人，
丽江的酒吧里啊什么酒都有，就是没有我的青稞酒，
一杯两杯我也不会醉，因为我是个大酒鬼，
未来的世界里啊什么歌都有，就是没有我的这首歌.
一首两首谁也不会红，因为我们是流浪歌手

原来，看书不只看书，泡吧不只泡吧

——班布书吧、咖啡馆

如果有电影“观音山”里一样的朋友，味道会更烈。夏天兴冲冲拥进来。窗子敞开，二楼上的大通间，长椅上脱鞋眯一觉，像爬上一截停驻的老火车。

满载的书架，对于一个旅人，多奢侈。翻开杂志，里面说男送女回家，女在楼下问男是否上楼喝咖啡，“否”男说喝咖啡会睡不着。回去的路上男顿悟：“咖啡不代表咖啡，喝咖啡是邀请我上床的意思。”猪头啊！哦，刚才还疑问为什么那对旅行到丽江的情侣，舍得找个安静的地方，各拿一本书，沉默对坐。他们不是应该无尽热烈？原来，看书不只看书，听歌不只听歌，喝咖啡不只喝咖啡。

对啊，马上叫小妹：“给我来两杯咖啡。”想什么？我可不是杂志里的那位。得用喇叭来喊：我的意思是，一段优美的休止，对每个人的乐曲意味着无限可能，知道吗？无限可能无限可能无限可能……

停下来在丽江，一两个小时的留白，小河边的花开了几朵，拉市海的云飘了几公里。两单身男一人霸一个软卧，在梦里过了大半生。醒来，可能歌手只是A调唱到G调。

留白后会遇见什么？随便。

在这里，是愿意停下来等一等的人。也许旅者有些累了，来一段休止，留一点空白。那些错过的，不再追悔；对于正在等待的，再生一点力气。

贴士：

班布书吧和班布咖啡馆离得很近，都在东大街，靠近四方街。

适合人群：想在丽江停一停的，你知道时间有多快；想让事情自动发生的。

特色：音乐，他们敢说：“丽江只听我们的音乐”，气势还是嚣张的；书：书吧的书有6、7百本，我这个移动图书馆都可以把包掏空，不担心那里的书对不上口味。去咖啡馆三楼的天台看着望古楼、雪山喝咖啡，香味不在咖啡里，在风里。

卫生间：有

班布书吧：丽江古城东大街先锋烘焙2楼

订座电话：0888—5118262

班布咖啡馆：丽江古城东大街建设银行对面

订座电话：0888—5168484面

营业时间：11:00-24:00

一切几乎就自然而然地进行。雨只要从云端落下，就会掉到地面；人只要张开眼睛，就可以看到一切有多美好；只要每样东西都做它自己认为最容易的事，这世界就相当有秩序了。

这世界还相当有秩序……

阿辉说得轻描淡写的，好像不是他想开个咖啡店而是神想，他不过是神实现愿望的一双手。

“房东说不好照顾，要砍了。我留了下来。”现在，院里的藤蔓植物贴墙奔放生长，把咖啡店搬到了田野上，正好。

“早上，把东边的窗子打开，让阳光进来。下午，把西边的窗子打开，让阳光进来。”光明和温暖一直都在，有心的人就能得到眷顾，正好。

“老窗花用来做椅背，正好。”

“大半个老木船做了吧台的酒架子，剩下的就是个小架子，正好。”

“我对老木头有感情，那些纹路都是时间的皱纹。”接着阿辉又说：“时间不过是一把皱纹。”

不强求，顺应当下已经拥有的，反而得到了上天赐予的。

“每次到百岁坊自己的首饰店，周围酒吧唱歌的声音太吵，我们只好迅速地逃走了。所以我们想做没有歌手的酒吧。”

在满城都是歌手在练唱的丽江，在大家都忙着把货铺满每一个角落的五一街，开个清吧很冒险。但是呢，以其强求，不如跟随心意。

创新、努力、竞争、客户需求……紧张的战斗状态似乎是做生意的定律。顺应、不强求，这样的法则在丽江行得通？

相信一切都是最好的安排的人，一切都正好。

贴士

适合人群：在古城听太多快乐男声和快乐女声的练唱，即使你有当评委的心也该来这里稍稍清静一下啦。位置在店铺林立的五一街，逛街走到脚疼的人也可以进来歇一歇

特色：老板的“心物”首饰店和服饰店开了8年，热爱丽江。不能改变古城越来越吵的现状，只好改变自己的环境。把这个可以晒太阳，也可以晒月亮的地方当成自家的客厅，和朋友说话有个去处。老板想做得和别人不一样，店里的很多东西都是自己动手的成果。留意观察会有很多惊喜，桌面是个大木盆扣过来，西式壁炉的框架用当地晒粮架改造

音乐：蓝调爵士为主

人均消费：25—40元，另有洋酒，酒价高一些

营业时间：10:00—24:00

地址：丽江古城五一街兴仁上段103-2号

店主：阿辉和小陶

电话：18608887026 18608887036

是的，一切都正好

——心物咖啡店

不缺理想的下午，缺的是理想的人

——优雅时光咖啡

上哪里发掘一枚理想的下午啊？在丽江，似乎不求自得。其实未必。

“你们会怎么做，如果上帝当面对你说，‘我命令你，只要活在世上就要快快乐乐的。’那么你们会怎么做？众人沉默了。”想起《心念的奇迹》里的这句话时，阳光穿过柳树叶子，细碎地撒在优雅时光二楼的白墙上，湖水一样晃动。

就像遇见百分百女孩，不相信真爱来得那么容易，刻意分开测试命运，然后悲情地咀嚼回忆的可贵。我们陷入戏剧性比快乐更重要的假象？理想的生活，有点远。

其实哪怕下雨，理想的下午亦有理想的避雨处。“就近有咖啡馆也好，咖啡上撒些肉桂粉，吃一片橘皮丝蛋糕，驱走身上的潮腻。俄顷雨停，一洗天青，人从檐下走出，何其美好的感觉。”“然下午所以理想，或在于其短暂。”

“为了无数个这样的下午，你我一径留在这里。然在随时可见的下午却未必见得着太多正在享用的人。”

翻开《理想的下午》，划过下划线的这些句子跳了出来。啊，美感似新鲜出炉的巧克力松饼，为每一位生命的贵客端上，配以味苦又浓香的咖啡、时隐时现的小调。这恒久的优雅时光真需静心品尝啊。

一切旨意既是要我快快乐乐，何不遵命？

不缺理想的下午，缺的是理想的下午人。

贴士：

适合人群：整天在古城里脚掌都磨出泡、寻找惬意之地的人们

特色：1.主人苦于在丽江喝不到正宗咖啡，开了这家咖啡馆，闻见满屋香气，就能感知他在用对咖啡和生活的爱谋生2.咖啡上小熊、小白兔的拉花是在别处遇不到的童话3.小西点很精致，提拉米苏端上来的时候，感到生命还是可以豪华一下的4.欧式沙发在纳西民居里的调皮搭配，情调耐品5.老板话不多，送人品尝的怪癖时常发作

音乐：正好都是俺常听的

人均消费：25—40元，另有高级葡萄酒，可论杯卖，比咖啡贵一些

营业时间：10:00—24:00

卫生间：有

地址：丽江古城七一街兴文巷61号（离忠义市场2分钟）

店主：小王夫妇

电话：18687996603（小王）

别让我的行李箱空落落的——田德能咖啡馆

贴士：

适合人群：喜欢咖啡、西点、音乐艺术的人。要独享清净的去老四方街口，龙潭咖啡。蛋糕味道惊艳，咖啡地道。爱热闹的去青龙桥头西面20米田德能咖啡馆。西点、下午茶、橡木桶红酒、胶片电影、音乐会、摄影朗诵话剧沙龙，地方大

店龄：前身龙潭咖啡，店龄5年。新店名田德能，是纪念那位一百年前把咖啡种子带到云南来的法国传教士

特色：田德能系列，精选云南小粒，现焙现磨咖啡豆，可带回去慢慢享用，有历史醇厚的香味哦

书籍杂志：有

营业时间：10:00—24:00

厕所：有

老板：帅哥一枚，但永远不知道他去哪里了

电话：直接去田德能咖啡馆找，运气好可能偶遇

连锁店1：龙潭咖啡

地址：丽江束河古镇老四方街口

连锁店2：田德能咖啡馆

地址：丽江束河古镇青龙桥西面20米

微博：

weibo.com/tiandeneng

是谁不小心把巴黎街头小店的照片贴到了这里？

老式收音机飘出的即兴音乐击中了我。无论任何时候听都是黄昏的感觉，在忧伤或甜蜜之间，你说不定会滑落到哪边。这也许就是它让人着迷的地方，正像它提供的咖啡与蛋糕。

提拉米苏、巧克力、芝士蛋糕，吃一口，后悔了，离开束河后我怎么办啊。

这个小店弥漫的气息惊艳了我，我忍不住要把它放进旅行箱。

去得不是时候就会被挤到街上，连老板都不能幸免。估计是再也忍受不了被挤到店外蹲着，他于是在附近弄了个大院子，卖田德能咖啡。

那天路过，看见他总算没有被挤出去，斜趟在软沙发上，把脚高高地翘到茶几上。我立刻觉得宁可失了优雅也要见贤思齐，于是也进去把脚……

离开束河前的最后一个愿望，去霸占那个暖黄台灯下的座位，可恨有几个家伙赖着不走，还大声高谈："若你能抗拒两样东西，你就不受世界的约束。一是肉体的舒适，一是世间的虚荣。"

但愿他的田德能新店生意不要太好，以免这个小店被遗弃，使我的行李箱空落落的。

舌尖上的意大利

——束河妈妈咪呀国际餐吧

mammamia RESTAURANT & BAR

Diego 不时要冒充客人点几个菜，看看有什么可以改进的，用造汽车的严谨做菜菜，不好才怪。原料是亚平宁半岛漂洋过海来的，原装意大利味。你不见那么多喜欢意大利菜的老外都来这，老外们慢条斯理地动刀动叉，一丝不苟地用食物来消解乡愁，似乎是来这里医治怀乡病的，舌尖上的乡愁让人回味。那个老外说意大利面做的像家里的一样，我听了眼热，我也想家，想我妈。

和很多外来人口一样，妈妈咪呀的老板们也是因旅游而到丽江，随后就死赖着不走，坚决要在这么个传统古镇里打造个有格调、超小资的地方出来。

靠水临街的位子，看人，也被看，主角与配角，我们活在彼此的风景里，走走停停，一辈子就这么过了。角落里小伙子不温不火的弹唱，日子清淡舒坦。翻翻"随心写"，牛皮纸里记录着那些过往人的依稀往事，纷乱嘈杂，一页页都是人来人往的心情，妈妈咪呀的时光。人离开，心留下，谁在意？

贴士

妈妈咪呀是意大利语，意为"我的天哪！""我的妈呀！"

适合人群：不喜欢太吵但也不爱寂静无声的，喜欢发呆做白日梦的，想要谈情说爱的

特色：西餐 红酒 甜点（提拉米苏——每年甜点点击排行榜，名列第一）

特色菜：披萨 意大利面 香草烤全鸡 泰国菜

人均消费：50 元

店龄：5 年

书籍杂志：旅游类杂志 时尚杂志 汽车杂志 中国日报（英文版）电影杂志

厕所：有（丽江少有的干净厕所）

营业时间：10:30—24:00

提示：每周三女士之夜，单身女士免费享用一杯意大利红酒

地址：丽江束河古镇烟柳路 177 号（飞花触水）

老板：李宁 二林 Diego（意大利）

电话：0888-5445777

微博：weibo.com/mammamiabar

网址：www.mammamiabar.com

费了5瓶啤酒，外加一整个下午，那个老外弄出来的杰作

泡吧备选

D 调民谣火塘酒吧

自称活着的兵马俑的路平，2007 年创立 D 调酒吧，从五一街到三眼井再到大石桥，一直是几哥们演绎游牧民谣故事的平台。遇上小龙女，有了宝宝路过，路平过上了当爹的幸福生活，歌声里更增添了一份爱与责任。特别提醒：泡吧不用带棒棒糖，已经够多了

适合人群：喜欢原创音乐的，喜欢听爱情故事的
地　　址：丽江古城新义街四方街 2 号（大石桥旁）
电　　话：13988845187 13578480230
博　　客：site.douban.com/luping/
微　　博：weibo.com/didiaobar

将爱原创音乐酒吧

作为大石桥露天歌厅多年的霸主，靳松也该有个根据地了。穿越 D 调、无为洞、大冰的小屋，随游牧部落乐队全国巡演，靳松的歌声和口琴声陪伴了许多人许多年。他只想做个快乐的自由音乐唱作人、插画师，坚持不断写歌、写字、画画，有圈内人难得的淡泊和勤恳

适合人群：松花粉（靳松的粉丝），爱流浪、有梦想、心在远方的孩子们
地　　址：丽江古城五一街振兴巷
电　　话：18213106181
博　　客：site.douban.com/js7900/
微　　博：weibo.com/js7900

尼雅藏式音乐火塘

白天闹中取静的小庭院，黄昏一过立马欢腾一片。吊在火塘上方的各种肉食被烤得滋滋冒油，等着古城吃货，黯然销魂酒喝到各路英豪纷纷落马。这时，尼雅才会开口唱几句，众所周知，他是画家里面歌唱得不错的

适合人群：怀旧、重情义、少数民族一样豪爽的人
地　　址：丽江古城大石桥百岁坊 9 号
电　　话：0888-6691949
博　　客：blog.sina.com.cn/niyagallery
微　　博：weibo.com/u/1398948981

38 号音乐火塘

“安居乐业”四个字通常很难与天才 + 艺术家 + 酒吧主这样身份的人联系在一起，可阿泰和蛛蛛做到了。一段笑傲江湖，在 38 号音乐火塘演绎了近六年，神奇、安定、幸福，经常抱着娃参加周末亲子郊游团，惹人艳羡

适合人群：喜欢音乐、酒、绘画、另类艺术气质的人
地　　址：丽江古城五一街文治巷 38 号
电　　话：15912215857
微　　博：weibo.com/u/2375843354

迷失酒吧

观众座位包围在舞台四周，凝聚力极强。乐队阵容很齐，架子鼓手总是最得意的。基本上很难克制想上台一展歌喉的冲动，于是乎不谈水平，只抢话筒

适合人群：音乐爱好者，爱表演、爱唱或爱听别人唱的
地　　址：丽江古城五一街王家庄巷 88 号
电　　话：13388888823
微　　博：weibo.com/u/2530037404

云集火塘酒吧

你想说来的都是高手吗？位于五一街，不易找到，初次去需要朋友指引。一进门记得抱拳对暗号：报应啊报应！（缘分啊缘分的升级版）隔音效果好，里面热开了锅，外面静悄悄。认不认识的都围在一起，放开了喝，扯开嗓子吼，醉了就地假寐。一哥们喝高了打电话给朋友：我手机不见了，帮我找找！

适合人群：喜欢音乐，想要随意、放松的
地　　址：丽江古城五一街文治巷 130 号
电　　话：13038611136
微　　博：weibo.com/yunjilijiang

樱花屋单身酒吧

丽江酒吧业的开山鼻祖。对于许多没来过丽江的游客来说，丽江酒吧 = 樱花屋。想要结束单身或者继续享受单身的男女，适合来这里摇晃，作料是西餐红酒劲舞。不过，酗酒有风险，入门需谨慎

适合人群：想要释放能量的，在城市里苦逼够了，来这清空自己
地　　址：丽江古城新华街翠文段 123 号（酒吧一条街）
电　　话：0888-5187619 5115851
博　　客：sakurakim123.com.cn
微　　博：weibo.com/u/1971062843

Freshnam cafe（原万子小坊）

如果五一街被称为古城最文艺的一条街，这家音乐酒吧的出现，无疑是给文艺加上了精妙的注解。透过玻璃窗，灯光与音乐都极富感染力，三国歌手同台演绎，韩国老板 Nam 甘做配角

适合人群：原来的乐迷们注意，万子小坊已从崇仁巷搬到五一街；追求浪漫情调的气质性美女帅哥

地　　址：丽江古城五一街文治巷 119 号
电　　话：13578383745
博　　客：blog.naver.com/freshnam69
微　　博：lijiang freshnam

扯淡音乐酒吧

下午的扯淡屋，门小小地敞着，看进去没人。摸上小木梯，一群在生活与情绪里躲懒的人窝在二楼看电影。墙有多宽，屏幕就有多宽。纪录片、文艺片、好莱坞大片……阿初在一旁给所有人泡茶。免费；晚上的扯淡屋不细看的话，门是关着的，其实里面天天过节。酒钱，随心功德

适合人群：喜欢音乐、想检验自己的内心是否强大的
地　　址：丽江古城五一街文治巷 80 号
微　　博：weibo.com/u/1894075783

丽江 2416 部落

2416 是酒吧？火塘？还是艺术工作室？这些年，从边缘艺术工作室、音乐博物馆、摄影工作室、爱心种子联盟，到 2416 乐队，江措和伙伴们没少折腾。国内国外的民间乐队到丽江演出，必定直扑这原创根据地 2416。演出场地从当初的露天原始另类，渐渐演变成私密舒适高级，音乐沙龙的氛围浓厚。江措现在通常隐在某个角落，看上去更加梦幻

适合人群：民谣、原创音乐迷，都市小白领，喜欢浪漫情调且具草根天然气息的
地　　址：丽江古城光义街金星巷 19 号（现文小学旁）
电　　话：13368882416
博　　客：blog.sina.com.cn/edge2416
微　　博：weibo.com/edge2416

江湖

你知道什么叫江湖吗？来这就明白。人气旺，场面常失控。室内温度太高，建议多出来透透气，别老劝邻座美女喝酒

适合人群：单身中恋爱中失恋中的文艺青年、气质青年、有为青年、二 ...，那谁，老实呆这儿吧

地　　址：丽江古城五一街王家庄巷 41 号
电　　话：18988018895
博　　客：blog.sina.com.cn/jianghuyueduicom
微　　博：weibo.com/u/1740397237

旅马客栈·酒吧

束河早期人气较旺的客栈和酒吧，有一帮老友，地方再小也要挤在一块。人生就是一段旅途，旅马夜晚的灯火，为每个游子守候一窗温暖

适合人群：爱音乐、怀旧风、喜欢浪漫情调的

地　　址：丽江束河古镇街尾村清泉路 44 号
电　　话：0888-5136596
博　　客：blog.sina.com.cn/lvmakezhan
微　　博：weibo.com/lvmakezhan

老李半山火塘酒吧

凭一把破吉他、一破嗓子迷倒游客无数。春夏秋冬火塘天天都燃烧，欢歌夜夜有。你在都市里苦苦挣扎来的职务在这不如个屁，跟着大伙大声乱唱就成为明星

适合人群：喜欢怀旧音乐的、想自由自在、想得几个免费烧洋芋的和一筐子丽江趣事的
地　　址：丽江束河古镇康普巷
电　　话：15812222540

非玛 313 音乐火塘

从贵州大山里出来的布依族男孩亚非，为了与生俱来的梦想，兜兜转转来到束河，找了个雪山脚下的院子。做摄影师、歌手，开始拍微电影，继续写文字，圆梦之旅才拉开序幕。在丽江停留多久不重要，重要的是我们还能相遇。备足了歌声美酒，等你来共鸣

适合人群：音乐发烧友、率性好交友、想要记录青春光影者
地　　址：丽江束河古镇仁里路红叶巷
电　　话：13769031980
博　　客：www.douban.com/people/1357839/
微　　博：weibo.com/u/2017552877

咖啡时间备选

古城

布拉格

书架上的留言本就告诉你这家店有多资深。空气里飘着一种圣诞过后的温馨，让人沉醉。咖啡不错，提拉米苏最正。一贯地价格温柔，服务得体，在老外旅者中的口碑不错

适合人群：想体验平和丽江味道的人
地　　址：丽江古城新义街密士巷 80 号
电　　话：0888-5123757

井卓

密士巷号称洋人街，十年以上老店极少，井卓就是传奇。改装后，一楼卖东南亚风情的小东西；二楼有天地，空间清爽而温暖，书架上摆满的外文书籍告诉你，老外爱呆这

适合人群：喜欢洋气调调的
地　　址：丽江古城新义街密士巷 32 号
电　　话：0888-5186431

古城 1/3 理想咖啡

洋人街隐秘的巷子里，一墙书，够你看的；歪在沙发上，抱个笔记本，一杯柠檬水也可以泡上一天。主人描描和公路的一帮朋友们喝酒唱歌热火朝天，你又怎么忍得住不加入他们呢?

适合人群：年轻，喜欢音乐的人
地　　址：丽江古城新义街密士巷 32 号
电　　话：0888-5177351

尼雅画廊

艺术家扎堆的地方，窗边临河一坐，梦幻而柔软。尼雅的油画价格不菲，视觉冲击力极强。够胆的留下来做义工兼模特，体验尼雅画廊的自在生活

适合人群：喜欢咖啡和艺术的、想偶遇明星的、想看风景的

地　　址：丽江古城大石桥百岁坊 9 号
电　　话：13987041928
博　　客：blog.sina.com.cn/niyagallery
微　　博：weibo.com/u/1398948981

左岸咖啡

店名符合文艺范儿，是家老店。坐在窗边等现磨咖啡和现做的 PIZZA，一伸头下面就是清澈的河水

适合人群：小资情调、文艺范儿的人
地　　址：古城大石桥边小木桥前行 30 米
电　　话：0888-5106605

束河

小猫钓鱼

主人俩像店名一样可爱俏皮，台湾的小鱼和南京的小猫，组成最佳情侣拍档。奶茶、咖啡、普洱奶茶、酥油奶茶等各色时尚饮品，款款打动人心，现做现卖。混熟了就要提防他不收钱

适合人群：年轻，时尚一族，适合外带
地　　址：丽江束河古镇街尾村 94 号 四方街东侧 20 米
电　　话：15240987361

素人甜品

白色的小号咖啡店，桌子的野花是主人自己弄来的，一派田园风光。一杯咖啡，一块点心可以打发整个下午，习习凉风，阵阵乡村歌曲，好好享受

适合人群：喜欢田园风的，喜欢看路人的
地　　址：丽江束河古镇中和路 6 号
电　　话：猫妈 13208887069 猫爸 13187750646

旅行纪

咖啡、奶茶、手工烘制的小点心。这里的书可看可买，音乐不错。明信片很多，寄给现在的朋友或是未来的自己，看那一分钟的心情

适合人群：有时间的小清新，15 元左右的消费可以在这耗半天

地　　址：丽江束河古镇中和路 18 号 束河茶马古道博物馆旁 100 米
丽江古城光义街忠义巷 47 号
电　　话：15969381313
微　　博：@ 旅行纪咖啡馆

束河 1/3 理想西餐厅

束河店龄较长的披萨店。咖啡、提拉米苏也值得推荐
适合人群：小资，白领，老外，喜欢西餐的人

地　　址：丽江束河古镇龙泉路束河完小往西 30 米
电　　话：0888-5118879

白沙

这里 THE HERE

现代灰色铁柱配上大幅玻璃与雪山下古老木瓦小院嫁接，再加几个韩式打扮男人，院子里一个张扬的披萨烤炉，组成了“这里 THE HERE”。一下让白沙老街活色生香起来。这里，有纯正咖啡，美味披萨，进口音乐

适合人群：时尚人士
地　　址：丽江白沙古镇 58 号
营业时间：10:00 ~ 18:00 每周一休息
电　　话：0888-5396997
微　　博：weibo.com/u/2693543361

吼出来的生日礼物
——正龙量贩KTV

我们这拨驴友在旷野中吼了崔健，觉得不过瘾，从白沙奔 KTV 吼罗大佑李宗盛王杰童安格。青春要一次吼完，隔夜会变味，大头生日，他请。我们 K 够 K 累，摸钱包找手机要走，啪的一下，屋里黑了。探头一看，四十米道黑乎乎的，停电了。走吧走吧，反正要走了。小妹进来说："不好意思，房费就不收了，给你们一张优惠券，下次再来。"大头不客气，当做生日礼物收下。

第二次，我们去分享吼出来的生日礼物。我们歌唱跳舞快乐简单。HIGH 够了去结账，大头手贱点了"温暖"，他从绿色的仙草丛里借景，换口气准备抒情时，音乐停了，那边结完账关机。他把"你的笑容多温暖"活生生地咽了下去，噎着了。小妹进来说："不好意思，不知道还有人在唱，不算房费，给你们一张优惠券，下次再来"。大头又拿了，算什么？生日礼物？

几天后，大头又约我去 K 歌，"你还过生日？"我问，大头掏出优惠券"人家非让我过不可，这生日过不去了，还得过"。我可不是随便的货，人家已经那样了，我好意思这样吗？我不去，才能和大头这个心理强大的货拉开距离。

贴士：

很地道的KTV，很卡拉很OK。本地人外地人外国人外星人，无论国籍肤色口音都是一个价。"我作证"，大头拍着胸脯说。这个暴力醉人在正龙砸过东西，还伤了自己，被工作人员送到医院缝针醒酒，医药费还被正龙给付了，损坏的东东按批发的进价赔偿。"真的"大头胸脯都拍紫了

适合人群：本地人外地人外国人外星人，好友驴友七大姑八大姨

特色：服务，还是服务

人均消费：不一，依酒量而定。不喝酒20元/6小时

提示：此乃云南首家量贩KTV，纯素，有怀旧价值

地址：**正龙金甲店**：丽江古城区四十米道金甲市场南侧

正龙花马店：丽江古城区黑龙潭公园正门跟花马街的交叉口沿花马街走50米，右手边

电话：**金甲店**：0888—8880066 8881166

花马店：0888—8899055 8899077

营业时间：12:30—02:00

交通：**金甲店**：3-8路车直达，招手即停。平日1元/人，春节2元/人。

花马店：承3、4、6、8、9路公交，在黑龙潭站下，再沿雪山方向步行50米

享受不一样的享受

——水艺年华水疗商务会所

我跟胖子是在水艺年华泡澡时认识的，也许当时光着身子赤诚相对，所以才处了这么多年。人啊，坦诚最好！

胖子洗洗不睡，非美美地吃上一餐不可。我问："自助餐对外，你不用桑拿也可以吃呀？"他答："衣帽光鲜地坐在一群穿着浴衣浴裤的货中间，一看就知道是个吃货"。

老猪喜欢在大池里泡着看球赛，边泡边感叹："在现场能这样就完美了"。阿拉伯石油巨富都要一袭白衣地坐在看台上，想裸看，没门。大头对亲亲鱼很感兴趣，一下水，一群群小鱼冲着他啄，痒痒的还带弱电。一惊，全散开，一静，绕个圈回来。"人类与自然从未如此接近"，所以他没事就去享受人与自然。

小酱油是去睡觉的，包吃包住，洗洗睡睡，不查房不交押金，何乐而不为？我捏脚的时候，听到一声哎呀，奇怪，我没感觉到疼啊。原来是捏脚的哎呀，我问："怎么了？""你骨头梗得手疼"。啊，我是个硬骨头，终于被捏出来了，所以我得闲就来秀我这把硬骨头了。

我们去同一个地方，睡觉，吃饭，看球，捏脚，鱼疗。你享受你的，我享受我的，享受不一样的享受。

贴士：
老客户多，重装期间，拖家带口组团参观，TA们纷纷对水艺年华的装修风格和发展方向发表了重要讲话，鼓掌

适合人群：饮食男女

特色： 老店新装，纳西式室内设计风格，七岁。健身、台球免费，自助餐免费，上网免费。水池水一天一换。有针对男士（148水艺18套餐SPA）女士(188膜澄诱惑)特色优惠套餐

人均消费：98元/20小时（净桑拿）

地址：丽江古城南门停车场对面

电话：0888-8881199

营业时间：24小时

会吃

人多的地方，按理不用担心吃饭问题

古城饭馆的价格淡旺季没有很大的波动

某些酒吧的价格就会按季调整，在酒吧就餐也比在饭馆要贵点

一般中餐馆人均消费在20~70元

热衷西餐的人可能不大关心价钱，反正也不会叫你咋舌

只是最好到专门的西餐厅去，味道正点、价格适中

有一种很“布尔什维克”的就餐方法

不用点菜，有什么上什么，人多特别畅快

满满的一桌全是地道风味菜肴。管饱管好

每人每餐银子若干。杜绝浪费

时光不被催促 何等奢侈

——玉泉水磨坊花园餐厅

说起来有福气的游客实在没几个。因为每个人心里都会珍藏着一个小时候的欢乐之地，散发着迷人的光芒。但是，又有几个能重游故地呢？

自从发现了珍藏着欢乐时光的水磨坊餐厅后，俺已晋级到有福的少数人之列啦。有一个地方，在丽江，给我兑现了那欢乐时光。

没有一家餐厅像它一样，要经历这么优美宁静的小路。从大水车沿玉河逆流而上，小河轻唱，老树庇护。这是多好的饭前开胃菜啊——配得上舒曼的钢琴曲的绿荫小道，如同一件称心的礼物。

我们走在这条路上，“去吃饭，吃饭去。”那个刚崴了脚的家伙，痊愈了？

当我发现他家还有个靠后的纳西庭院，我生气了。上次带我来的人不够意思，把我领到前面新建的区域。而眼前这个被本地人占领来嗑瓜子、打牌、给小孩放风的院子，真正触动了我。看来，老板把我当哥们儿了。带我们上木楼，推开门，外面树林的绿意迎面扑来。“夏天，不知不觉天黑下来，萤火虫在窗外飞舞。”开窗，一只蓝色凤尾蝶扑向自然。他那得意样，好像那蝴蝶是安排好的芭蕾演员，完美诠释了口口声声的“抑制不住的舒服”。

这个老兄在外闯荡多年，现在回来用心于餐厅。年轻时向往远方有更大的人生。多年后，看见自家院里的金子闪闪发光。之前视力不佳？“丽江有另类的奢侈，雪山下，开瓶红酒看月亮，比拿个爱马仕、LV酷多了。”太不像话了，不给面子啊，搞得我像个穷人。

老板他娘香港阔太太富贵模样，在厨房揉着一碗鸡肠子。压力不在于努力的人比你牛B，而是牛B的人比你努力！好吧，我更愿意把这当成富人的怪癖。老板他娘凭借好手艺好人缘，一手建起餐厅，收服了看似平和实际挑剔的纳西人。

本地人钟情水磨坊餐厅多年了。那些小时候在水磨坊旁的河里游泳的长辈，以及现在还小的孩子们在这里吃饭、游戏。时间悄悄流过，曾经的如今的小朋友，在树林里摘核桃、追鸟的笑声里慢慢长大。

时光不被催促，何等奢侈。

有福之人，归来吧，花几个小时吃顿饭，奢侈是轻易的。

那个脚已好的家伙左一勺右一勺地把花椒鸡的卤汁舀来拌饭，咂着嘴：“有丽江，不错；丽江有这样的地方，不错。”

贴士：
早年，这是个大户人家，院子里放着水磨，以磨面为生。因为远近只此一家，十分殷实。到了房东的爷爷那一代，来了个人，让把堆在门口的谷物稻草尽快移走。没人在意。几天后，一场大火把家业烧光了，从此败落
马阿姨威武，相中这里后一心光复水磨坊。保留了大火后幸存的一栋木楼（有100多年历史），又在旁边新建了几栋。新院靠前。想体验纳西院落的，老院请
适合人群：不想在古城人挤人，又不想走太远，口味、环境都不能委屈的
特色：纳西菜，以前富人家喜事才能吃到的精细的八盘四碗，本地人也没几个有他家做得地道；特色滇菜、川菜。能让崴到脚那个挑嘴难养活的，吃到不顾形象汤汁拌饭，不容易
门口一道石桥紧连林荫小道，吃完饭出来，一幕十八相送的场景，有点梦幻
提示：要吃八盘四碗，提前预订
老板：“名字，只是个代号”，不知道怎样才学得会这老兄的慷慨待人
地址：丽江黑龙潭公园正门左旁树林里（古城入口大水车沿玉河逆水而上10分钟）
电话：0888-5112600 5131633 13988844268

唠叨婆现在拽得很

唠叨坊

唠叨婆语录：①

"我不要生意好，累不得了"

唠叨婆语录：②

"我做了二十几年饭了，怎么会不好吃"

"做菜怎么能快，快了就不好吃了"

唠叨婆语录：③

本来说更新一下语录，可是如今唠叨坊生意火爆，唠叨婆难得见了。除非实在等不得上菜，扒开那些没桌子的新来客，推开厨房的小木门，就见她一个人对付5口锅，炒的、煮的、炸的。唠叨婆深知餐饮的核心竞争力还是在味道上，所以，她隐居在厨房。同时，招牌唠叨不能少，把侄女搞来代工。这代工的也不把自己当外人，唠叨退为附赠品，虐待客人成了主打。受虐狂、重口味有福了。发挥失常的时候，把你追打到大石桥。

这个不把自己当外人的说：唠叨婆现在拽得很，每天营业额上了3000块就不做了；啤酒，上了5瓶就不喝了。没人擦桌子也没有Menu，唠叨婆大吼一声，自助！听上去更像：自虐。有个老吃客说了，她拽的资本是"大不了关掉"。从无到有，从有到无一转念而已，看的透得很。

卫生实在不乐观，问著名洁癖曾姐："你这么挑剔，怎么还来吃？""我见过她做菜，干净。"这怕是古城唯一没装修过的营业场所了。有个疑似成功人士的家伙说："要是我就装修得高档点，又不缺钱。"另一个疑似领导的家伙说了："蠢材。"吃货们全大师了："要是听别人说不干净、没档次就装修，那就完蛋了。""干净是个陷阱。""一装修，成本就高，摊到你头上，你还来吗？""玩的就是反差，哪里都装修，一进到这里就折服了。"

我算明白了，来唠叨坊吃饭，不是犯贱，就是真贱。要饭，要酒，要酸梅汁……自己动手，木老爷也要自己动手，给5块小费也不干。

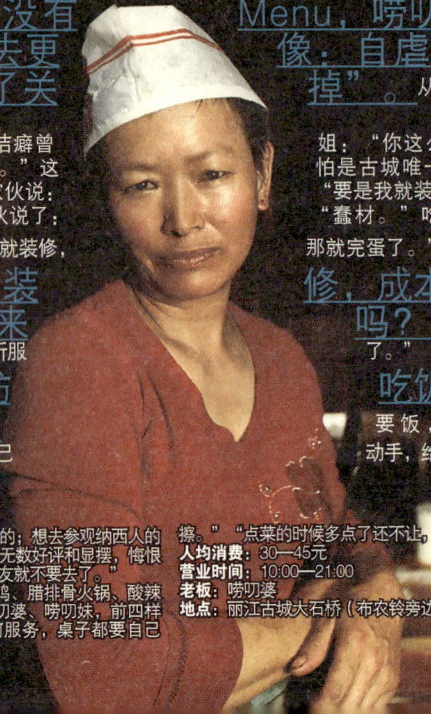

贴士：

适合人群：想对得起自己的嘴和钱包的；想去参观纳西人的生意哲学的；不想回家一上网，看到无数好评和显摆，悔恨命运弄人的。"要是太在意环境的朋友就不要去了。"

特色（由网上客人点评）："黄焖鸡、腊排骨火锅、酸辣鱼、山药炖鸡火锅、红烧牛肉、唠叨婆、唠叨妹，前四样是菜，后两样是人。""没有任何服务，桌子都要自己擦。""点菜的时候多点了还不让，加菜要看小妹心情。"

人均消费：30—45元

营业时间：10:00—21:00

老板：唠叨婆

地点：丽江古城大石桥（布农铃旁边的巷子内）

风景里的餐桌

——大石桥小吃

德国科学杂志 Geo Wissen 说，一个人一生近 5 年的时光从碗边流过，全部用于吃喝。

所以每次来丽江都按捺不住去大石桥小吃河边的风景桌坐一下，至少可以艳遇风景。三月粉团花开满头顶，看河对岸或大石桥上的人们进行一个个欢乐的仪式——拍照，有和尚、驴友、学生、官员、村姑……；各款美女在其间逆流而上或顺流而下。再看看那个喜欢旅行、到过韩国交流的老牛摄影师，扎着发白的头发安静地坐在他的老书店门口。流动的人潮，实在是动态的安静呢。此刻，他们是我的风景。

有个兄弟朝我这边用相机构图，我亦是他的风景。隔壁桌的姑娘黑发飘扬，是风景里的风景。

老板娘来加茶水，说："你们会享福，就会坐下来歇歇，看看风景；命苦的就继续走。"

音乐和人群随着黄昏热闹起来，这一天中最催人心动的时刻，壮我熊胆，我忽略老婆在场，转过头对那黑发飘飘说："'如果我能够重新活一次，在下一生——我将试着——犯更多的错误，我不再设法做得这样完美，我将让自己多一点放松，事实上，我将认真地做更少的事。'你看，博尔赫斯这辈子如愿以偿，咱们一起在这个风景里的餐桌吃点风景，是生命中的正经事。"

"点菜才是正经事。"老婆如是说。

贴士：

偷听到一个美女打电话："来丽江你没吃过大石桥小吃？没吃过大餐也至少吃过她靠之起家的黄豆面吧；没吃过黄豆面，也至少喝过茶吧；没喝过茶，也至少和老板娘说过一句话吧。快过来，找个人请客。"

特色菜：黑山羊火锅、纳西烤鱼、纳西烤肉等纳西传统菜。纳西原住民还在古城里做餐，很难得了，加拿大总理和各种名流都来吃过哦。

提示：小河边有9张风景桌，趁早去占。点杯茶坐着看风景，最占便宜啦。当然你看对岸的人们像演电影一样，也要换几个造型给人家拍拍才厚道。

人均消费：35—50元

营业时间：10:00—22:00

老板：肖大姐

地址：丽江古城四方街5号大石桥边

电话：0888-5181338

“我曾在他们门口徘徊了许久又沉吟了片刻——还是走了，难得等。”

客栈老板娘百合在丽江4年都没吃着这传说中的鱼。

我们7点杀过去，没到门口就大吃一惊：怎么丽江还有人坐在大街上乘凉？到门口，又大吃一惊：里边吵吵嚷嚷很高调。其实，不全是四川人。

排到45号，坐在一楼堂口等。服务员拿着扩音器对候餐的人喊：“31号、32号”，像在喊9602次列车的旅客请检票上车。

意志力薄弱的人提议换一家，老苏说：“闻着那么香的味道，再等等。”眼神从未有过地坚定。

其实没等多久，服务员带我们上三楼。哇！像是到了气派的西餐厅，窗外雪山在前，落日在左。万幸啊万幸！这最好的景观没被包房霸占。

“山药是才切出来的，会慢慢变黑。”“卫生间在楼梯旁边，很近。”这样的服务在丽江罕见，无愧雪山美景。

对于我这种怂人，这儿让我有点心慌——沱江鱼府

老苏夹起透明的鱼片一涮、一蘸，眯着眼放到嘴里，满意地点点头，然后说："看见没有，等待是值得的。"

一会儿，小妹送来汤圆；一会儿，又送来果盘；再一会儿，隔壁桌的也越过卡座高靠，送来金鳟生鱼片（点多了）；OH，NO！对于我这种吃过太多亏的人，这让我有点心慌。

这一顿5个人吃了一百二。

我想向老板致敬，如果下次他给我们插队的话。

在丽江，贵是常态，他生意好得不能再好，还能如此便宜，这家伙的内心有多强大啊！

贴士

适合人群：想在丽江吃好、又不用太花钱的驴友、小资、情侣。也可接待团队，去了以后发现：吃惯了团队餐的人，来这里，会泪流满面的

特色：1. 鱼，现点现做；小妹原话："你们相信我们的话，我们可以帮点；也可以亲自去点了看着称。"她帮点的，端上来一看，分量刚好，不枉信任；2. 一鱼三吃，生鱼片（可涮吃）、煮鱼排、炸鱼皮，不论做法，按鱼大小称斤算，锅底另计；3. 饭点去就等吧，桌位随机安排，能看到雪山的黄金位置仅用来检验你前世的造化；4. 可预订，留桌30分钟

设施：配备包间、雅座；提供婴儿凳

人均消费：25—60元 丰俭由人

提示：1. 因为便宜，很容易就点多掉，这是有罪的。我们就遭遇了隔壁桌吃不完送的虹鳟；2. 要祈祷的是：隔壁不是一桌四川人或喝酒的上海人

卫生间：有，在楼梯对面，非常近

地址：丽江新城花马街加油站对面

电话：0888-5398881 5398818

营业时间：10:00—22:00

看到没？她眼里的热情已经可以把牛排烤熟了——花间堂餐饮

这里

意大利茴香西餐厅

花间堂搞一个充满情调的意大利茴香西餐厅，一点也不奇怪，这是花间堂一贯的调调。怎样从杯盘碟影里唤起深情，让人在饭前、饭中、饭后，都忍不住凝视坐在对面那一位，估计是老板心领神会过的。如果你和某位在这里点上一碟意大利面、葡萄酒、牛排，显然这段关系已经超越了小年轻们的小清新小恋爱，而是像这里的大厨挑选食材一样坚定、深思熟虑，耐得住岁月和内心的推敲了。

在这丽江旅途中难得的体面之地，穿件像样的衬衫，头发打理整洁，往盘子里加黑胡椒前问问对面要不要。看到没？她眼里的热情已经可以把牛排烤熟了。

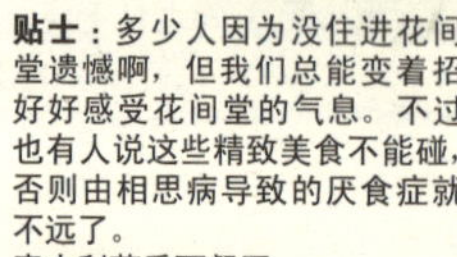

多多的面包树

安徒生会喜欢，安房直子会喜欢，宫崎骏会喜欢，郑渊洁会喜欢……这里弥漫着童话中才有的芳香气息。喜欢童话的我们，爱这里。

丽江，怎么能没有童话呢？这儿的面包，是七个小矮人给白雪公主做的美味；这儿的咖啡，是每天早晨小王子还没来到玫瑰花前就飘在空气里的念想。这儿的朋友们，是一起找到七色花的快乐伙伴。多多，一进门就是它的照片，这只自由又不尽职的猫，不守店，总爱在瓦顶、花园闲逛。

二楼上，童话的下午，灰姑娘小红帽大灰狼，都各就其位了。

贴士：多少人因为没住进花间堂遗憾啊，但我们总能变着招好好感受花间堂的气息。不过也有人说这些精致美食不能碰，否则由相思病导致的厌食症就不远了。

意大利茴香西餐厅

特色：来自意大利的高级厨师大有来头，意大利伦巴第纯手工面、自制土豆疙瘩、牛肝菌饺子……听完推荐霸**气点**：“好吧，大不了明天我还来。”

地址：丽江古城五一街文治巷97号花间堂植梦院旁

多多的面包树

特色：啊……芝士蛋糕、提拉米苏、21种面包协同咖啡一起引诱我，敌人太强大了；在二楼赖着不走，全是童话书，看完就幸福了。来打赌，看你会不会碰上那个懂心理学的服务员送一杯咖啡

地址：茴香西餐厅对面

桔梗餐厅

特色：常有潮人坐在门口桌前聊啊聊吃啊吃，主营的本地菜，很得宠

地址：丽江古城五一街文华巷55号怡池院旁

饮绿轩茶座

特色：狮子山上点一杯咖啡，俯瞰古城，体验心内的高原反应。然后佯装去洗手间，是饱花间堂隐泉院眼福最好借口。提示，有引起强烈入住愿望的危险

地址：丽江古城新华街翠文段36号

那儿个至今仍在丽江的人，坚守意外地给他们带来了财富，但在某个清晨，他们独自喝上一杯的时候，往昔的丽江就会浮上心头……

吃体面的面包比体面地吃面包更重要

——红蝴蝶法式餐厅

贴士：

适合人群：想品尝地道的法国味道的人。老板说他的餐厅有教育功能，让人们知道真正的法国人喜欢吃什么样的菜。银子多的人吃最贵的288元的牛排会觉得物有所值，没银子的人可以理直气壮地去吃5元的面包，10元的冰激凌

特色：正宗的法国菜。对原材料和制作过程都相当负责。除了甜点类，其他的法国菜都由老板亲自主厨的，跟随了他七年的店员至今未能偷艺成功。老板也充分利用本地一些原材料，比如羊肚菌，腌肉

特色菜：牛排（原料都是进口的），三文鱼（可以吃新鲜，也可以吃烤的）青稞面包（香格里拉的青稞，法式的做法），法式长面包，杏仁瓦片，冰激凌

人均消费：甜点消费因各人对肥胖的恐惧程度而异。点菜人均100元左右

店龄：老店有3年的历史。新开的这家店开张半年

设施：二楼有钢琴，三楼有乒乓球桌，四楼的露台可以看古城

书籍杂志：少量书籍杂志，是为了让人专心致志地吃吧

厕所：有

营业时间：09:00—23:00

提示：别被老板的外国长相给唬住了。他中文很好，也很爱聊天。有时间可以陪他练一下中文

地址：丽江古城区玉缘桥玉河走廊高台3-3号

老板：亚历山大

电话：0888-5171791

第一眼印象，餐厅的格调不是那么有法式气质。很多甜点放在通常用来装腌菜的坛子里。地上躺着个大号的空的写着“砂糖”的白色编织袋。第二眼印象，“体面”的是食物。甜点品种繁多，主人不小气，因为不担心卖不出去。二楼沙发有些旧，但丝毫没有影响人们对这里美食的贪恋。来的基本是老外，基本是熟客。主人亚历山大，这个在中国18年，丽江10年的法国人已经在丽江扎了根，他说自己没有回去，不想离开。

“10元钱的一碗牛肉面，除了一片牛肉，其余都是味精。”他这样形容中国的牛肉面。他对食材很敏感。他说人们忘了季节的不同，7月的番茄与12月的番茄是不一样的。他坚持Little things make big difference。做学徒的小伙子两天浪费了两大袋面粉。做出来的面包也许是盐的量不对，也许是发酵时间不对，反正亚历山大让他爱送谁送谁去。他便真的全送给了老奶奶们。小伙子语气里仍有抱怨，似乎至今未能与亚历山大苛刻的一丝不苟达成和解。

亚历山大是个狡猾的商人。有小孩子来买冰激凌，他慈爱地对店员说，多给他一点。其实他想的是：小孩子喜欢了还会来买，他回家还会带动他的父母吃。亚历山大是个计较的商人。他抱怨着原材料涨价太快，“黄油从18元涨到了32元。”不过，这些并不让人讨厌。他的精明中显出本分，勤劳多过于贪心。

这家伙是十年前从北京骑摩托来的，
他说：“我没有回去，不想离开。”

别只顾吃，你听到我说的没有？

——大佛真味腊排骨

“CCTV 上过两次的馆子，丽江怕就只有我们家了。”

“TVB 年庆美食节目还专访嘞。”

“一般小吃都说自己什么麻辣鲜香，说了等于白说。我们家的，确实，非常，香。”也是白说，我觉得。

“旺季的时候场面很恐怖。”

“留一桌很难，早来早吃。”

“丽江做腊排骨的很多，但有智慧的游客，还是会打电话、Google、百度我家地址。”

“少数民族服务员，个性强，就让他们发挥嘛！没事唱唱歌，忙起来的时候会有点服务不周，没关系。”

“淘宝上搜‘大佛真味腊排骨’，快 5 钻啦！”

这种自信就像湍急的泉水，源于当家的文哥每天早上 8 点去市场上收买好排骨，每一扇都自己挑；每一大锅煮出来，都要尝。10 多年不变。这两条都是表象，没做这行都觉得很容易。那本质呢？文哥很大方就抖出来了：

“1. 要勤快 2. 做诚信，包括对自己，不要看到生意好就骗自己可以偷懒 3. 做什么无所谓，只要自己开心。”说这个话的是现代腊排骨 CEO 文哥。

“别只顾吃，你听到我说的没有？”

贴士

特色：1.腊猪脚每年只腌一次，一次腌半年，限量的，味正；2.锅里已配：韭菜根、大白菜、番茄、西芹，其他本地特色蔬菜看墙点；3.二人小锅，四人中锅，五人以上大锅（均已按吃货级别来算），可单独加大、小碗腊排骨、腊猪脚；4.特色主食：水焖粑粑、饵块；5.生意太好，无预定，旺季一般晚8点就没有了；6.店外有歌手卖唱助兴，喇叭开得很大，风格从蒋大为到伍佰，加上吃货们都很Open，讲究高雅用餐者请绕道

人均消费：35—50元　**店龄**：24年

营业时间：10:00—20:00

提示：腊排骨可现做成真空包装带走，没有防腐剂，也可网购

地址：丽江象山市场正门向里走50米左手边第二排（周边都是卖这个的，擦亮眼）

老板：文代纤　**电话**：15012223036 0888-5139779

淘宝店：shop34700607.taobao.com（搜“大佛腊排骨”）

请你到未来丽江首富家吃饭

——束河成都小厨房

要检验一个人对你的情谊，就看吃饭的时候，他会带你去哪种场合。如果有一天他带你到成都小厨房，就说明他拿你当朋友了。

我跟你说，那帮吃货想赠送我一个绰号，我没接受。这个绰号叫“香椿煎蛋”。去成都小厨房，如果没人拦着的话，我会点香椿煎蛋。每次面对这道菜，我必要赞叹不已。要知道，如果把它放在悦榕庄的餐桌上，买单的时候你会发现，标价￥200。

他们怎么能这么实惠呢？丽江的餐馆普遍都很贵啊，也太不讲商业规矩了。店主小华说，做生意就为了多赚钱，不过实惠才有常客，才赚得到更多的钱。

我觉得也是。世间最容易被人蔑视的黄金法则：我们总是对眼前的可能性估计过高，对长远的可能性估计不足。信不信？多年以后，你再来看，说不定成都小厨房已成丽江首富。

有些人来这里吃饭，动机不良。他们想获得吃以外的附加值。因为这里也是束河商业信息中心，客栈转让、生意景气指数、投资咨询、人才交流、房东信誉、江湖恩怨，在碗筷声中搞到手。

现在，我们去哪家吃饭？几个束河老混混一脸苦相，把难题抛给我这个老实人。好吧，成都小厨房。安全第一嘛。

贴士：

适合人群：适合各类消费者，本地人、游客，怕辣的，怕不辣的，喜肉食的，喜素食的。一个人也可以来吃碗炒饭或者面条，店主不会因为生意火爆而拒绝你，只要你有足够的耐心等候

特色：川味，实惠到笑，一开业就成了束河各路人马的食堂。提供水煮系列，麻辣系列，凉拌系列，腊味系列，清炒素菜系列菜品

特色菜：透露个秘密，他家的菜样样都好吃，但是有一个菜，是连碎渣渣都会被抢光的，那就他家的泡菜

人均消费：15—30元

店龄：2年

设施：简约朴实，格调明快，半开放式，有临河平台。进去不会有被宰的感觉。提供免费抽纸、免费茶水、免费泡菜、免费瓜子或花生。运气好的会碰上他们提供免费家乡土特产，碰上的几率视他们回四川老家的次数而定

书籍杂志：基本没有，餐馆生意太好，人太多，不适合看书

厕所：有

营业时间：06:00—22:00，开门那么早，解决了束河的早点铺很少的难题

老板：陈师，包工头，据说大半个束河的客栈都是他或装或修的，总见他骑着电瓶车在束河石板路上抖来抖去，很威风的那个就是。餐馆真正的老板是陈师的女儿陈云华。女儿女婿儿子皆厨师。陈师老婆做掌柜。每个人都一专多能，随时根据需要变换角色

地址：丽江束河古镇康普巷

电话：0888-5164418

跟着嘴巴走，有多远吃多远

——美泉三文鱼食府

2.我们有多远吃多远，带上嘴就走。用嘴巴旅行，一汪口水向东流，别有滋味在心头。胖子胃口极好，我怀疑他的包里藏了一个外挂胃，1个T的内存。

1.胖子是吃货，我也是。

3.每次吃饭都听胖子，点得好，赞一个。点砸了，骂几句。他不生气，哈哈一笑，有褒有贬，万物相生相克才能守衡，明白人。吃虹鳟鱼没他什么事，难道要跟小妹说："来一锅腊排骨"。这哪是吃，踢馆来了。

4.胖子每个月都有那么几天非来不可，谁让他是个高级别吃货，好这口。让他痛心的早些年没想到这泉水，他是本地人嘛。“如果把水团住，弄个矿泉水，请人把脚打断都可以躺着吃了”胖子很懊恼。每回撞见气势汹汹的外地人，不是吃好，冲着吃饱来的，“不懂吃不会吃，世风日下吃风不正”，他说。人多了，要是被Discovery广而告之，伪吃货微博控美食秀哗哗到来，后果将不堪设想。他对美泉三文鱼庄感情复杂，理不清剪还乱。

5.不过胖子信心满满地说：“今天的丽江已经悄悄地出现了一种活物，名气直逼宣科”。“什么活物？”“喝雪山水的虹鳟鱼，跟宣科一样独一无二绝无仅有！”

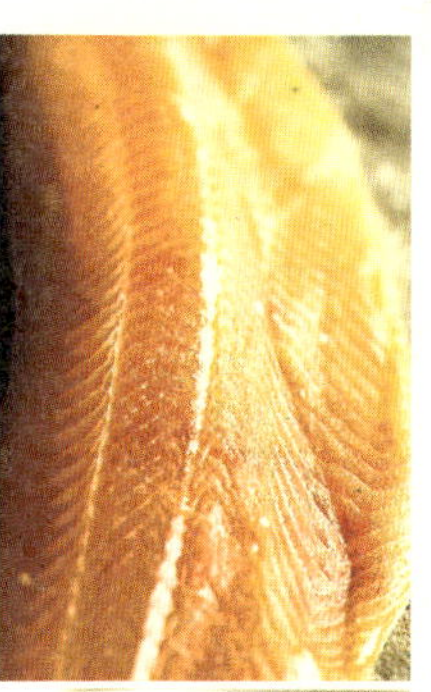

贴士：
三文鱼和鳟鱼是一个系统，不是一个单位，虹鳟鱼喝矿泉水，三文鱼喝咸水。可为什么把虹鳟鱼叫成三文鱼，也许出来混总要有个名头，周润发刘德华入戏以前不叫周润发刘德华，所以三文鱼是虹鳟鱼的艺名？虹鳟鱼的生活干净透明没有隐私。一天到晚游泳的虹鳟鱼，游着游着自然而然的圈成了太极图谱，一圈一圈，有境界。道法自然有渊源也有说头，我们把自己排除在外。美泉三文鱼食府的虹鳟鱼用雪山水养殖，冰冰凉透心亮，别忘了多带几个空壶，别处喝不到的雪山矿泉水

适合人群：好吃会吃懂吃爱吃之饕餮

特色：此乃“云南省渔业科学研究院丽江冷水鱼类繁育研究基地”。喜欢哪条用手指指，马上捞起送厨房，分分钟出炉，秒秒钟新鲜。自产酒，入口温软，不打头。所剩无多，喝，喝一杯是一杯，喝一杯少一杯

人均消费：40—60元

提示：舌尖上的丽江，带着对食物的敬意和感情的大制作。一鱼三吃，鱼头骨做汤，鲜！生鱼片，味美！炸鱼皮，酥软！感觉真的很美妙，吔！

卫生间：有

地址：丽江拉市海美泉村三文鱼养殖基地

电话：0888-5441888　5443777

营业时间：11:00—21:00

交通：距古城10KM ，20分钟左右。古城忠义市场乘去拉市海方向海北的小面包车，车费每人6元，5-6人可发车，在美泉村口下车，几步路ok

吃的备选

古城

阿张炖肉

在这里，我一个猫吃饭都能吃三碗。有顾客留言说："菜很好吃，老板很酷。"
适合人群：不吵闹、爱美食的南北方人士
特色菜：阿张蜜制红烧肉、糖醋小排、酥炸茄条、柠檬土豆片、豆腐海带汤

人均消费：18—35 元
营业时间：11:00—21:00
地　　址：丽江古城七一街八一下段 79 号
定桌电话：0888-5101663

心园小吃

一群不同年龄的纳西姑娘媳妇，一排不同品种的荤，素菜筐。进去厨房指的这个那个一说，就放心坐着等好吃的吧。在丽江一般明码标价的都很吓人，这里的标价很温柔实惠
适合人群：如果要找多时未遇的老友、要听古城的八卦，顺便还能吃到好饭菜的，去吧

特 色 菜：松茸炖鸡、豆沙夹肉、豆花汤
人均消费：20—35 元
营业时间：10:00—21:00
地　　址：丽江古城兴义巷（和府皇冠假日酒店后面）
定桌电话：13988873603

前生缘

拐上二楼，就要准备好和同伴的关系要伴着小火锅升华了
适合人群：想坐近点畅聊、畅吃的食客
特色菜：小火锅，闻着香就自动进门了

人均消费：30—50 元
营业时间：10:00—21:00
地　　址：丽江古城七一街八一上段 35 号
定桌电话：0888-5105159

新城

老丽江

生意好到招牌都不用挂，吃客们转身看看身边的人，"是在哪里见过呢？哦，上次隔壁那桌"
适合人群：从老吃货那挖到消息的
特色菜：炸豆米肉园子、青椒炒老火腿、水煎乳饼、油炸小白鱼

人均消费：16—35 元
营业时间：11:00—21:00
地　　址：丽江古城北入口（大水车）与新城民主路右交汇处华都商贸城内
定桌电话：生意好得很，不接受预定，来了现找空桌

随意小吃

开了十几年的老店，吃着有人在后面等着，桌子使用率太高啦
适合人群：想吃好又想价好的
特色菜：卤猪尾巴、卤猪蹄、蒸菜、炖菜、炒时蔬

人均消费：20—35 元
营业时间：11:00—21:00
地　　址：丽江新城长水路金凯广场对面
定桌电话：不接受电话预定，谁来谁吃

丽江民族风味

一个不起眼的路边餐馆，一次偶然的选择变成我们在丽江经常的选择
适合人群：同事、朋友正常吃饭，没有负担的选择地
特色菜：砂锅杂锅菜、小炒肉；特别推荐一种豆，我们起的名字是"猫眼豆"油炸、酸菜炒都很好吃

人均消费：18—28 元
营业时间：10:00—21:00
地　　址：丽江古城区长水路金凯广场对面（玉龙县医院往西 200 米）
定桌电话：13097449202　15240984053

家和火塘鸡

一家子就在自己住的小院里把鸡、猪汤锅红红火火地做起来。鸡汤很好喝，蔬菜新鲜，价格实惠。打电话订，人还没到，洋芋、茶就帮你烤上了

适合人群： 到丽江喜欢吃真味火锅的

特 色 菜： 清炖鸡火锅、烤洋芋、水闷粑粑、铜锅洋芋饭

人均消费： 20—35 元

营业时间： 10:00—21:00

地　　址： 丽江古城区象山市场大门斜对面

定桌电话： 13308884897

永胜小餐馆

不管哪天去，老板家二口子穿的衣服之干净根本不像是开饭馆的。保鲜冰柜与桌椅地面就两字：干净。不要以为是没有生意，如果正点去吃饭，要站着看开走 20 辆公共车才有位

适合人群： 像我这种长期在古城混的，或是才到古城有幸被高人推荐来的

特 色 菜： 纳西杂锅菜、炖猪脚、炒时蔬

人均消费： 15—28 元

营业时间： 11:00—21:00

地　　址： 丽江古城南门停车场与七一街交叉口公交车站台后

定桌电话： 不预定，去了没桌子老板会让你先点菜，在旁边玩一下再吃

永胜热河野山药火腿鸡

丽江永胜人善于做吃的，用家乡的鸡和火腿做火锅很是美味。餐厅里随时热热闹闹的

适合人群： 体验丽江永胜传统美味的

特 色 菜： 野山药火腿鸡火锅

人均消费： 20—35 元

营业时间： 10:00—21:00

地　　址： 丽江古城区七星街停车场对面

定桌电话： 13388881888　13368884888

永胜毛驴肉

这家可不是吹的，连夏天去吃饭都需要提前 1 小时霸桌子；冬天就更不消说了，我们去了几次都是人在外面喝着寒风等，心里骂前面的客人怎么吃完了还不走

适合人群： 传说天上龙肉地下驴肉，你懂的

特 色 菜： 毛驴肉火锅、蒲公英等野菜

特别提示： 有道“清煮草乌”冬天吃了很补人，但是，一定先尝下是否可以接受

人均消费： 25—45 元

营业时间： 10:00—21:00

地　　址： 丽江古城区福惠路西段与东干河交叉口

定桌电话： 基本上都是丽江当地人去吃，不搞预定

回族餐厅

清真牛菜馆

开了多年的店，上菜快，味道正，价格合理。已经搬过几次家，但是，我们都一直找着去吃

适合人群： 喜欢传统穆斯林美食的

特 色 菜： 凉鸡、牛肉凉片、烧辣椒茄子、炒蔬菜

人均消费： 20—35 元

营业时间： 10:00—21:00

地　　址： 丽江三家村新城与古城交接地红绿灯旁

定桌电话： 13578388638　13038611100

素餐

聚善缘田园素食餐厅

天然的菜由天然的心烹制，清清静静，端上来就心生欢喜。院子里有玛尼堆和经幡，佛教氛围浓

适合人群： 素食一派和混迹在素食一派周边的人，其实更适合大荤腥的人上那去去油；佛教徒吃纯素的需提前说明不放葱蒜等

特 色 菜： 山茅野菜、野生菌、有机蔬菜

人均消费： 20—40 元

营业时间： 11:00—21:00

地　　址： 丽江古城区福慧路宏文街宏文巷 140 号

定桌电话： 13578382288

束河

壹餐厅

正经的座位少，几乎是沙发席、秋千椅、喂狗台、吹风桌、守田凳，老板娘自学成才，看得出是热爱美食的人

适合人群：吃个饭都要来这家的，是偏头一望的风景都不想将就的贪心鬼

特 色 菜：台式泡菜鱼、萝卜丝粑粑、杂锅菜、黄焖鸡、纳西铜锅饭

人均消费：30—50 元

营业时间：10:00—21:00

地　　址：丽江束河古镇仁里路

定桌电话：0888-5136681

磨牙堂

广东粤菜小样小样的精致，Ipad 点餐，这样也想吃那样也想吃，不知不觉就撑伤了

适合人群：想吃点不同口味的，久在束河的都去他家磨牙

特 色 菜：蟹黄包、干蒸烧卖、干炒牛河、肠粉、蒜香蒸排骨、鲍汁凤爪、黑椒牛仔骨

人均消费：25—40 元

营业时间：08:00—24:00

地　　址：丽江束河古镇**仁里路**

定桌电话：13308880732

粗茶谈饭

菜做得精细，束河许多店主也跑来吃；小敏小时候就在厦门开餐馆，老江湖了。上菜慢一点，正好有时间搭讪

适合人群：不爱花哨的实诚人，关怀自己和朋友的胃、钱包、心情的人

特 色 菜：要从一堆都好吃的菜里说出最好吃的，过分。他们煮饭有秘方吧，吃米煮得像糯米

人均消费：25—45 元

营业时间：10:00—21:00

地　　址：丽江束河古镇中和路

定桌电话：0888-5159276

兰亭鱼坊 酸汤火锅

酸爽味道飘满餐厅，蕃茄、柠檬的天然酸够味，放心；老板跟锅里的汤一样，热情

适合人群：重口味，爱酸辣的吃货

特色菜：酸汤鱼火锅、酸汤鸡火锅。

最懂整的吃法：要碗清汤挂面，放进酸汤泡着吃

人均消费：25—45 元

营业时间：11:00—22:00

地　　址：丽江束河古镇中和路 8 号

定桌电话：0888-5106944

西餐 甜点：

古城

谢儿厨房（披萨店）

老外开的，不要看的店小哦，披萨的味道不错

特别推荐：各式披萨气场十足，点一个往往只是前奏

人均消费：30—50 元

营业时间：10:00—21:00

地　　址：丽江古城五一街王家庄巷 54 号

定餐电话：0888-5109944

束河

香草甜心

久住大理的外地帅哥哥，感觉束河好玩，开个甜品店为留下来找个理由

适合人群：味蕾时尚的老中青小们

特色：西式风格跳脱束河古韵，活力十足。每次路过，都被浓浓奶香牵进去，奖赏下嘴巴

特色西点：各种小蛋糕、小面包，酥酥黄黄，一看就想咬一大口；咖啡

人均消费：3—28 元

营业时间：09:00—23:30

地　　址：丽江束河古镇康普巷

定桌电话：0888-5142508

农家乐

雅和居

玉龙雪山下的村庄，主人家门前大片菜地，院里小片菜地，连围着果树的花坛里也种满香菜薄荷。客人可以自选自摘。二楼有间包房正对雪山主峰，真正秀色可餐

适合人群： 喜欢亲近自然的，边看风景边吃饭的

特色菜： 黄焖土鸡、自制火腿、蜡肉、自养活鱼、各种现采现炒时蔬

人均消费： 25—45 元

营业时间： 10:00—19:00

地　　址： 白沙丰乐村（白沙壁画前 200 米）

定餐电话： 0888-5318838 13578395699

百岁园

木老爷家的后代，宽敞农家院。老两口善良热情，儿媳妇贤惠能干，儿子接送客人，一家子不像在开农家乐，倒像家里来了亲戚在忙

适合人群： 当地人化赕聚会，外地人体验纳西风味

特色菜： 炒、炖、煎、炸、火锅等传统纳西菜，改良川滇味

人均消费： 22—40 元

营业时间： 10:00—20:00

地　　址： 束河古镇黄山居委会忠信村忠信一组（大丽公路旁）

定桌电话： 0888-5173267 13988889393

玉水园

快到北门坡山顶了，真是酒好不怕巷子深。吃过就会惦记，需要提前预定

适合人群： 寻找纳西美食的

特色菜： 酥油茶、水煎乳饼、手工面食、各式纳西菜

人均消费： 25—40 元

营业时间： 10:00—19:00

地　　址： 古城边北门坡

定桌电话： 13988849251 13908881400

玉米地

在丽江，关系亲密的朋友们周末聚会的老地方

适合人群： 朋友见面，团体聚餐

特色菜： 各式纳西菜，定价桌餐，现点都随你

人均消费： 20—55 元

营业时间： 10:00—20:00

地　　址： 新城东界河黄山安乐村（象山西路转盘进去 200 米）

定桌电话： 13688762194 13508888617

逸福轩

酒店式的大型农家乐，服务热情，菜肴丰富。觉得丽江太惊喜，就是因为偏远处也有这样好吃又精致的地方

适合人群： 休闲、娱乐；接待、婚宴

特色菜： 云南腾冲、瑞丽傣族风味、山茅野菜、火塘土鸡

人均消费： 28—56 元

营业时间： 10:00—20:00

地　　址： 新城东界河黄山安乐村二社（象山西路转进盘去 200 米）

定桌电话： 0888-5169717

赵雄阁

在丽江生活长的人都知道的农家乐。上菜特快。只要玩得高兴，桌子屋里院里来回搬。只要吃得高兴，简单丰盛随便点

适合人群： 了解传统纳西饮食文化，体验传统纳西特色饭菜

特色菜： 纳西喜宴、纳西火锅、纳西特色饭

人均消费： 16—66 元

营业时间： 10:00—20:00

地　　址： 玉龙县长水行政村（长水冷冻厂公共车站台肉联厂旁）

定桌电话： 0888-5173843 13900071748 13088823556

盘点丽江小零嘴

1. 冰粉、凉宵水

小桌一张，大多不设座，白纱布盖着两只大桶和一溜的瓶瓶罐罐，后面坐着大妈，前面站着食客，这就是冰粉、凉宵水。一块钱一杯，酸酸甜甜，像它们的样子一样透爽。这可不是丽江的特产，云南很多地方都有，昆明叫木瓜水和米凉虾，但口味不一样。冰粉是用一种草本植物的籽在水里搓揉后凝结成的低密度果冻；凉宵是用米制成的，像小虾米。因为用了玫瑰糖，所以昆明版的口味香甜。梅子和木瓜的蜜汁儿，是丽江版的精华，所以口味酸甜，更为天然爽口。一样来上一半（当然也可以单纯点，只要一种），放上红糖水，淋上蜜汁儿，撒上白芝麻，窈窕淑女最是好逑，喝了一杯，再来一杯，还没行远又来一杯。这种大街小巷都有的饮料，只见本地人卖，不见本地人喝，为甚？原来纳西人视当街吃东西为大不雅，我猜他们定是买回家偷偷地喝。

2. 油煎粑粑、饵饮

粑粑是生面的，放在柴火加热的平底锅里，用少量香油烙到两面金黄，不放任何东西。可以抹辣椒酱，也可以就那么吃，原味麦香，我觉得比丽江粑粑好吃。一个管饱。10点前，许多巷口有卖。

饵饮，与别处不同，是正方形的，不用火直接烤，也是在平底锅上烙软，裹上韭菜、豆芽，卷成白白的一卷，一口咬下去，外糯里脆，还有蔬菜的汁儿，是素的纳西热狗。在福龙小吃往前5米左右的小巷里，不论阴晴都撑着把大伞。老板早上10点左右收摊，每天定量供应，想吃请早。

3. 燕窝酥

一坨坨的，会有什么好吃。这是我对它的第一感觉。吃了就感慨，居然有如此好吃的点心，进嘴就化，软软的，微微的甜，不腻。去尝尝，首推黄山路中段那家路边摊，两只猫咖啡馆门口，下午两点开卖，天黑就收。上午做，下午卖，新鲜极了。另外还卖芝麻糕，味道好，两样都是一块一个。

4. 白米糕

菱形，白白的小块，有红糖、白糖两种口味。红糖味的在正中点了红点，模样惹人喜爱。这是种蒸出来的米制食物，吃着满嘴干干的面面的，不用担心上火，一块一个。卖米糕的大妈从不吆喝，要眼尖，才不会错过。在关门口附近出现得最多，固定的摊点在忠义市场豆浆店

丽江粑粑

就是丽江的粑粑，并非特指一种，但在很多人心中，已成为丽江的标志。地位快赶上纳西古乐了。

丽江粑粑 做工、选料都比较讲究，用本地上等麦面，用香油、鸡蛋，揉成面筋，破酥后，吃甜的就夹白糖或红糖，咸的夹火腿（正宗的是火腿和面揉在一起）或椒盐，用高火油炸。烤烙成后，外酥内泡，这种表里不一的口感，真是讨人喜欢。

如果就着酥油茶、豆浆、牛奶等吃那滋味，快活得很。古城大街小巷都有卖，如果会讲价3元和6元的味道完全一样。

另外，不吐不快，还有几种不同做法的光面丽江粑粑，它们才是纳西人的宠儿，汁水焖粑粑：在大锅里铺满小麦揉成的光面饼，适当加水，盖上锅盖，粑粑焖至金黄色，香香的，上面软泡得象馒头一样。

火烧粑粑：揉成的光面饼，在锅里炕成半熟，两面发黄后拿出，这里有一绝：半熟的粑粑放在灶洞边一块从江边捡回的光面鹅卵石上翻着烤，一直烤到发泡就可以开吃了，再蘸点丽江特有的辣椒酱（这种酱什么都可以就着吃），又解馋又经饱。

锅边粑粑 则是老以前生活不富裕时，为了方便，把面擀成长条状，围在锅内边上，锅里煮着瓜、洋芋之类，盖煮，等锅里的煮熟了，边上围着的也就可以吃了，这粑粑除了很软外，还有点忆苦思甜的味道，可惜现在没人做了。

丽江小吃

杂锅菜

纳西人过春节时，必定要上的菜。传统纳西杂锅菜配料现公布如下：

腊排骨、胡萝卜、韭菜根、豆芽、豆腐、粉条、粉丝、茨菇、芋头、山药。

做法简单：先把难熟的腊排骨、茨菇、芋头放下去，等快煮熟了，把其他的菜放入，再煮一下，加油盐就可。有人要卖正宗的给你，记得一样样挑出来看。

当然新杂锅菜也不见得不好吃，好菜难免要随时代口味变革一下的。

一般，在当地人开的无主题小饭馆都能吃到。

其貌不雅，但细腻爽滑，口感好极了，下饭和下酒都有出色表现。在乾隆《丽江府志》中，曾把它称作“黑豆腐”。

几百年来，鸡豆粉经久不衰，凉吃可拌酸醋、酱油、葱花和蒜麻油，消暑开胃；热吃用平底锅放了香油双面炸黄，加上调料，放点韭菜、香菜，味道就香了起来。

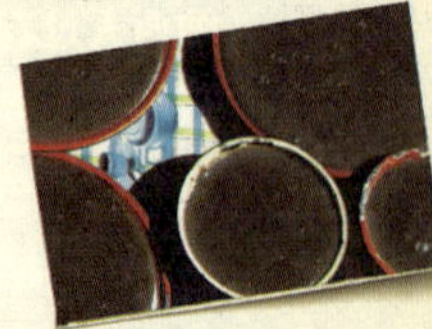

鸡豆粉

这么好吃的东西，要归功于勤劳的纳西妇女

和在本地土生土长的鸡豆，这种豆产量不高，

种的地方不多，但鸡豆凉粉一直从未断过货，

保证无论寒暑任何一家小吃都能弄到一碗。

海棠果

秋天，诱人的海棠果挂满枝头，穿着披星戴月纳西传统服装的纳西老太太，拿着长长的竹竿，把树上的果子打下来，又是丰收的季节，老太太们开心得好像过节。海棠果选料西府海棠，不是丽江家家都养，在花盆里开得跟牡丹似的那种。西府海棠枝条茂密，是树而不是花，可以长两三米高，秋天摘下鲜果后，一切两半，在自家院坝里晾晒成干（阴干而不坏的更好），就成了海棠果。古城到处都有的卖，有散装，有袋装。但不知为什么，卖海棠果都是纳西老太太。

海棠果酸甜酸甜，味道没山楂那么浓烈，纳西话叫“多利久补”，有益肾炎、糖尿病人。海棠果要挑色泽鲜红、个头大、捏着软和肉厚的，不然就太柴，味淡。

袋装的里面有一张说明书，说海棠果助消化。同行的一位有意见：海棠果有帮助消化的功能，但它本身难消化，肠胃功能弱的人最好不要直接吃来助消化，要泡水喝，味道也好。我想他是贪嘴吃多了，另外，泡水喝没味道。

丽江蜜饯

最朴实的做法，麦芽糖和白糖糟出来的。品种是超凡脱俗，辣椒、茄子都拿去泡。手劲小的，去买就受罪了！手都挑酸了，一小纸杯都整不满。

百岁坊46号那家很有名，品种也最齐。不过说实话，星云祥糕点店里的味道更好点，还独有草莓蜜饯。

要是懒得走，百岁坊中段，吉利铺巷子口有一家，只有四个品种，味道还可以。不过比前两家贵点，10块一市斤。前两家6块。

橘子蜜饯好吃，蜂蜜泡的小白芨能止咳。

小吃备选

火烤粑粑

老在丽江混的人从普贤居旁边的老店吃到现在的兴文小学旁的新店。哎，人家为做我们喜爱的火烤粑粑，木柴都不知道被烧掉多少呢

适合人群：想体验纯正洛克时代就有的丽江美味的

特　　色：炒菜不超过5样。人多去，都点；人少去，每次换的点

人均消费：10—20元

营业时间：07:00—卖完，没见过下午2点后还开着门

地　　址：丽江古城兴文小学旁

桥之情 蒙自过桥米线

中午吃饭不知道吃什么好？有人提出：去福慧路吃那家的过桥米线？大家都说：好好好

适合人群：在丽江想换换口味的、想知道什么是过桥米线的

特　　色：这家店来自过桥米线的发源地云南蒙自，米线好，鸡汤好，肉菜配料足

人均消费：15—25元

营业时间：08:00—21:00

地　　址：丽江新城福慧路丽江宾馆旁

电　　话：0888-5182088

临沧土鸡米线

选择他们家，是看重店家夜半三更起来熬的那锅土鸡汤。米线柔软有弹性，调料丰富

适合人群：不想吃大餐、又想简餐也吃到美味的

特　　色：货真价实

人均消费：6元起

营业时间：07:00—21:00

地　　址：长水路忠义市场四方庙会右侧

提　　示：在丽江“土鸡米线”店抬头就看见一堆，随便填下肚子都还可以。但如果是个吃货就一定要去这家

北门坡凉拌小吃

“一样来二份，带走。”“想吃酸辣还是酸甜？”你听这对话就知道是老吃客。秀气的姐姐摆这凉拌小吃摊几年了，不好吃才怪

适合人群：小吃家

特　　色：调料、配料一大排，色彩丰富味道多样。米线、面条、卷粉、凉粉、一份可以是一种，也可以几种都要点。如此干净的小吃摊不多见

人均消费：4元

营业时间：11:00—卖完

地　　址：丽江古城北门坡金虹路与古城停车场路口先锋糕点店旁

福龙小吃　米线店

一次去吃，听见旁边的一个丽江警察在喊他的伴来一起吃，对着手机说：就是那个丽江第一米线呀，哦，噢，你找错地方了，他们从古城搬出来啦。快点来快点来

适合人群：想寻访丽江著名老牌米线店的

人均消费：6元起

营业时间：07:00—21:00

地　　址：丽江古城区昭庆市场大门左边第3个铺子

阿兰粑粑

纳西大嫂做，纳西大哥烤，鸡蛋小葱摆一边，二种辣椒随你挑。完全是纳西版的“汉堡”

适合人群：在古城里吃早餐的首选

特　　色：香、脆、松、软
人均消费：5 元
营业时间：08:00—11:00
地　　址：丽江古城七一街八一上段万子桥斜对面

南门烧烤夜市

太阳刚刚才有点偏西，几个小伙子就开始生起木炭火，支好烧烤架，摆好各种荤素菜等着了

适合人群：喜欢路边大排档酒肉穿肠过的；不好好吃饭，晚上肚子饿的

特　　色：美味自然，价格合理
人均消费：20—40 元
营业时间：20:00—半夜
地　　址：丽江古城南门桥市一中门口

牦牛酸奶

“真是太好喝了，酸甜的味道想起小时候。”有个姑娘告诉我她在丽江不吃饭，吃什么呢？就喝这个玻璃奶瓶里装的白色东东了——丽江牦牛酸奶。在这个酸奶控面前不要提酸奶，否则你一耳朵全是“太好喝了……”5 元一个，瓶子可以带走

酸梅汤

丽江盛产梅子，纳西妈妈们每年会做上好的梅干，会做上好的酸梅汤。不管是冬天还是夏天喝那个，爽得难忘。如果你真想知道它的滋味一定去束河“正福草堂家居院”找春森，她做的一流

鸡豆凉粉

丽江古城、束河的街头随处可见到的一种传统风味小吃。丽江古城关门口小吃街有二位四川老人卖的“改良鸡豆凉粉”晶莹的粉片与红辣椒油、韭菜、花椒、青葱、芥沫、酸醋等佐料腌拌起来让人停不下嘴

这是个摆弄小情趣的地方，没什么套路。没有成为标本的嫌疑，偏文艺，却也商业。幸好有商业，有讨价还价的余地。吃吃喝喝玩玩乐乐住住自然离不开商业，能像丽江把商业麻痹得如此文艺，倒还需要些真诚

这里很什锦，有海纳百川的味蕾，不挑食，什么人，什么音乐，什么生活，没有弱势群体，不太过滤，也成为生活的一部分，揉杂在一起有点像在太阳下烤化的糖果，纠集在一起，有点腻歪，却甜美

栖居的秘密

□逛丽江不住古城而住新城的话，犹如去逛个公园，因为你并没有生活在里面；□长假期间要入住自己满意的客栈会有困难，按本书提前预订是上策；□如今大部分客栈已经升级，设施齐全，舒适度大大增加。靠山、近水、闹市、小巷……位置和内部格局略有差异，想住得舒服，全看自己一走进去是否有似曾相识的回家感觉；□公用电脑、wifi、代订所有的票……服务越来越全；□顺带提供餐饮服务的客栈会方便些，但可能也就热闹过头；□如果你有空常跑丽江的话，固定在喜欢的一家客栈，来往便都算是回家了。

怎么好意思把自己当外人

——真美连锁客栈

骗郑老板很容易。从最开始的木家苑到后面的几个连锁店，先住店后结账，不收押金，不查房，这是真美的江湖规矩。有胆量把客人的诚信作赌注的人玩的不是经济实力，是气质实力。

像我这种非要被前盯后瞄才觉得受重视，消耗点啥都急着付账显示自己有钱包的人还真有点不适应。

"难道不怕有客人不付钱就走吗？"社会在我眼中是险恶的。

"这样的事还没发生过。"原来黑暗的不是社会，是我自己看待社会的态度。

先有吉人，后有天相。郑老板知道，希望别人的改变和信任，首先自己得相信。

他把天下人都当作家人，你怎么好意思把自己当外人？

有朋友来，打开冰箱随意拿，吃的喝的把朋友招呼好。别担心，账记在郑老板头上，你的朋友就是他的朋友。

下雨的时候拿把伞，天晴的时候挑顶帽子。拿走不必打招呼，放回去也不用急

着找人证，怕没人知道自己是良民。朋友的东西，小心保管还来不及呢，谁会好意思不还呢？

不把自己当外人，就是要欣然接受别人的好意。

想看看亲如一家的现场版？你就来下午一点的和美客栈吧。刚起床的他，免费“早餐”已经是第二碗米线了，没有人暗示现在物价上涨米线成本很高；退了房的她瞅着桌上的苹果，欲拿又止，小妹往她包里塞了好几个；在沙发上喝茶的他，很大方地把陪老婆逛街这一专属特权转让给了小妹，因为老婆想买的一件衣服小妹能以本地人的优势拿个折扣价。

也有很见外的自家人 。

那天，有位客人吐了，认为是客栈的早餐出了问题。言语上有些刺耳，举止上有些不克制。郑老板立刻赶到，没问缘由，第一件事就是把客人两天的房费免了，然后很快送客人去医院检查。检查的结果是高原反应，这下是客人不好意思了。以诚意击败敌意，让人无处还击。习惯了扛着防毒系统处处戒备的我们，只好乖乖地缴械了。

我们每个人都有善意，有时它被遮盖住了，但并不代表没有。当人像花一样，无忧无虑地开放，你便遇上了真美的自己。

贴士：

适合人群： 想脱下戴了太久的防备的面具的人

最佳房间： 客栈不同，特色不同。有的观风景，有的享庭院。大是所有房间的特点，有的房间大到你可以在里面开Party。朋友曾这样形容巴黎香榭丽舍大道的宽，横走竖走斜着走，你想怎么走就怎么走。你就对照着想象真美客栈里大到随心所欲的房间吧

房间： 三个连锁店共有130个房间

价格： 230—988元，旺季会有100—200元的涨幅

设施： 智能电动马桶、力士系列的用品，仅从浴室你就能看到客栈对细节的追求

餐饮： 自带厨房。根据不同的店的规定， 免费早餐供应到中午12点，和美店到下午1点不等。不限量

特色： 水果、饮料，长途电话，接机送机……尽情享受各类免费服务吧。真美的客栈有很大的公共区域，露天阳台、茶吧、咖啡吧、庭院内的休息区，赖着不走不是你的错

连锁店：

和美客栈 丽江古城七一街兴文巷38号

木石缘客栈 丽江古城七一街崇仁巷29号

狮山观景客栈 丽江古城新华街黄山上段4号

电话： 400-666-1999

网址： www.lijiang123.com
www.zhenmei123.com

我所知道的传说——阅古楼

躺在私家阳台的躺椅上，把自己像一颗糯米一样翻来覆去地晒。我已经在这张躺椅上堕落了5个小时，1 小时发呆，1小时看书，1小时吃东西，2小时睡觉。太阳太慷慨，躺椅太舒服，我做梦了。梦里全是海滩啊，椰树啊。我脚指古城，青瓦屋顶一层接着一层。看不到人，但有现世安稳，岁月静好之气。日光倾城，不用手我也能感觉得到房屋的体温，古城的体温。我能想象得出街上热热闹闹，人们欢欢喜喜地走。于是我举起一只手，以英国女王般优雅的气度向那些我看不到的人挥了挥手（特别提醒：穿比基尼者慎用这一招）。然后发微博“俯视古城的审美疲劳”。

进客房之前，我看到了为客人准备的卡瓦依钢琴、斯诺克台球和乒乓球桌。这几件东西放在一起有些不协调，也不清楚钢琴的使用频率有多高。但我能体会香港人王老板的良苦用心，满足客人可能会有的需要比铺陈个人品味更重要。

八卦一下我知道的传说。

老板像007，戴着白手套潜入房间东摸西摸，把头伸进马桶里很享受地闻闻，检查清洁程度。还说有开客栈的人来他这里当卧底，住了半年。又说他不允许客栈里的小妹说“没有”，“不知道”这样的否定词。客人需要什么，她们就得努力办到。更离谱的故事是，有一位客人走的时

候报怨一套洗漱用品不见了，等到她回家后发现其实是自己收在了行李箱里，打电话过来道歉的时候，同样品牌的一套用品已经在快递的路上了。

难道不怕自己被骗吗？这是我的第一反应。但我立即为自己对对方信任住店客人这件事惊讶不已而感到羞愧。

我希望发生点什么，以使传说不攻自破。住了四天，可一切安然无恙。唉！

小妹还在笑。她们一定有“微笑提成”。

我想007一定经常出没在我的周围。

贴士：
适合人群：想舒舒服服足不出户就能尽享古城美景的懒人们
房间：60间
最佳房间：301；302房间，有双人按摩浴缸还紧挨着看得见风景的窗户。二楼三楼的房间带私家阳台，没有私家阳台的可享用公共的阳光浴场
床位：120个
价格：200—1250元，十一和春节期间约上涨25%
设施：除了电视、上网等基本设施，房间里有空调，加湿器，有的房间带电脑。浴室里有电脑智能恒温臀部洗净马桶，浴霸取暖灯。洗发水和沐浴露是力士牌的，部分房间有免费的日本浴盐。公共区域有咖啡吧，影音室，台球、乒乓球，钢琴
餐饮：餐厅提供烤全羊、三文鱼、野生菌、腊排骨火锅等多种选择。美食和美景，一个都不能少
特色：免费服务多多：早餐、长途电话；住两日接机，住四日送机；每房每晚一人中药泡脚；自助洗衣机、熨斗及吹风机；读卡器、万能手机充电器……
地址：丽江古城新华街翠文段32号（古城酒吧街达达娃酒吧旁边的巷子往上走）
电话：400-057-0007 0888-5125671 8898237 8898238
网址：www.yuegulou.com
微博：t.sina.com.cn/yuegulou
连锁店：丽江古城内曜源酒店，雁江客栈，秋月阁餐厅，狮山人家客栈

我想做花间堂的老板

——花间堂高级私人客栈

墙上小朋友的留言卡片："我梅加其想做花间堂的老板。因为这里有狗狗，有猫猫，还有各个地方的小朋友，还有我最爱的火把节。"

我也想做花间堂的老板。要做不成嘛，退一步，当个服务员也得。这儿的服务员快乐又骄傲，都不把自己当服务员，混进来当主人过瘾啊。等我有了钱，把花间堂买下来，当然要连老板一起才行，别跟我抢。

赶飞机和插花，哪个重要？老板 Lucy 把插花排第一，惟美是图。花间堂从花里长出来，是画中美意；而午后，小甜点、普洱、树荫、清风、阳光和不把自己当服务员的服务员、住客共享的下午茶，更是动态的美意。

自古以来，超越了物质的人，都幻想住在花间。陶渊明借着酒劲儿憧憬"采菊东篱下，悠然见南山"的理想生活，如今花间堂已实现。那些喧嚣城市中被埋藏的美意，花一样开出来。小住几天，说小点，满足了花间起居的个人心愿；说大点，古今文艺青、壮、老年的宏愿都了啦。

朋友仰在躺椅上，递过一片蜜饯给我，问："你会因为一个客栈，选择去一个地方宅一段吗？""为什么不呢？如果这个地方鸟语花香，有装盘考究的茶点，房间里有让我好梦的睡莲熏香。同时，有像你一样对我的朋友。"

贴士：
适合人群：花间堂在丽江古城有五个院子，束河和周庄也各有一家，香格里拉也有花间堂的圣地艺术空间酒吧，花粉们总结好放微博了：想清静发呆看书闻花香的进听荷院；想饱眼福看漂亮院子结交朋友的进植梦院；想脱俗品茗隐于世的上山泡隐泉院；想体验客栈式民族风设计酒店的进怡池院；想低调潜伏住文保大宅的，直奔编织院。
特色：1.老友式服务 2.移步换景，细节不仅美更是感人 3.丰盛的本地特色免费早餐、下午茶 4.周三、周六有烧烤晚会 5.提供免费接机

花间堂把客人当做自己的朋友，淡旺季预订均不收定金，入住不收押金，淡旺季包括节假日价格不像其他景区酒店那么大起大落。主力房型，在480—680元之间，也有800元以上的套房。

植梦院
房间：17间
价位：520—920元
地址：丽江古城五一街文治巷97号
电话：13368886376 0888-5169709

编织院
房间：16间
价位：880—1280元
地址：丽江古城七一街兴文巷17号
电话：18908889529 0888-5393518

怡池院
房间：18间
价位：480—880元
地址：丽江古城五一街文华巷55号
电话：13320411961 0888-5100188

隐泉院
房间：13间
价位：580—980元
地址：丽江古城新华街翠文段36号
电话：18988027245 0888-5108883

听荷院
房间：13间
价位：480—880元
地址：丽江古城光义街忠义巷64号
电话：18988018043
0888-5102253 5107525

网址：www.blossomhillinn.com
微博：weibo.com/blossomhill

我扯扯衣领，擦擦眼镜，抠抠眼角，跨进门厅。对这家店，得有点气度才配得上。在公共书吧淡定地坐下。“给老子来杯茶。”我想对小妹说。但是，小妹不给我机会，一杯玫瑰茶已递到我手上了。

给老子来杯茶

——花间堂听荷

“有个家伙发现在地上有用过的棉签和烟灰，结果房费免了。一再申明他不是那个意思，为表真心是把花间堂当朋友，又提出接机用的面包车，应该换成高档车。于是我们这回享受的是尼桑的待遇。”朋友一直显摆自己是老住客。

一对夫妇正好进门，提了很多菜：“忠义市场菜好新鲜啊，中午做饭，叫上大家来吃。”小妹马上回答。老住客更神速，已经接过女士手上的菜“我来帮忙。”“不用不用，我们把这里当家。”“我是说帮——忙——吃。”

花间堂对人不客气，对老友客气证明认识久交情不老。小妹招呼你吃下午茶，自己也在动嘴；面对赞美和主动帮忙，一定欣然接受；在阴雨天连打几个喷嚏，她已经放下手里的茶，去为你煮姜汤了。

主客无间，直接导致“装面子”变“厚脸皮”，这样的老友让人愉快又有面子。他家的格调表明我品位不浅，细节表明我对生活富有热情，亲切的氛围表明我为人谦和大方。

朋友交情，十年不见得深，一天不见得浅。

转身对老住客说：“我们认识有八年了吧？”“差不多。”“去，给老子来杯茶。”

贴士

适合人群：想从心里闲下来、静下来品味生活的，进可与人为伍，退可自己独处。

特色：1. 花间堂总是让人住进去不用说太多话，要走了话怎么也说不完；2. 院子是老丽江最后一任县长家，聚气；3. 会逛旁边忠义市场的，都是生活家；4. 房名源自围棋古谱，里面的格调挺对得起那份优雅；5. 接机免费

房间：13间

价格：480—880元

设施：1. 有点咖啡吧意味的厨房，总有人自助。忠义市场像是专设的补给站。店家或住客做的时候，厚脸皮直接去蹭，薄脸皮装作打下手即可；2. 地暖，北极熊也有春天；3. 电热毛巾架，全天候干衣

餐饮：免费早餐，用心豪华。好米做粥，咸菜就有好几种；冰糖银耳、玉米、油条、牛奶、多多面包的曲奇、餐包……我还在熟睡，服务员就准备好了，为表谢意，碗洗去

店长：小帅高山

地址：丽江古城光义街忠义巷64号

电话：18988018043
0888-5102253 5107525

网址：www.blossomhillinn.com

微博：weibo.com/u/2611584827

一个人睡有对不起谁的愧疚

——在路上籍邸

一年至少有八个月在路上。“为了在路上，才开客栈”的老板说，所以叫在路上，客栈从凯鲁亚克垮掉版直接升级到360度舒服得过份版，君不见有籍邸二字？床真大啊，像我这样的胖子滚两滚还没滚下床，一个人睡有对不起谁的愧疚。我由衷地跟楼下的姑娘说：“一个人睡太可惜了。”她嫣然一笑，然后说“滚！”台湾设计师的作品严重地影响了睦邻友好关系。哎，这个误解重重的世界啊！

这么多年的路没白走，在路上的货都会去找他，问这问那，他脸上有光啊！可在丽江找高级餐厅的货被他训了一顿，“高级餐厅？去北京上海得了，来丽江干嘛？”他恼了：“这样的态度是不对的，来丽江玩什么豪华？”

这货也住在客栈，“不住客栈感觉不到在丽江，古城有一种回归心灵的感觉，能找到自我”。他最近乖了，在路上和开客栈的时间一半一半。再过几年，三分之一时间开客栈。以后，三分之三的时间在路上。怎么折腾都是为了在路上，不去不会死，但他会崩溃。“喜欢在路上的朋友找我没错”，但是“跟团的就不要找我了”。

贴士

适合人群：知道我们要去哪里但不知道我们怎么去我们要怎么high的，喜欢在路上会享受的
房间：10间（2个标间，8个大床房）
最佳房间：201
床位：12个（4个单床，8各大床）
价格：480—880元（平日价）
设施：1.独立卫生间，大 2.电视，大 3.电壁炉，大 4.床，大 5.免费无线上网6.免费普洱茶免费水果
餐饮：免费早餐
特色：很棒的室内设计家具设计
老板：李卓
地址：丽江古城七一街崇仁巷13号
电话：0888-5386868
传真：0888-5183232
Q Q：54095318
邮箱：zlsyz2008@163.com
博客：blog.sina.com.cn/ontheroadpost
微博：weibo.com/u/2156462203
连锁店：在路上国际青年旅舍
地址：丽江古城义尚街文林巷45号
微博：weibo.com/ontheroadyh
电话：0888-5306789
传真：0888-5325678
Q Q：1830356681

"生活给予你一千个机会，你所要做的就是抓住一个。"像电影《在托斯卡纳的阳光下》描述的那样。描描和公路这对小情侣的地盘，隐藏在古城溢灿井旁边小巷里。整栋楼只做三间客房，奢侈地把一楼做成了一个咖啡音乐吧，Little is beautiful 。

吧里播着公路的原创专辑《去了越远越悲伤》："我们无处宣誓的青春，我们无处安放的梦想啊。。。"座位处于紧缺状态，有理想的人不少。

在充满未知的人生旅程，两个人的梦想有了交集。描描和公路，各自的理想，实现了三分之一。

有人说古城的客栈必须在十间房以上才能保本，描描和公路不以为然。朋友多，随便定两间房，入住率就达到了60%呀。何况我们的梦幻星空蜜月房，好多人喜欢，要排队才定得到。做客栈既是为了生存，也是给理想和灵魂一个安放处。

越来越多的年轻人，更早地觉悟，在追寻生活的真义的路上，先行一步。

如果你也有梦，可以像电影《在托斯卡纳的阳光下》描述的那样，为了梦中的田园，舍弃都市喧闹与挣扎，到托斯卡纳，到丽江，给自己的梦想，找一个安放的地方。

或者先到三分之一理想客栈见习下。

贴士

适合人群：驴友、单身男、单身女、情侣。可以打入他们成为"自己人"，前提是不要让描描嗅出你身上有铜钱气息。这女孩儿跑的地方多，蒙不了她

房间：3间。屋顶一个梦幻星空蜜月房，可以观玉龙雪山和古城全景

价格：150—520元

设施：小清新格调。有屋顶秋千，可以看星空

餐饮：脾气性格相投的，可以跟这一大帮人混吃混喝

特色：一楼咖啡吧，年轻人的聚会场所。可以唱歌喝酒聊天

老板：描描，爱旅游，爱摄影。想与公路徒步去拉萨，盘缠靠路上卖唱卖碟

地址：丽江古城新义街密士巷59-1

电话：0888-5177351 15108894363

微博：@丽江三分之一理想客栈

给自己的梦想，找一个安放的地方

——三分之一理想客栈

空气一样的客栈
——月半弯客栈

你身边有没有一种人，要的时候，他就会出现在你面前；不要的时候，就像空气一样，感觉不到他的存在？如果住进月半弯就会明白，主人刘姐就是这样的人，客栈也是这样。

刚退休了老彩电；安置了新拖鞋；请来咖啡机放到进门的书吧桌子上；招揽了一把吉他，时不时在午后响起。

整体方圆的小院，大大方方的，没有什么被掩盖起来。深棕色的木柱、灰白的老石头地面，植物们都各有分寸，收拾整洁。樱桃树给院子造出阴凉和光影，并准备给初夏呈上甜美的果实。

一个住了四天的飞行员，画了幅铅笔画，勾出院外巷子的老墙、斜瓦和对街院子密密匝匝的紫藤花，拿来我面前秀。“画得挺好，但为什么不是这里？”“我住的房间，推开窗，看到的是对面。”“看来你应该去对面住一晚。这里不下四种的爬藤积极向上，溢出院墙，你看能不能也给它们捧捧场？”

“刘姐可不一定想让我住到别处去。”

“谁说的，丽江是一个会让人心越来越宽的地方。”刘姐正好领着三个老外进门说道。

月半弯没有烈酒和芥末的辛辣刺激，正像呼吸困难的时候会明白空气的可贵。那些高明的家伙从不强加爱心，但当你投去请求的眼神，又总会从他那儿得到珍贵的回应。

贴士：

适合人群：喜欢闹中求静的人，出门投入到丽江的丰富多样当中，进门即得安住

房间：12间

价位：依淡旺季浮动，160—360元；不论大小、房型，同一价格

特色：1.纳西民居，植物神采奕奕，有压惊功效；2.网络、全天热水；3.松狮狗狗大宝是吃素的哦，就是以前的客人太宠它，给它吃了烤鸭，得了皮肤病。不要再用肉陷害它了；4.一楼104房设计了两扇门，方便轮椅进出前后院子。太感动了，空间不大，似乎能包容世界

地址：丽江古城七一街兴文巷54号

电话：0888—5165959

E-mail：ginny702@gmail.com

微博：weibo.com/u/2167765107

网址：www.ljybw.com

被宠成个弃业家

——少府狮山人家客栈

一天 8888，十天 88880，一年要是卖出 200 天，200 万就擦边边。不贪心，不贪心，减一点，100 万。

世界上有人懒到有钱不挣。180 度豪华观景总统套房，床搬走，白色绒面沙发挪到大窗子前面来，门打开，让人坐进来看古城瓦顶。

下山看看有没有比这儿的老板还傻的人。"直接可以吃，洗过的，出去不用买了。"出门前管家递过来苹果橘子，我想起小时候春游。

回来，一进门，"累了吧"一人一碗熬好的雪梨红枣汤在登记台旁等着。

第三天，在这院院相连的大家里，懒得外出，早点送来房间外的木廊上，得宠啊。

老搭档打来电话："快回来谈判，情况紧急。"

"水果啊、早点啊，送点给对方；把显眼的收费项目列出来，全免费了。"

"老兄，你咋去一趟丽江智商下降得还不如阿甘？"

"马上到丽江来，上上公厕；再住到我这，看看最高明的生意人是怎么玩的。

充分利用空间有两种：一种算计着把每一平米都卖出去换钱；另一种把最好的空间拿出来免费。免费的，舍得，大气，人家买的是感觉，更贵也乐意，做大买卖。舍不得的人赚点小钱，算来算去不讨好，当驴的命。"

"我是驴，你是什么？"

"我是弃业家。"

贴士

适合人群：想被宠一下的大忙人、想学习弃业的成功人士，想偷个闲又不被发现的人

房间：57间，间间不同，（7个半山独立院落）专业设计师打造3年，惯坏挑拣的烂脾气

价位：580—3888元

设施：1.中央热水循环供暖，进房间就遇着春天，随时热水；2.独立卫生间；3.房内台式电脑，装了一键还原，别说没提醒；4.WIFI

餐饮：1.免费早餐（推荐秘制小锅米线）2.5星级酒店私厨菜品

特色：1.180度豪华公共观景房居然不要钱；2.免费新鲜时令水果，房内、大厅随处可吃，出门随意带；3.棋牌室（30元/小时），注意！这个收费的；4.免费代订火车票、机票及旅游专线车票5.私人管家，要着的时候像个妈，要不着的时候荡然无存

走到四方街：2分钟

地址：丽江古城新华街双石段74号

订房热线：400-686-9993

前台电话：0888-8887777

网址：www.banshan123.com

预备，退

——天雨上院客栈

既然你我已从都市里退离，何不慢慢品味丽江一回？

晒太阳、发呆、泡吧，闲逛、喝茶、读书，围炉夜话，倾城之恋……都是些颠倒价值观的事。放下一切，把多年的情绪稀里哗啦倒出来，会发现退的内涵。

天雨上院，即是退到深处的好窝子。

这个百年保护民居依照纳西人的“木迹石迹”打造，一砖一瓦、一草一木考究得要命。大院地面刻出两条鱼，拼成太极图案。告诉各位，退来丽江，什么事都会有剩余。丽江最后的进士和庚吉有官不做，在这里享受自在，忍不住题匾“退园”。

一中年男人，跑上二楼，打断领我看房的小妹：“麻烦从这里往下，帮我拍张照。”说完把相机递给小妹，一路小跑来到楼下，搬把椅子，坐到鱼太极边上。抬头：“要拍下整个太极，人小点。”然后摆出从来没有的气度，顾望远处的芭蕉树。“他是这里的客人？”小妹笑笑：“不是。”咔擦拍下一张。退不了的人也渴望退啊。

早上，听着鸟叫、涓涓水声起床。晚上，不用出门，躺在床上就可以，天地间所有浪漫里，再找不出胜过和你亲爱的看星星。

顾彼得说：“丽江很少有人戴手表，时钟也极少。即使富户人家有时钟，主要为了装饰，而不是为了确定准确的时间。”

那么，在天雨上院，把手表送给退不了的家伙吧。

贴士

适合人群：想成为退仙的上进人士

房间：30 间，七种房型。其中，蜜月房，回忆起来都会觉得幸福；观景房，有拦丽江入怀的大气；花园房，浪漫如画；家庭套房，独立与共享结合的家空间；行政套房，睡一觉，也能用退的智慧把持工作

价格：628—1888 元

设施：特色五星级客栈

餐饮：免费早餐，懒，可送到床前；午后有一份别致纳西茶点等您；马帮火塘菜，吃历史、品文化

特色：天雨上院是底蕴深厚的纳西进士园，兼容客栈温馨与五星酒店的舒适，足不出户全天俯看古城。院中狮乳泉甘甜，可品茶炖汤。三千本书，大可读。元帅楼免费开放

地址：丽江古城新华街 40-44 号
到四方街 3 分钟

电话：0888—5121222

网址：www.ljtysy.com

久违了——芸栖客栈

一次住滨海高尔夫别墅，找窗帘开关 20 分钟、空调开关 32 分钟，就像到了高智能星球，显出我这个地球人多么弱智。前台隔着电话说自己也没来过，让问私人管家。我也不知道管家在哪个角落，只好半夜在孤星玩探索发现。

关窗帘的时间可以听 2 首舒伯特；开空调的时间可以看完《柔软时光》里的 10 篇小文，为第二天找个中意的咖啡小馆。

这家客栈让我垂泪，因为它不会浪费我奢侈的假期。在我还没踏进门之前，就有人打开了房间里的灯、电视、电热毯，准备带领我进行一次房间里的小旅行。他会对房间设施一一讲解，包括电灯开关；车引擎一熄，马上有人微笑着为我打开车门。看过欧洲贵族回到庄园，都有个得体的管家恭候的电影画面没？就是那派头。

我怀疑客栈这些家伙是不是享受着高工资福利，那热情洋溢的样子，似乎一周只用工作这一次，幸福指数很高啊。反观我这类城市可怜虫，被奖赏了几天假期做一回上帝，是多么需要被温柔体贴地招待。当年老板辞去公职，化身为竭尽全力珍惜来客假期的丽江公仆，真是造福啊。

为安抚哭着嚷着要挤进来的旅者，只得发展出 3 个院子，容纳更多假期经不起闪失的可怜虫。

当可怜虫走进房间，行李往地板上一扔，会想说什么呢？“久违了”。

贴士：
适合人群：假期珍贵的人，期望得到殷勤服务的
房间：33 间，三个院子，三个风格。阳光苑，田园风；桃花缘，唐韵古风；月光苑，现代中式
价位：128—500 元　**餐饮：**提供早餐，仅收 5 元成本费
特色：1. 雅致 2. 漂亮的老板娘总在茶台边泡茶，随意去蹭，有喜欢的茶可以买走，她不会主动推销 3. 二只金毛狗狗 Happy、Apple 和巨贵小 Seven 招人喜爱
设施：1. 公共茶吧，书、电影碟敞开看，随时飘着钢琴曲 2. 公用电脑、无线宽带畅游网络 3. 免费的：国内长途、古城地图、订票、洗衣、电热毯、电视、热水壶、洗漱用品、吹风机 4. 前台 24 小时值班，还有什么疑问吗？亲
提示：最好提前预订
地址：丽江古城七一街兴文巷昭庆村 46 号
电话：0888-5185522 5188222
18608884999（店长）
淘宝店：yunxikz.taobao.com
网址：www.yunxikz.com

只要有心，万物都有情调

——水岸阳光客栈

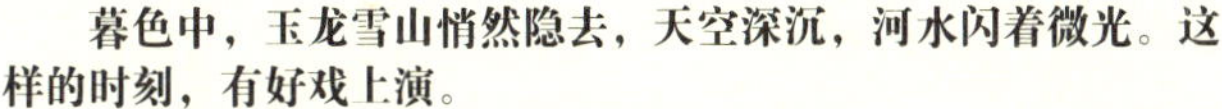

暮色中，玉龙雪山悄然隐去，天空深沉，河水闪着微光。这样的时刻，有好戏上演。

小张拉着妻子的手，穿过花园，打开房间门，红玫瑰花瓣铺天盖地，花瓣拼成的 I ♥ U。水边餐台上的丰盛大餐，烛光点点，水波荡漾。今晚是小张夫妇的结婚十周年庆典，妻子事先并不知道。

哟，没见过这种调调，一位穿着燕尾服的乐手在河边拉着小提琴，纳西大妈随着琴声居然跳起了纳西三部曲，宾朋满院，欢声笑语，觥筹交错中，蛋糕和音乐闪亮登场，密谋的彩炮，欢腾了整个厅堂。小张和妻子在众人的掌声中相拥，像往常一样。只是，妻子的脸上早已泪光婆娑。

幕后策划黑手原来是客栈老板赵宏伟和小爱，为这次小张夫妇的丽江之旅费尽心机。问问那对夫妇的感受，妻子激动地说，这样的美好，这样的情调，我们一生经历过一次就心满意足了！

看见老赵和小爱就知道，有多少浪漫可以制造，多少幸福需要分享！他们信奉，只要有心，万物都有情调。

只要你时刻准备被快乐偷袭，被不期而遇惊喜，就会超越平凡的生活。

独自躺在水边的沙发上，手搭凉棚，看云与雪山的漫不经心，就能体会，放下才能得到，生活本质是快乐。

在黑暗来临那一刹那，给自己一个微笑，点一支蜡烛接引快乐的天使，那么就拥有了天底下最恣意的浪漫。

贴士

适合人群：喜欢浪漫情调的人。来自一线城市和港澳台欧美的客人比较多

房间：房间硬件按五星标准配置。古董只能欣赏，不能带走，因为全是真货。看雪山还是枕水而居，随你挑，都不落空

价 格：460—880 元（淡季），含双早

设施：小酒吧，提供咖啡和红酒功夫茶，两个河边休闲区，临河沙发迷人

餐饮：可以预订烛光晚餐

特色：一般在忙得过来的情况下，客栈提供庆典、PARTY。要求婚的，要结婚的，结了婚要纪念一下的，没事需要浪漫一把的。早说早安排

老板：赵哥 小爱

地址：丽江古城七一街八一下段

电话：0888-8888055

网址：www.ljsayg.com

淘宝店址：sayg.taobao.com

真纯的情谊从未缺席

——龙凤别院

一次，老友推荐了一家客栈，风格、硬件平淡无奇。我问为什么推荐，回答是："因为我去的时候老板搭理我，跟我聊天。"天啊，这些可怜的旅行者，往往和狗一样，一个好脸色、一声搭理就满足了。

有一家客栈却让我的私心作起怪来，我非得让它上我们的书不可。

因为即使自卑到不认为自己该得到什么好礼遇的人，一进家的门，都会得到一个拥抱。这个拥抱可能是一罐可乐、一个苹果，也可能是一同吃饭的邀请。

插播：有两个姑娘是怎么样被这里的情谊融化的。

右姑娘一眼相中这里，办了入住。左姑娘坚决拖着沉重的行李实现考察十家客栈才订房的宣言。几小时后旅行箱的轮子不得不敲击着古城的石板又滚回龙凤别院。当她一脚踏进房间，舒适的双层地毯把她融化了；而一罐可乐在她苦苦视察其他客栈的时候，已在桌上等待。"如果他家硬件搞不成，那这罐可乐可以说是巴结。但院子的古雅精致和现代化生活的便利先进都显而易见，我只能愉快地被俘虏了。"

晚上，大伙为另外两个住客践行。一进酒吧，小龙就在吧台上放了几百块。"不要跟我抢着买单。"音乐响起："这首歌献给我来来去去的朋友们。"

我们在小龙的歌声里举杯，欢庆相遇。

我可怜的老友，你看，真纯的情谊在旅途中从未缺席，吉人自有天相哦。

贴士

适合人群：希望体验古风民居又要求入住环境有星级舒适的；被冷落的旅途心灵，飞奔来享受纯真情谊的安抚吧

房间：9 间

价格：380—680 元

设施：1. 房间配有 iptv 和光纤网络，惹得熬夜看电影，早上不起晚上不睡；2. 双层地毯让在古城走累的脚一踏上去，舒服从神经末梢传至全身，被融化；3. 浴霸、取暖炉、电热毯让怕冷的享福了

餐饮：纳西阿姨的拿手菜，没吃着，但看毛笔撰写的菜谱就对味道有信心

特色：1. 小龙的老爸是古董迷，客栈里放了很多他淘的有意思的小玩意儿。两代人的品味和生活乐趣，在这惊艳地相遇了；2. 舒适度高。一个游戏设计师，她哥在旁边不远也有家客栈。"我哥很伤心，但是我对生活品质的要求不能降低。" 3. 跟小龙建立起友谊后，巴不得掏腰包请他吃饭

老板：小龙

地址：丽江古城光义街官院巷 8 号

电话：0888-5151898　13988880708

网址：www.ljlfby.com

Q Q：1798598012

新浪微博：weibo.com/redonedragon

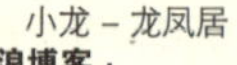

小龙 - 龙凤居

新浪博客：

blog.sina.com.cn/redonedragon

修复爱的能力

——四福雅舍精品客栈

有一个地方的人都很有爱，爱人类，爱汪星人，爱喵星人，爱花爱草……有点那种幸福得按捺不住的感觉。而那些忘了怎么爱的人，如果不烦打开心，就能在这里恢复爱的能力。这个地方，就是……

来这里沾染点爱的气息，更要抱着感受爱的端正态度。

“四”是指阿夏丽来自四川，“福”是指林子来自福建，这四福雅舍客栈的由来就是艳遇升级为守候。艳遇是天意，守候是愿意，幸福掌握在自己手中。不懂这道理的该来蹭杯阿夏丽的茶了，听他们讲讲林子与阿夏丽是怎样化艳遇为平淡，化守候为神奇的；这对普普通通的人是怎样巧遇了难得的院子，用人品感动了上帝，最终成了这里的主人，用他们的爱感化甚至是改造了舍不得爱的人的。在他们平静如水的相守的日子里，连院子里的植物都因爱而繁盛。所以，这对幸福的人如果收不到住客们天南海北寄来的土特产，就反常了。

院子里从人到景四溢的爱意触动了身边那个至今单身的家伙，她硬是要拥抱一夜蜜月房。半夜打来骚扰电话，夜谈“多年的匆忙学会的竟是不懂珍惜”。

看来，丽江这一趟，爱的能力被修护了。

贴士

适合人群：想感受丽江爱意的，不怕一住进去就懒得出门的，追求过度休闲舒适的

房间：30 间，分布在 8 个相连的院子里

价格：320—1280 元

设施：1. 考究的中式院子，摆放了许多桌椅，迎接累了的身心歇一歇 2. 全手工实木家具、独立空调、笔记本电脑等超五星配置 3. 咖啡厅、独立用餐区、品茶区、烧烤区

餐饮：一个新加坡客人感言：“在这里吃，我的胃终于舒服了。”本地纳西阿姨亲手做的早点是起床的原动力

特色：1. 主人有情，客人有义。有个客人侠义出手维护正义，被评为 2011 最给力客人；2. 院内手印墙，说明人气有多旺；3. 定期免费烧烤活动，边吃边认识天南地北的朋友

男主人：林子　**女主人**：阿夏丽

地址：丽江古城五一街兴仁上段 76 号

电话：0888-8888857 13508888857

网址：www.sifuyashe.com

微博：weibo.com/sifuyashe

Q Q：2838049

共产主义式客栈——“真美”木家苑客栈

有小偷小摸、顺手牵羊、浑水摸鱼这些爱好的人来这里没有劲儿，干什么都没有人管，一点成就感没有。这家客栈跟共产主义似的。客人走时不查房，客人交钱不验钞，院中满冰箱的东西高兴拿什么就拿什么，洗干净的水果自己拿，没人管。

郑老板在国外被“诚信”震撼，回国就推广，哪怕贴钱。他想让从小受诚信教育的中国人不要讲了，做就行。用钱良苦。

全古城就这家门口挂一块列满几十条服务项目的水牌，什么都有，好像就他们提供服务，其他家都在玩一样。

我这样懒的人如果住久就完了。太静了，睡不着。吃饭走二十步路，上天台打个瞌睡看木府四十步，下楼泡个普洱茶十步，不想吃饭开桶方便面再上来泡好二十步，再下楼弄瓶酸奶十步，再去取个水果三十步，专业厨师从早上七点到晚上十一点都可以点餐……我夏天的旗袍就毁在郑老板几十种的服务里了，不是讲诚信吗？加上一条：因本店过度殷勤照顾导致不幸肥胖者，免费使用虎跳峡徒步专线。

老板酷极，为开客栈不惜全古城到处去睡，工作到这个份上，只好让他开分店了，木家苑从此成了“真美”各连锁客栈之母。

贴士：

适合人群： 真美的几个连锁店中，木家苑是最早的一个店，也是性价比最高的一个店

房间： 35间（9间大床房 7间标间 14间贵宾房 3间家庭房）

价格： 130—480元，旺季有50元到200元的涨幅

设施： 大庭院，浴室里的用品是力士系列

餐饮： 自带厨房。免费早餐供应到中午12点

特色： 水果、饮料，长途电话，接机送机……尽情享受各类免费服务吧

地址： 丽江古城光义街光碧巷1号

电话： 400-666-1999

网址： www.lijiang123.com www.zhenmei123.com

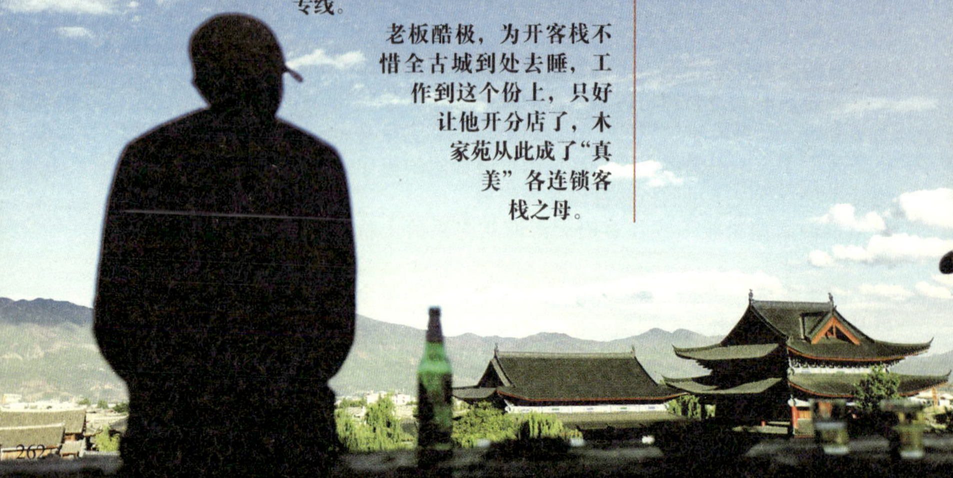

不把外人当外人——汀兰居客栈

信不信？不把外人当外人是汀兰居老板娘百合的经营秘诀。

请看她是怎样使唤客人的：

“你，遛狗去。”

“你，给我去旁边的石榴井打水煮茶。”

“你，把院子里的书架搬到楼上。”

一对首都来的好青年，每次来丽江都要在铂尔曼住两天，汀兰居住两天。在铂尔曼使唤人无聊了，就来汀兰居接受使唤。在搬书架时发表感言：“铂尔曼可以不去，汀兰居不能不来。”

百合说了：“硬件不足服务补。”但是，别傻了，服务补不是自己样样亲力亲为的，而是不把外人当外人，尽情使唤，让他们真正过上丽江生活，享受这尊贵的丽江深度游。

这样一来外来流动人口们反倒解脱了，做自己人多好，哪怕干点活。

知道吗？这种玩法弥补了与铂尔曼硬件之间几千万的差价哦。

其实她是个交易高手啦，拿你的东西换他的东西，大家都觉得增值了。

有个已经不把自己当外人的家伙在茶室里宣讲书上的话：“耶稣说：‘你看路边的百合比所罗门王所有的宝藏都要珍贵。’”百合立马把留言册奉上：“写上，讲的就是我呀。”

向百合学习，向百合致敬！

贴士：

适合人群：不想被当成外人的

房间：6间

价格：360元，淡旺季价格会有调整

设施：1. 茶室，茶室，茶室。超具人气，坐下就不想起来；好茶随时有，煮茶的水是旁边石榴井打来的，和三两知己一起喝，有仙味；2. 电视电脑二合一；3. 电暖气

餐饮：有幸遇上百合妈下厨，证明上辈子积了福，这辈子没作孽；我人品大爆发，吃到了素宴

特色：1.小巧亲密；2.不知不觉干活，把这儿当自己的家；3.白色基调的房间洁净又温馨；4.楼下三间走婚房，每间都有后门，推开就是临水栈道；5.老板的娘热心教授太极养生功夫拳法，纯义务

老板：百合

地址：丽江古城七一街八一下段8号

电话：

0888-5112336 18608888757

微博：weibo.com/u/1905365910

十分春天

丽江春天连锁客栈

我一进门就被小苏认出来了，她大叫一声帅哥。呵呵，帅的人在哪都耀眼。可我发现只要是男的她都这么叫，郁闷！不过我很快想通了，我是内在帅，一种神奇的帅，跟那些绣花枕头有本质的区别，除非借姑娘们一双慧眼，才能把这纷扰看得清清楚楚明明白白真真切切。

YOYO一家天天见，一见我就夸春天，夸小林小苏小丹小和小东，春天的活物都被夸了一道，包括三文鱼。我心里起疑，是不是林管家找来的托。难道我暗访的身份已经泄露？怪不得小林小苏小丹小和小东一见我就笑！**回来啦！喝不喝茶？吃点水果？给你冲杯咖啡？**基本不厌其烦，基本有问必答，基本笑容满面，越想越不对劲，我什么时候有过此等尊严。仔细一想，她们见谁都笑，谁都有茶有水果……我想不透，打电话给线人，把这几天所闻所见一一道出，还没说完就被线人用马普（昆明普通话）骂了一顿：人家对你不好嘛，你不高兴，上纲上线说中国人你为什么不生气。人家对你好嘛，你又觉得人家不怀好意别有用心。你就是丑陋的中国人的代表。**小林家人都很好的，对谁都一样。啪地挂了。**

YOYO一家四口走之前给春天评了分，去掉一个最高分去掉一个最低分，丽江春天客栈最后得分：十分！吔！YOYO做的可是酒店管理，五星的哦！

贴士

适合人群：喜欢温暖感觉的

房间：25间

最佳房间：蜜月房、特色房

价格：淡季100—260元
旺季160—360元

设施：1.独立卫生间，TOTO洁具、浴霸 2.数字液晶电视 3.免费无线网络 4.免费长途电话 5.格力空调

餐饮：丽江春天雪山观景餐吧（丽江春天客栈花园店对面）

特色：可刷卡 台球 休闲吧 免费功夫茶 免费水果 免费自行车

老板：林管家 日本归国 专注客栈管理 专注客栈服务 对餐饮很有研究

地址：丽江古城七一街兴文巷昭庆村71号

电话：400-688-4399
0888-5180980 15012242896

邮箱：4399407@qq.com

网址：www.ljdct.com

微博：@丽江春天半山假日观景客栈

连锁店1：丽江春天半山假日观景客栈

地址：丽江古城新华街黄山下段67号（四方街旁）

电话：400-669-4399

连锁店2：丽江春天观景客栈

地址：丽江古城新华街黄山下段58号(四方街旁)

电话：400-092-9959

阳光故事纳里时光

——阳光纳里精品连锁客栈

喜欢一个客栈的确需要理由吗？当然需要。

那大资，一年三次，雷打不动，号称是来睡觉的，因为在城市里经常失眠。来了非阳光纳里不住，难道前世和阳光纳里有约？这个城市病人，穿过那茫茫的人海，拨开蜘蛛网般的客栈，来到了阳光纳里，只求一个个安稳觉。你别说，这里还真是闹中取静，“有一种大隐的味道”，“隐什么隐，你就是来睡安稳觉的”，熟悉他的人不客气地说。

那叫“阳光不老”的文艺青年，每年都是一个人来，一个人回，一个人在院子黯然神伤。一个人在他的阳光里回忆他的故事，故事里始终都有爱，无论是什么样的结局。不说了，这里藏了不少的故事，有他有她，没有人知道，你懂的。

那哥，一定要订到阳光纳里的房才行，没房就把旅行计划后延，什么时候有房什么时候动身，见过来丽江的，没见过阳光纳里没房就不来的，偏执的人啊！他说：“阳光纳里是我不二的选择”，知道我们叫他什么，叫他“不二”。

那姐说：“房间太漂亮了，我都舍不得睡觉，住了两天都是两三点才睡，是不是有点白痴啊我？”有人来治失眠，有的人来了就失眠，都是阳光纳里惹的祸。

还有更精彩的，不时有客人给胡掌柜匿名送花。胡掌柜，高尔夫高手，门下弟子甚众。高手在民间，高手在阳光纳里啊。站在玉龙雪山放眼一望，高尔夫，打得好，开客栈，还连锁，想不到还是美女，像她这样的美女不多哦。上帝真不公平，好处都给她了，让人情以何堪！

客栈怎么会没有故事？每个客人的故事都是绝版，每一段时光都是限量版，客人的时光若有若无地串成了阳光纳里的时光。

贴士

适合人群：想不被发现的，想进可热闹退可安静的，想私藏真正的丽江情调的，高球人群，大资，小资，一切资，文艺青年

房间：107间。房间的颜色都不一样，看心情挑颜色住

价格：260—2880元（旺季、节假日上调30%-50%）

设施：酒店走高端度假、休闲型路线，细节做得很体贴、温馨。1、拧开水龙头就能喝(有超滤净水设备)，很国际化很欧美，古城第一家。2、某几间房内有电动马桶，很享受。3.免费普洱茶，想喝就泡。免费水果，想吃就拿。4.多功能厅。5.自助厨房

特色：客栈没有院子开什么玩笑，但三个院子连在一起真不是玩笑，阳光纳里不是玩笑。临水而居，有味道有灵气有人气，味道灵气人气各自生长，相互映衬。在院内闲坐，一抬头，雪山。一低头，流水淙淙。抬头是天上，低头是人间。提供管家式服务。离四方街最多2分钟的脚力，如果走凌波微步，更快

地址：丽江古城光义街金星巷41、43号（总店）

统一预订电话：400-618-6063

前台电话：0888-8886606
8886616

传真：0888-8886622

网址：www.ljygnl.com

微博：weibo.com/u/1864504387

连锁：尊享水灵居、铂金雅苑、特色清客居、风情和家院、精品别苑……

住进博物馆——双龙居客栈

只需要花少量的金钱，就可以住进博物馆里。

双龙居就是纳西传统文化博物馆，珍藏着纳西文化的活化石。藏品一“宠男人”、藏品二“四宝之家”、藏品三“四声之家”。

藏品一的外观：一院花草，几条狗，几只鸟，舞点文弄点墨，社交活动。纳西男人就这样被惯养着。家务生意由女人去担当吧。

藏品二的表现：松竹梅兰四宝，缺一不可。

藏品三的表现：老人的咳嗽声，年轻人的谈笑声，婴儿的啼哭声，鸡犬的啼鸣声。

主人杨叔曾是滇剧团的副团长，客人回来让他找钥匙，他试了一把又一把，就是开不了门，说，还是等我老婆来吧。

纳西先民让男人负责高雅之事，让女人负责所有家务劳作之事。我猜测他们把男人与女人看作一体，相互依存相互配合，仿佛左手和右手，和谐得很。

太绝了！应该把老婆送来双龙居，让她触摸触摸这些活化石。

贴士：
适合人群：喜欢古[illegible]、想体验传统纳西[illegible]人。店主杨叔[illegible]滇剧团唱小生[illegible]“座山雕”，丽江老人都叫他三爷。
房间：14间标准间
床位：28个
价格：淡季：120元
旺季：280元
设施：干净整洁
餐饮：不提供
特色：纳西传统庭院客栈，院子就像植物园、动物园。四只鸟，四只狗，多种植物
老板：和平，常外出社交，其父杨叔其母和阿姨代工
地址：丽江古城光义街光碧巷72号
电话：0888-5125751
13988870037

躺在被窝里享受阳光的味道
——百岁坊客栈

它是丽江最有资历的客栈，还卖几十块钱的时候我就住过，岁月荏苒，几番流转，这所百年老宅一番梳理，居然保留了传统纳西庭院的风韵，又添了些苏州庭院的清雅。当年那株“三角梅”愈发的绵延枝蔓开来，你看到它，就知道，到家了。

店家坚持床上用品自己洗，让你躺在被窝里都可以享受到阳光的味道。

坐下喝茶的当口闻得花香甜逸，是院内的桂花在暗香袭人，恍惚着，感觉这就是我想要的诗意栖居。

贴士：
适合人群：度假，家庭，爱安静有洁癖的人士
特色：院内多花草，史上出过文化人的传统纳西庭院。门楼上方呈三角状，喻义毛笔
房间：10间（家庭房、标间、大床房、套房）
最佳推荐房间：玲珑阁、清荷阁、泌茗榭、幽兰居
价位：150—220元，长假期间房间价格会有调整
老板：一昆明小伙，他把他的青春留在了这里
地址：丽江古城新义街百岁坊34号（离四方街仅两分钟）
电话：0888—5120633
18608889377

如果在生命的日记里不那么健谈，

也许幸福不难到达。有一种易得的

幸福：久坐在阳光散漫的院子里，

像蜜月期，舍不得出门

文化买卖——丽江瑞和园

早上8点的瑞和园很国际。

自助早餐盛大得让人眼花缭乱，但食物只是配角。新的一天，老外从得体的穿着开始，从专注地阅读开始，从家人之间、情人之间、朋友之间，陌生人与陌生人之间的交流开始。

让我有在国外旅行的错觉。我那唯有时时奋斗才有安全感的慌张不见了，享受正式的早餐，久违的安顿、礼貌、畅通…

下午3点的瑞合园很中国。

安静得恰到好处。微风正好，阳光正好，松树绿得正好，鱼自在得正好，一只八哥等待和人说话。民乐流过午后，我怀疑那些古家具的润泽是被音乐给滋养的。客栈的小伙子铺开宣纸开始练毛笔字。这样的下午对着电脑上网是件愚蠢的事，我读了几首古诗，借瑞合园的气场穿越了一下时空。

晚上10点的瑞和园很丽江。

让你找到不一样的自己才丽江。茶道表演，古琴演奏，然后便是个人自由发挥。找个人聊聊，倾听或被倾听。有人谈古城的忠义市场，有人谈旅行的风景，有人谈自己的7个孩子和11个孙子孙女。中国人着急英语不够用，老外恨在丽江呆的时间太短。在此时，在此地，心被文化，被惊艳，被绽放了。

什么才是栖居之所？古城不稀罕能睡个好觉的地方，稀罕的是文化。

贴士：

适合人群：外国文化、传统文化、民族文化……不管是想分享，还是被文化，气场都错不了

房间：五一院：16间；狮山院：16间，房间比五一院大

价格：500元（五一院），880元（狮山院），全年统一价

设施：庭院小而精致，古家具很典雅

餐饮：免费西式自助早餐，点心、水果、咖啡、煎蛋……吃得太投入，把窗外弹古筝的美女也给忽略了

特色：老板是纳西人，80%的客人是老外。客人喜欢听老板上文化课。有个美国人住了9天，每天和她聊两个小时，后来干脆邀请她出国去讲学。客人也给老板上文化课。哈佛的教授给她上过5小时的企业营销。一位客人从策划到市场调查，把早餐改版负责到底，客栈的早餐从此告别了白粥加白馒头的时代。客栈晚上经常会有一些以文化为主题的聚会。除了服务好，老板和员工还是旅游设计高手，是《Lonely Planet》的真人版

地址：丽江古城五一街兴仁下段36号
丽江古城新华街双石段37号

电话：0888-5189799
13908883246

邮箱：zengardenhotel@gmail.com

网址：www.zengardenhotel.com

歪门斜道的酒店——王府饭店

有人去住店，住着住着，两个房间并成一个房间，省钱的艳遇。

不过，胆小鬼更多。上回来了两公务员，遇见两美女后偷着流口水，忍了好一晚上才打算斗胆出手，结果，同住酒店的两男（应该受过成功学训练）抢了先，四人悠哉地阳光早餐。公务员对着大堂感叹："妈的，两女的真没品位，还好我们没出手。""什么眼神呀，再寂寞也要挑顺眼的，看看那两男的，长的和这里一样歪门斜道的。""就是。"

话说的无心，却说破了天机。对的，这里就是歪门斜道。

你想破脑壳也想不出董事长原来干啥的——搞原子弹的。好端端一个搞原子弹的人偏偏对做酒店情有独钟，当初来丽江没地方住就盖了这酒店。现又在昆明做了文汇和枫叶王府两个；为了过冬三亚做了一个；为了霸位置，石林世界遗产地又做了一个枫叶王府。这个家伙真是善于走歪门。

海归美女老总也是歪门，已婚了还给老外写情书，说的倒好，帮服务员当翻译，鬼才晓得是不是真的。

酒店的管理也是歪门：免费早餐吃到中午一点；客人抽烟一律出房；每间房两本圣经，一本基督《圣经》，一本《丽江的柔软时光》；信任无需查房；花匠招回来就当艺术家使，让人家爱咋发挥咋发挥。

董事长还大肆宣传歪门逻辑——"企业文化的开始都是老板文化"。好在下一句紧跟着出来是"老板需要不断修正自己"。不然要歪到那边天去也不知道？酒店结构更是歪歪斜斜的，想用"田""日""目"这些周正的字比喻简直是做梦。从第二道门就歪了，主道也不在中轴线上。大堂不大，董事长说这是"保留木王府的清明节俭"，是"大社会小政府"，是"以免店大欺客"的理想。

贴士：

适合人群：度假，商务，中高端群体

特色：这家酒店很人性化，早餐吃到13点，退房到14点。部分浴室的顶是透明的能看到星星。茶室有丽江特色旅游图书出售

设施：按五星级酒店标准

房间：140间（含单间，标间，套房，贵宾房，豪华套房）

最佳推荐房间：

贵宾房A242、A244

价位：480—1980元，长假期间房间价格会有调整

地址：丽江古城南门广场

电话：0888-5182111 5189666

网站：www.ljhotel.cn

连锁店1：昆明文汇酒店

电话：0871-5189800

连锁店2：昆明枫叶王府

电话：0871-8049800

连锁店3：三亚枫叶凤凰宾馆

连锁店4：石林枫叶王府酒店

云上的家

丽江官房大酒店

太难选了，都是官房的五星，一边是丽江第一高的酒店，有泳池，一边是疏朗的别墅区，有管家服务。犹豫再三，我们选了别墅区，高楼住多了。

床舒服，卫生间大，配了飞利浦吹风筒和维达纸。每天有小瓶矿泉水和一些水果，过道上还有糖果，白天去古城逛带上。

吃早餐时我抬着一盘子东西，不经意就见雪山出现在我的跟前，早晨阳光照耀中的雪山美得不真实，宁静与端庄让我震撼，秀色可餐。

管家和服务员都会柔柔地笑，态度亲切。晚上有一杯温暖的牛奶，嫌不烫又要了一杯，在冬天上床前喝这个有喝烈酒的效果，很快就沉沉睡去。

云上的家，很舒服很安心。

贴士：

适合人群：商务，度假、中高端群体

特色：软、硬件保持五星级酒店的标准。

住旗店六层以上的房间可裸体从不同角度观赏不同角度的风景。

住别墅区不当有天有云有雪山陪，还有专属管家贴心照顾。

设施：五星级酒店该有的都有

餐饮：赠送早餐　有中餐厅、西餐厅、旗店顶楼有旋转餐厅

房间：140间（单间，标间，套房，贵宾房，豪华套房）

最佳推荐房间：贵宾房　A242　A244

价位：560 — 1980元　长假期间房间价格会有调整

地址：丽江古城区香格里拉大道966号

电话：0888－5188888

网站：www.gfhotellijiang.com.cn

这个世界并不总是如你所愿，不计较是多么难能可贵的能力啊

就像花儿并不计较有没有人欣赏，她只是尽情地开放

送给我，也送给你

——又一居田园私人会所

你说又一居是一家格调高级的客栈？束河哪家客栈不说自己格调高级。只是，想让我这个刁钻苛求的人找到一家满意的客栈，实在有点难。但此次来束河，见识又一居，没让我惊艳，却让我回味。

又一居田园私人会所，看着装修气派，看着有文化底蕴，我并没认为就是高级。其实说服我的是一个小细节，那是主人书房里的一套限量版的《传家》，讲的是中国人的生活智慧，书中展示了中国传统文化中珍贵的细节。我承认，这是我这次在丽江唯一的艳遇。

丽江不乏梦想家，丽江也不乏聪明的投资者，不急着下手，先看看这山和那水，这边抛块砖，那边捡块玉，东成西就博采众长，以此完成一种自我实现。

至于又一居，与其说是客栈，不如说是家的延伸，不像是随意之作，它的用心，除了营造友好环境，同时注重了私密性，同样是自我实现，不局限于自娱自乐。“又一居的意思是又一处居所，又一个家”，管家如此介绍说，“这不仅是我们的客栈的店名，更是我们所追求的意境，即家的风格、家的氛围。”

这让我想到了安缦（Amman）度假酒店，19 家分店无一例外是小规模客房，自然环境优美，设施豪华，服务独特化和高度私密性，让身处异地的旅人有回家的感觉。这种反设计，正是酒店业最新的潮流。

我甚至猜想，安缦集团的最初发起者，说不定跟现在又一居主人一样，也仅仅是建一个自己生活的又一居，后来被众多安缦痴(Aman Junkies) 追捧，才逐渐发展到今天，对创造力和精致度的极度追求，成了全球顶级品牌。

又一居是位宽容豁达的男士，就像他的主人。“再过三五年，会聚一批新朋老友，大家一起住在又一居，相互照顾，互助养老，孩子们想来住也可以，来了就是回家，离开不必挂念我们，大家都轻松”。开业三年，已聚集了一批常客，或休闲度假、或招待亲友、或开会议事，各得其乐。住客大约80%是回头客或是经朋友介绍而来的。

又一居的意义，是主人送给自己的一份礼物，也是送给朋友们的一份礼物。而对于我这种臭味相投者，难道不也是一份贴心的礼物吗！

贴士

适合人群：喜欢静、雅，田园生活的人

房间：18个客房和套房，房间精致，卧具舒适，卫浴给力

价格：380—1800元，没有淡旺季之分

设施：多个休闲厅、阳光壁炉书吧、红酒窖、家庭影院、雪山观景棋牌室、16人小型高端会议室

餐饮：有3个自助厨房和全套厨具，只需按每人每餐10元对员工聊表谢意。据说有人爆冷门，带大闸蟹来聚众饕餮，或摆开烤乳猪盛宴，觉得这样才配得上这里的红酒。

特色：庭院占地4亩多，花果繁茂，安安和玛雅，貌美、乖巧，眼神超萌。别想歪了，他们是主人的爱犬，参加过正规比赛，有职业操守，从不超越自己的活动地盘——秘密后院

老板：唐先生

“又一居，又一个家。”主人旷达的态度，在下面文字里可见一斑：

一箪食，
一瓢饮，
在陋巷，
有其乐。
玉山白雪，
绿树红花，
不识冬夏，
正好春秋。
有情系相思处，
独乐乐；
有朋自远方来，
众乐乐。
三朋四故，
随心所致，
可以为家。

地址：丽江束河古镇康普巷（飞花触水旁）

电话：

0888-5186646 15912225800

网址：www.shuheyouyiju.com

走得远，是为了领取如此的犒赏

——伈屋设计酒店

穿越地图上的五颜六色；在野外、城镇走过内心的两极，经历简朴甚至艰苦。现在，那满是泥巴的大皮鞋走过乡村小道，一脚踏上洁净的地板。这久经岁月的纳西民居，已被业内知名新加坡设计师升级专为探险而设计改造的时尚酒店；床、窗帘、被褥全白的优雅，还有阳光。玻璃墙送进田间的清爽气息和绿意，似乎可以跟劳作的纳西人约好明早 9 点去赶集；身边那位正瞄着地图跟主人筹划下一次远行。“我来过丽江两次，都不知道这些有趣的地方。”“那当然，连我们的束河马夫都不走寻常路。”

奢侈的时尚之屋，一切都时刻准备着犒赏那颗虔诚旅行的心。

经历热情的欢迎，周到的介绍（还没放下行囊就被告知哪里好吃好玩），回到房间，花洒一开……现代探险者的苛求：创意、格调、舒适、本真甚至资源的可持续发展，全被满足了。

超大的个性公共 LOFT 空间，充满古朴，给刚进门的老外写张字条：嗨，到处收获日落，让森林小虫爬在睡袋外的手臂上；然后一路乘车、搭船，回到这里，洗去尘垢，剃掉胡子，重现绅士笑容。坐到我们身边来，喝杯咖啡，讲讲你去了哪里。我也想经历风雨，再见彩虹。

原来，走得远，是为了领取如此的犒赏。

贴士：

适合人群： 创意、格调、舒适、本真甚至资源的可持续发展一样都不能少的活力旅行族

房间： 15间，有家庭套房及适合朋友聚会和情侣的别墅

价位： 680—2800元

设施： 1.wifi暖气洁具一应俱全 2.与田野相连的公共空间相当洋气 3.本土文化图书

餐饮： 1.免费早餐，选用本地新鲜食材，独具特色
2.阿姨拿手当地时鲜菜

特色： 1.传统纳西民居摇身一变成了国际范儿、艺术范儿的设计酒店，混血儿迷人就是这个道理2.主人有张藏宝图，引着孩子们抓着父母把丽江宝贝找遍玩遍。童真与好奇心真是旅行快乐的源泉3.独具人文探索精神的线路推荐，感叹热爱生命旅程的人才能研究出这么意义又新奇的玩法

地址： 丽江束河古镇中和村16号

邮箱： enquiries@bivou.com

电话： 0888-5129449

网址： www.bivou.com

微博： weibo.com/u/2613153555

来点阔绰 ——后湾假日会馆

四亩地建起一个开阔的客栈，太不主流了吧？别人恨不得把院子都整成客房，他却留那么多空；房间也是，别人家两三间的面积都没他一间大，地主？也不要这样显摆吧？

甲说："那些住1000平米庄园的人太奢侈，我100平米的房子就够了"；乙说："我20平米房间就够了"；丙说："我一张床就够了"；丁说："那原始人一个山洞就够了"；戊说："猴子还一根树枝就够了呢"；——己庚辛壬癸："靠！我们都退回去做猴子算了"。

后湾的妙处在于：大大的空间把一路挤在汽车、火车、飞机狭窄空间带来的压迫全消化了；院子和门廊的开阔疏朗，不用担心和谁相互影响；有格调，怎么说呢？就是到处都是格子的调调；早上醒来，在水边打打太极，露台上打打坐，一阵风，给身体吹进旷野之气。平日持着的担忧和妄想，现在有的是地方把各种担子卸下来，反正地儿大，

几天过去，我必须承认已经慢慢享受这阔绰了。

英伦小子阿兰·德波顿在《旅行的艺术》里说得比较精到："陌生的空间能促使我们从一个新的高度来省察我们的生活。这高度，是我们在家中，为日常琐事所烦扰时所不能达到的……我们并非一定得在家里才最有可能接近真实的自我。家庭装饰会阻挠我们的改变，因为它们并没有改变；家庭生活的模式也让我们维持着日常形象，而这形象，可能并非我们的本我形象。"

旅行、艺术、本我几个牛头不搭马嘴的词眼，几天过去，我必须承认他们已经因为这阔绰勾搭在一起了。

现实中的住房、金钱紧巴巴的都不是问题，问题是心量紧巴巴的，那，就彻底完蛋吧。宽裕的生活，你佩不佩享有？没有标准答案，全取决于自己的观念。

住在后湾，心、眼被它的宽阔给打开了。

我没有了心眼！

贴士：

适合人群：有见识，口味稍清淡一点的人，想要寻求非传统口味的有机会了

房间：房号从"初一"到"三十"，好像有30个

价格：300—1000元/间

设施：1. 房内房外，包括卫生间，该有的都有。不提供含塑料的破东东，包括牙刷牙膏浴帽；2. 透着松木清香的地下红酒房；3. 休息吹牛用的中厅咖啡香乱窜；4. 湿蒸桑拿，丽江太干，滋润滋润；5.客栈形象代言：束河最大的阿拉斯加和最小的古牧狗狗；6.一般点的茶随便泡，好茶要瞄准像老板的人在泡时去蹭；7.家庭房大得…… 8.观景露台多得……

餐饮：早餐都装在几个精致的盘子被服务员端到房间里。听说不久会有个景观餐厅来着。

特色：格子、格子、格子，有人说是建筑版的BURBERRY。现代时尚设计解放了纳西木结构房子的舒适度，空间开阔大气，高管们常用自己房间来开个小会，中管和小管很烦！

老板：悄悄说最像小工那个

地址：丽江束河古镇鹿苑路34号

电话：0888-5189455 0888-5186455

网址：

www.backbay.asia点进去还有官方微博呢

欢迎朋友，不接待“上帝”

——茶马斗斤客栈

脚下是土地，望出去是雪山，守着1200平方米的园子，照管苹果，海棠，李子，樱桃，梅子，葡萄等果树若干，照管会捉松鼠会捉鱼会偷芦花母鸡刚下的蛋的两只狗。即使在束河，真正有田园生活味道的客栈也不多。

老板愿意分享美好，但有原则：欢迎朋友，不接待上帝。就像是找对象，对上了眼就皆大欢喜。

老板为人厚道，一不小心客栈网络上的留言就成个好人好事表扬册。深情地说着生病了老板开车帮忙送医院，赶早班飞机老板往怀里塞上鸡蛋苹果等一些鸡毛蒜皮的小事。老板偶尔还会按捺不住地补充点增值服务。有一次住店客人去拉市海骑马，老板去接的时候正好是午饭时间。他买了一份烤鱼做加餐，惹得其他啃烤土豆的马友们为自己选错客栈而狠命地咽口水（我猜）。

把自己当上帝的住客，待遇可就大大打折了。有一次，下大雨，老板带着8把伞把一群高职位的客人从停车场接了回来。刚安顿下来，职位最高的领导的老婆就以不尊重人的态度在院子里大呼小叫使唤起人来。她习惯的方式别人未必接受。老板客气地说：“对不起，你是我见过的最没礼貌的客人，我们客栈不欢迎你。”然后，他帮忙联系好了另一家客栈，热情地送客。

真，可能并不是那么美，但是真的美好。

贴士：

适合人群： 两亩地，三分田，花也凭天，果也凭天……对城市的钢筋水泥没有依赖症的人，渴望放养生活的人，能与小动物和平相处的人，留恋家庭温馨情意的人

最佳房间： 从民族风到现代风，主人把房间当成自己从各地搜罗来的藏品的陈列室，每间房间的风格都不一样，但都兼具观赏性和实用性

房间： 12间

床位： 25个

价格： 380—880元，十一、春节期间会有100至200元的涨幅

设施： 对细节的追求体现在品牌上：索尼电视，配了摄像头的IMB电脑……

餐饮： 体贴牌早餐包括粥、馒头和煮鸡蛋

特色： 真正懂得生活的人不做加法做减法。两亩地的园子，只有12间客房，其余的都留给了庭院，大到你可以在里面跑步，做运动。果园里逛一逛，院子里坐一会，不必出院子便坐拥了束河的田园风光

老板： 高大哥和晴姐是东北人，和他们聊天，心情像这里的庭院一样敞亮

地址： 丽江束河古镇鹿苑路小四方街

电话： 0888-5309600
13618885336

邮箱： 24426693@qq.com

网址： www.ljcmdj.com

Q Q： 24426693

生病的人有福了，唱歌吧——碧桂苑客栈

"我病了，不得不到丽江去。"盈盈跟老爸说。

就像官员要隐退一样，老奸巨猾的盈盈称病，不舍的家长也只好就范。她成功溜到束河马屎最多的巷子里，开了碧桂苑客栈。过种花养狗、做菜煮饭的乡村日子，为的是呼吸新鲜空气，不必急急匆匆，随时准备好给医院送钱。

身体比起头脑，往往更能做出适合且独具美感的判断。它用舒适与否来呈现显而易见的利弊。当然，从我们失去宁静那一刻起，就难以相信这个简朴真实的答案了。

过上美美的日子，身体怎么会不舒服呢？

一切都是最好的安排。生病，怎么不会是最好的安排呢？

小龙，碧桂苑主人之二，也有病。慢性咽炎，嗓子不能喊。

"我病了，不得不到丽江去。"小龙对老总说。

以前一唱歌就想让所有人满意，自己却总不满意。一次在束河，听到一个家伙台下没人一样唱，"我也要这么自然"。现在束河酒吧做"不喊"的驻唱歌手，咽炎造就的安静温暖，反而引人坐下来听，一首接一首。

今天高朋满座，我们在大大的桂花树下，燃着篝火，空中飘起沁了桂花香气的歌声。阿福和丹妮两只狗狗，静静地窝在脚边，似乎也在享受这美好的夜晚。

吃着他们家乡寄来的零食，喝树上樱桃梅子酿的小酒，火光映红了每个人的脸。

我想，我想生病。

贴士：

适合人群：要求婚和暗自希望被求婚的小情侣；生病的有福之人

房间：9间，内部摆设紧凑有致

价位：120—380元，旺季微调

设施：1.无线上网；2.电热毯；3.羽绒被，拉舍尔毛毯；4.独立卫生间；5.24小时热水

餐饮：1.秘制牛肉面；2.盈盈爱心私房菜

特色：1.两大棵桂花一公一母，上百年的样子，夏天人都沁出香的味来；2.院里的苹果、海棠果、梅子、樱桃、李子，开完花就结果来贡献给馋嘴们，吃不完的都酿成酒了；3.丹妮狗狗最爱跟人玩接球游戏，要先想好是否能承担跟它玩一天哪都没去的严重后果；4.跟着小龙去他驻唱的酒吧混，忘忧；5.地中海式浪漫小窗咖啡吧休闲区，常能看到那些爱蹭的，倚着外窗拍来拍去；6.院里的秋千上曾有女孩被求婚哦，那男的太省事了，都不用制造气氛

地址：丽江束河古镇马屎最多的那条拐柳巷

电话：0888-5129069
15912217560

Q Q：1220668145

微博：@丽江束河碧桂苑客栈

网址：blog.sina.com.cn/bgykz

种花养狗是生活的美差

人人都有一个花园，没有十亩玫瑰的时候，还有窗前一棵石莲

盗梦花园

——蔷薇花园客栈

蔷薇花园，盗了我的梦！

花园里有又高又大的树，风吹过，花儿就去亲吻蓝天。地上像是撞翻了一个调色盘，颜色淌得到处都是，还有蜜蜂、蝴蝶在忙忙碌碌。

我会表扬那些长得好的花，和耷拉着脑袋的花说对不起。以后一想到它们口渴了，即使躺在床上，我也会立即爬起来给它们喂水。

花园里要有很多只狗。我会舍不得出门旅行，因为我不说晚安，它们就不肯睡觉。我不会送狗狗去速成班，在那里学得慢就会被挨打。它们做个快乐的文盲就好了，只需要懂得坐，卧等简单动作。

我要有很多的朋友来访。狗狗们摇晃着尾巴往朋友们的腿上蹭，一旦有人表现出喜爱的神情，它们就会扑将上去，可所有的人都任由它们骗吃骗喝骗感情。我和朋友们花很长时间做饭，晚饭从下午一直吃到月亮升起，我们在花园里没完没了地说话、笑和歌唱……

朋友说，有些事还是想想吧，想想就很美好了。

可是，有的人不止于想想，蔷薇花园的生活实录与我的梦丝毫不差。它，盗了我的梦！

主人说，他们被城市生活淘汰了。我想事实是，不屑于为一栋别墅钱在城市当奴隶而撤退到乡村给狗和花做保姆的人有福了，淘汰了城市生活的人有福了。

贴士：

适合人群：狗友，花痴

房间：14间　套房3个、大床标间5个、双床标间5个、三人间1个

价格：220—720元，十一、春节期间会有50 %左右的涨幅

设施：无线上网、电视，洗衣机……满足日常生活的各种需要。客厅里有个豪华壁炉，冬天就是大家的根据地，傻瓜才会挪窝

餐饮：巨大的厨房里有巨大的冰箱，东西多到可以开个小超市。可以和主人一起去买土鸡，腊排骨，野生菌。你可以自助使用（10元/人），也可以搭伙（30元/人）。

特色：狗狗做三陪，有客人非要请狗同吃同聊同床。通常有10只左右的狗（怕狗的也不用担心，它们大都各居其位，被你骚扰的机率远远高于你被它们所骚扰的机率）。有房间是带小院子的，特意放置了狗舍，免费为入住客人的狗提供狗食；免费上一堂花卉课，梨树11棵，郁金香、风信子、蔷薇等等。四月到八月最浪漫，月季、蔷薇、玫瑰之类的花都开了

老板：“来福妈”会很乐意给客人讲那只帅气，经历曲折，人缘好的名叫“来福”的黑拉拉狗的故事

地址：丽江古城区束河古镇鹿苑路蔷薇花园客栈

电话：13578375090 13688763670

Q Q：1661277 2699009

邮箱：1661277@qq.com

网址：www.qwhy.net

微博：weibo.com/u/1868145360

房间的小旅行

——情人结客栈

贴士

适合人群：喜欢情调的，不拘泥于丽江本地风的（几年前到丽江的乐趣是在客栈间旅行，从这家住到那家。如今已升级为房间之间旅行，从这个房间住到那个房间。不出客栈地旅行，堕落啊！）

房间：9间，个个不一样

价格：480—780元

设施：1. 房间内的枝形吊灯、叶编相框、手工纸灯、油画，映衬出我原有生活的暗淡 2. 所有房间都是大床房 3. 从无线上网到独立卫浴，标配齐全 4. 很棒的厨房，引诱人采购、动手

餐饮：免费早餐

特色：1. 细节丰富。（主人有一次从深圳租了一辆10米长的大货车，拉了满满一车各种东西来）2. 空间舒展，不仅是房内，房外也有独立小花园或小阳台，充分体贴了人与人之间既紧密又独立的舒适尺度；3. 纳西庭院和独特设计结合，让人享受不一样的丽江

老板：曾惠

地址：丽江束河古镇飞花触水旁（小吧黎酒吧后面停车场内进100米）

电话：0888-5125938

网址：www.qrj365.com

微博：weibo.com/u/2165289522

Q Q：996032980

美妙的旅行总伴着一声叹息：哎，要走了。更糟的是，临行前发现一个纳西院子里藏着渴望已久的环球旅行。

这家客栈有9个精简版的环球生活样板。蓝蓝白白的爱琴海小岛、有点野的沙漠绿洲、似有鸟叫的热带雨林，水果芬芳的巴厘岛……坐卧躺，都伴随旅行的欣喜。

“隔壁的又一居一看就是男人做的，霸气外露；情人结一看就是女人做的，细节丰富细腻。”正在修剪花枝的曾姐即是打造这里的人，听到这样的形容，她说：“不只是女人，更是个热爱旅行的女人。和来丽江旅行的人一样，我也喜欢世界各地到处跑。深知旅行的乐趣在于发现一个个新奇的小玩意儿和不同的生活方式。所以我不停地淘东西，国内到国外。造一个家，在舒适里享受不一样的生活，多好。”

野心显而易见啊，在丽江制造一种几乎不可能在丽江遇见的惊喜，铺满有缘人的旅途。当城里的木头人说出“这一路已经习惯了抬头看看天，无论白天黑夜”，便意味着在情人结睡着一定是搞到了旅行中的心满意足。

一早，一堆北京腔叫嚷着“我来啦”扑进客栈，“我喜欢你这间”，“你那间我也喜欢”。换，不换？有点纠结。

我在纱帐里窃笑：如果我无法环球旅行，至少能有9天，在情人结的9间房里作一次小小的世界之旅。

霸占了我的躺椅
严重点说
就是霸占了我一天里
绝大部分的美好时光

有的人只要随便见一面，就能感到他的温暖，像老朋友一样。这个成都来的栈主正是如此。他有着老友所具有的特质，比如热心与你分享好东西。

我得到的最大分享即是这束河田园的生活美学。

“重要的是生活本身。”是栈主夫妇的哲学精要。

既然如此，就得给老子拿出点诚意来。客栈门前清溪绿屏，视野宽阔。于是，他们掀翻一些房间，让位给观景平台。又觉得这还不够真诚，又增建了二楼观景走廊。哈哈，如今每一个不希望被打扰的客人都能找到可以独自面对风景的位置啦。“空间宽一点，心里自然就宽一点。”

10 点起床算早了，趴在窗户看溪边的纳西大嫂摆开一盆一簸箕的水果，男栈主带队的一帮狗狗和客人已经爬山回来。风里夹着几声纳西古乐的竹罄铃响。

就餐也不能让自然缺席哦，前院的露天餐厅，宽阔得离谱，在阳光底下吃一顿挥洒自如的川式大餐，气度那个超然。

这活生生的生活，让我领教了一个栈主的生活美学。

傍晚，一颗星从山边冒出来，略微稀薄的空气里充满了随意。发呆的一天尚未结束。

明早，从柔软的梦里醒来，从温馨暖人的被窝里爬出来，看着窗外溪水如昨流淌，伸个懒腰，啊，终于没辜负了这良辰美景。

贴士

在棉花客栈听风吃茶，是朴素的高级奢侈品

适合人群：喜欢典型的束河半隐居诗意生活，放松绷紧的神经的人。可以躲在任何一个角落发呆而不被打扰

价格：280—880 元

餐饮：提供川味餐饮，年夜饭够经典、超级热闹

设施：公共区域大，露台可以看到雪山

特色：提供免费的小木牌，客人可以自由发挥，写画都可，留在客栈里，长久的纪念

趣事：一英国海龟，喝醉了爬到棉花客栈的大梁上，写下“肖靓喝高了，很高兴。2008 年”几个大字

栈主：吴畏、田倩夫妇（网名：九翔、段九木）

地址：丽江束河古镇中和村三友巷 44 号（九鼎龙潭对面木吊桥旁）

电话：0888-5116610 13908884838

Q Q：4450631 6045722

微博：e.weibo.com/cottonzone

主页：www.cottonzone.com.cn

领教了一个栈主的生活美学

——束河棉花客栈

地偏心也远

——锦庐精品酒店

如果不小心有了一个红颜知己，你会带她到哪里？如果你正好带到丽江来，你会带她到哪儿住？现在，可能你已经猜到答案了，没错，就是这一家，锦庐。

远观一下就明白了，它不是小情小调的货。我把他标榜为像太极一样高级。抱歉，俺有一点点太极情节。人的毛病是缺什么装什么，你看，我就喜欢它的方正简洁，既净也静，[illegible]一样简单而高深。

因此，我不会带情人而会带知己来，来做两个心灵的富翁。可是啊，我这两者都木有。空谈误国。

贴士

在束河的边边上，有 10 分钟的距离，距离即美感，清净

俩优雅女管家特别平和亲切，不要太享福哦

适合人群：想与群众保持距离的

房间：10 间

最佳房间：2 楼落地大玻璃可看望田园的大床房

价格：四季同一，一楼大床 4 间，380 元 / 间；二楼标间 2 间，380 元 / 间，阳光观景房 2 间，480 元 / 间；一室一厅套房 580 元，两室一厅 880 元

设施：有水池的院子，茶室、餐厅兼会议厅

餐饮：西式早餐价 50 元，中式早餐价 30 元

特色：简约禅意，走廊、房间、茶室宽大；有温柔的大狗叫胖妞

老板：娟子

地址：丽江束河古镇仁里村 39 号

电话：0888-5313996

邮箱：jinlu_shuhe@hotmail.com

博客：blog.sina.com.cn/u/1972039314

微博：weibo.com/sh[illegible]

qing.weibo.com/shuhej[illegible]

这个花哨的人，这里有他，那里也有他，像个流窜犯。想不到内心还有那么低调的地方，有点料。梦蝶庄依孙冕的梦而造。

在我看来，醒时是真实，梦境是幻觉，庄子以为不然，孙冕亦不以为然，南怀瑾老先生笑而不语。

可能在孙老顽童来说，爬雪山是一种飞翔，喝高了爬2416艺术部落的晒粮架也是一种飞翔。梦蝶庄，在现实与梦景间翩翩。

孙冕谬语录：所有珍贵的东西，在丽江都是免费的，蓝天，白云，清风，朗月，爱情，只要你愿意等待！

各路逃犯从都市涌来，松了绑，有的人在房间里飞翔，有的人在树下呆望，有的人在书房里欢唱……谈笑无鸿儒，往来皆白丁。你会发现逃犯无数：李健姚晨韩红李亚鹏王菲宁财神先一步逃到这里……梦蝶庄，窝藏逃犯的殿堂。

“在阳光下的梦蝶庄，甭管身份贵贱男女老少，上桌儿先浮一大白，待脸红时，扯嗓子五音不全地唱会儿歌，边唱边倒立，别看别人，说的就是你！”（——宁财神）

梦蝶庄的阳光，请收容我，让我的身安住，让我的心飞翔。

请把我流放到老庄的梦境

——梦蝶庄酒店

贴士

适合人群：受够了城市的拥挤嘈杂，被俗事追杀的人。

房间：淡雅低调，要想审美疲劳有困难。10栋别墅，19间客房。酒店用品比别家齐全。床太软，枕头太软，像被云朵包围。洗手间有地热，光脚很舒适。庭院内云朵形状地砖名为“辉煌石”，是专为梦蝶庄定制的。

泳池别墅：梦溪

温泉别墅：梦石、梦云、梦竹

花园别墅：梦霞、梦梅、梦莲、梦兰、梦菊、梦柳

餐饮：广东粤菜大厨秘制的粤式私房菜。可点各色饮品、鸡尾酒和精致粤式点心。

设施：梦蝶阁，景观餐厅/宴会厅，健身房，红酒坊/会议厅

特色：贴心管家式服务，你跟明星同等待遇，一视同仁。甚至在特别忙的时候，首先满足普通顾客的需求，连孙老爷子也经常被撂到一边，无人搭理。推荐特色游玩路线，包括放鹰、看雪山下的泉眼等。

趣事：某次，一帅哥，一个人在河边露台边坐了一夜。又某次，另一帅哥，来了一个星期，一步也没有离开梦蝶庄，什么也没说。

老板：孙冕

地址：丽江束河古镇乡村国际酒吧区哈里谷南段

电话：0888-5189991

传真：0888-5189091

微博：weibo.com/mengdiezhuang

主页：www.butterflyresort.net

酒店360° 展示页面：
hfhg.othink.cn/mdz/2/index.html

所有珍贵的东西，在丽江都是免费的，蓝天，
白云，清风，朗月，爱情，只要你愿意等待

奇妙的是在这里还有一家客栈

——真美·里格客栈

一直怀疑这家老板是因为不断在湖边听到游人赞叹：里格真美！因此醍醐灌顶般，不想再搜断枯肠想店名，索性就把这句大白话安在了招牌上。这当然是闲来无事的臆测，嘿嘿。

到“真美·里格”的那个下午，刚好碰上整个村子停电，客栈的发电机轰鸣作响。我坐在房间的阳台上，透过木栏的花格，看经过的各色人等。形神涣散的我觉得自己是个被定格的脚架，镜头长在脑袋上。在旁边隆隆的发电声中，不尽职的脚架竟然睡着了。

和真美的其他店一样，舍得留下大大的公共空间让人彻底把心放下。蓝色的天空跌进了湖里。水动时，心里似有钢琴声滑过，任何心事都是多余的。

是不是每个人都有诗性，只是不到合适的土壤就不会出芽？

醒来的我在湖边闲逛，先是听到游客甲在跟朋友说：“荡涤心灵的地方，里格是不二之选。”这话不完全算假话，但还是酸得人骨头发软。

然后出现的是游客乙。他在对女朋友说，看到一片山水并不是奇妙之处，奇妙的是在这里还有一家客栈。

嗯，这话总结得不错。

贴士

适合人群：想在宽敞的地方看宽敞的湖收获宽敞的心情的人

最佳房间：带私家阳台的观景房让你在保有私密空间的同时拥有开阔眼界

房间：48 间

价格：100—398 元，从特价房、湖景房到湖景套房，满足您的各种需求。旺季时房价会加 100 元

设施：品牌洗浴用品，轻软的床褥，专职厨师和餐厅，湖景房有红蓝绿的躺椅。另外不得不提醒的是，即使泸沽湖偶尔停电（这是泸沽湖特色之一），真美里格客栈也有发电机做后勤保障

餐饮：餐厅在这迷你的里格半岛区算是大哥大了，可接待 80 人同时用餐

招牌菜热腾腾上桌：烤鱼，牛蛙，摩梭风味，泸沽湖银鱼

特色：服务是真美连锁店的制胜法宝。你见过手里捧着座机穿梭于客栈和餐厅之间随时接听客人来电的人吗？你认识客潮涌动时，可以餐厅，客房，厨房一肩挑却依然眉眼弯弯笑意盈盈的人吗？看着他们俩的样子，一边觉得这儿的客人福气不浅，一边疑惑老板的眼光怎么那么“毒”到？

电话：0888-5822476
5822475

网址：www.lijiang123.com
www.zhenmei123.com

地址：从里格弯弯绕绕的入口处走下来，走十分钟，在左手边。其实远远就可以看到那块大白话招牌“真美·里格”

跨游丽江

开着边三轮摩托车到处去疯，是显摆你懂上古年代最拉风的事
它超越了交通工具，完全是现代时髦人的玩具
喜欢在风中撒野的人可到丽江白沙打 13501851151 看哪条路程和你的银子比较搭
弄不清楚先看下这个网址 www.lijiangsideways.com

住的备选

古城

悦庭轩

几个在温州玩腻的设计师开的，破边碗搬回来就做出独特装饰

适合人群：有点艺术味儿，追求时尚的人

房　　价：580—1580 元 / 间，不分淡旺季
地　　址：丽江古城黄山上段 68 号（狮子山公园旁）
定房电话：0888-5339333
新浪微博：weibo.com/joyfulhotel

约客客栈

黄墙黄灯笼加几棵棕树，浓浓的东南亚风情。当家的女孩很体贴

适合人群：钟爱东南亚风的、独自来丽江玩的女生

房　　价：388—518 元 / 间
地　　址：丽江古城七一街八一下段 126 号
定房电话：0888-5550177
网　　址：www.ljyork.com

摩娜家

别看经常关着门，有内线的品味型间谍才会去敲门。客房很精致哦，有两个院落。新店装修惹眼，尤其是卫浴设计很有冲击力。主人摩娜和大胡子相当好客，不要错过品尝摩娜的绝品私房菜

适合人群：爱吃爱玩的都市白领

房　　价：180—680 元 / 间
地　　址：一店 丽江古城七一街八一下段 58 号（南门桥）
二店 丽江古城光义街忠义巷
定房电话：0888-5180235
网　　址：www.ljmonajia.com
新浪微博：weibo.com/u/1866203335

花马国客栈

坐望老街古石桥潺潺流水，没有围墙的纳西水风景庭院。地段是看古镇风情的黄金地，热闹的是对面河边老街的人群

适合人群：喜欢看美女，也喜欢被美女看的人首选
房　　价：淡季 300—480 元 / 间
地　　址：丽江古城大石桥边
定房电话：0888-5129099

丽泽别院

曾经是古城画院，现在是台湾老板施展想法的民宿，设计感强

适合人群：中高收入，享受现代居所

房　　价：淡季 580—1180 元 / 间，
黄金周 780—1680 元 / 间
地　　址：丽江古城七一街兴文巷 63 号
定房电话：0888-5186009
网　　址：www.merry-inn.com

快乐驿站

老板小斑马，经常到户外寻觅好吃好玩的，客人来了带队体验，欢迎检验快乐程度

适合人群：好运动的年轻人
房价：160 ~ 258 元 / 间 / 天，旺季上调 50 元

地　　址：丽江古城光义街忠义巷 141 号
定房电话：0888-5170185
网　　址：www.ljjzlg.com
QQ：1093000855

瓦蓝隐约客栈

瓦蓝客栈的二分店，当瓦蓝成了别人的老婆，并和别人有了女儿之后，就一直在这里 show 恩爱晒幸福，引来大帮粉丝轮番冲来羡慕嫉妒恨。因聚众腐败被

恶评："客人不像客人，主人不象主人"

适合人群：喜结交，不怕群居的人。瓦蓝和别人的朋友、朋友的朋友

房　　价：100—220 元 / 间，
黄金周上调 20 ~ 100 元
地　　址：丽江古城五一街王家庄巷 33 号
定房电话：瓦蓝院电话 0888-5125554；
隐约院电话 0888-5187368
网　　站：www.lj-life.com
微　　博：weibo.com/neverlandinn @ 瓦蓝客栈连锁

田心园

靠近白马龙潭，开放式庭院。看上去围墙抬个脚就跨进去，其实还是有个平台的。老板不定期举行心灵成长培训

适合人群：喜欢安静的心灵一族

房　　价：380—780 元 / 间，不分淡旺季
地　　址：丽江古城光义街光碧巷 31 号
定房电话：0888-5121020
网　　址：www.tiensgarden.com

尚福雅苑

有情调的小书房、室内温柔的灯光、床上的玫瑰花瓣，是个男的，住进去也忍不住浪漫。难怪那些寻觅温柔风情的姑娘们，在门口看见，叫着跳着就冲进去了

适合人群：情侣、蜜月、度假人士

房　　价：280—480 元 / 间，旺季上调
地　　址：丽江古城光义街金星巷 21 号
定房电话：0888-5128630 5181080
网　　址：www.ljshangfu.com

丽程山水

三年啦，还在不断装饰。古城老四合院的美丽建筑怎样与时尚的漂亮原素结合？始终是这上海一家人不停花钱的原因。庭院有山水，公共区域像电影中艺术家的客厅，壁炉、书墙、精致摆设，坐进去就提升气质。自助厨房，装备齐全

适合人群：懂品味，且也舍得花钱的人
房　　价：600—1500 元 / 间
地　　址：丽江古城光义街现文巷 42 号
定房电话：0888-5303158

红尘净土

在古城有好几家分店，散落在各小街小巷。随意，亲切，常有人问：你知道红尘净土在哪吗？

适合人群：喜欢交朋友，自由行的人
房价：200 ~ 880 元 / 间

地　　址：丽江古城五一街王家庄巷 42 号
丽江古城五一街文治巷 93 号
丽江古城百岁坊普贤寺旁
定房电话：15126092493
新浪微博：weibo.com/255588

屋顶上的瓦猫

小院门明目张胆写着：家有恶犬，请勿硬闯
北京来玩的一对小年青，拍了写真就留住了心，然后开始留住别人的心

适合人群：有北漂情结的青年男女，小心一住不想走

房　　价：150—1280 元 / 间
地　　址：丽江古城七一街七一街昭庆村 3 号
定房电话：0888-5161906 15108880204
新浪微博：weibo.com/wamao520

花样年华

窝在院子的吊椅里柔软地看云慢慢的飘向东去，眼睛也不知不觉地合上。懒懒的狗、懒懒的人

适合人群：想变懒的家伙

房　　价：480—1280 元 / 间
地　　址：丽江古城七一街崇仁巷 12 号
定房电话：0888-5130112

秋木树下

作为七一街八一下段的标志性招牌，客栈名气不小。在古城走迷路了可以约到这里见面。价格实惠，赵大哥独揽老板小妹保安的活，麻利得很

适合人群：年轻驴友，学生，走累了不想到处找客栈的，图个出入方便的
房　　价：80—150 元 / 间，黄金周上调
地　　址：丽江古城七一街关门口 92 号
定房电话：13987877113

常乐居客栈

店主热情，常有一帮人进门就喊“我们又来了”。有酒香不怕巷子深的感觉

适合人群：自来熟

房　　价：180—400 元 / 间，黄金周上调
地　　址：丽江古城光义街忠义巷 136—137 号
定房电话：0888-5125721

3、5、7、9味生活小院

喜欢丽江、超有心的一家人，四个客栈一一开起来，生活味人情味十足。三七九味在古城，有个三味书吧；五味在束河。美好心情也能连锁

适合人群：独自游丽江的，家庭型游客，可以感受主人的热情

房　　价：180—480 元 / 间

三味生活小院：古城总店

地　　址：丽江古城七一街八一下段 115 号（南门桥附近）

七味生活小院：古城分店

地　　址：丽江古城七一街八河中路 8 号（南门停车场东第一条街道内）

九味生活小院：古城分店

地　　址：丽江古城七一街八一下段 48 号（市一中老门对面路口内）

五味生活小院：束河旗舰店

地　　址：丽江束河古镇中和村 2 号（北门停车场对面路口内）

定房电话：15012244833
0888-5181818　5153366　5157998

网　　站：www.5isanwei.com

翰院一号

传说中很牛的客栈，进去之后果然有点牛。微型酒店的打扮，精致方正。服务员态度也有点牛

适合人群：商务旅游、私密低调的、喜欢中国建筑美学的

房　　价：588—898 元 / 间

地　　址：丽江古城昭庆村 20 号

定房电话：0888-5188851

网　　站：www.manorone.com

六月天

北京女孩的心意都透到庭院与客房里了，一眼就认出她之前是搞设计的。房间不多，民族元素的小点缀更显时尚、温馨

适合人群：想在艺术调调里生活起居的

房　　价：480—680 元 / 间，三天以上有折扣，黄金周价格翻倍

地　　址：丽江古城五一街文治巷 102 号

定房电话：13388887257

夕露小榭

在古城深处，找一家舒适宜人的客栈住下，慢慢地品味丽江柔软时光，说的就是这里吧

适合人群：除了急性子的之外，其他都适合

房　　价：420—880 元 / 间

地　　址：丽江古城七一街八一下段 109 号

定房电话：0888-5170983

阿育塔雅

窗帘、家具、饰品都是典型的东南亚风格，每个房间的色彩表达着不同的含义。率先在古城为客人提供柔软睡袍的客栈。

适合人群：着迷东南亚风格的

房　　价：280—560 元 / 间

地　　址：丽江古城七一街八一下段 124 号

定房电话：0888-5123952

锦鸿山庄

与古城有一定距离，不高的山坡植物常绿，3 ~ 5 月蔷薇爬满院墙内外，连公共厕所里都是花香

适合人群：喜欢远观古城，爱山隐的清静的

房　　价：380—680 元 / 间

地　　址：丽江古城北门街子云巷 126 号

定房电话：0888-5318688

潘巴家园

古城里开得较晚的青旅，虽不在中心位置，人气却异常火爆

适合人群：驴友、背包客、老外、户外群体

房　　价：40—240 元 / 间

地　　址：丽江古城五一街东段文明巷 63 号，汝吉小学旁

定房电话：0888-5119077

如果蜜蜂、花朵的到来，没有让我们感觉到春的律动，那么尽管我们很聪明、很有创意、很勤奋，但很不幸，每一个明天都会变成今天。有谁愿意错过整个盛开的生命？请举手

束河

尼美图

堪称束河果树最多，可居可留的庭院，丰收的时候人气特旺。周老太爷大方，会顺便邀请你在院子里听歌剧，前提是和他能对上眼

适合人群：见过世面的人，有钱不懂花的人，高层会议人群

房　　价：460—1860 元 / 间，坚持长假期间都不调价

地　　址：丽江束河古镇龙泉路

定房电话：0888-5149988

正福草堂

苏州园林与纳西庭院的完美结合，古琴悠扬，仿佛置身江南水乡。参观的人太多，用一道有漏窗的围墙围起来，更显得庭院深深。束河、同里、周庄的店均出自一人之手，被网友誉为“中华第一雅居”

适合人群：对传统古典文化垂青的人。喜安静，蜜月情侣，小资白领，老外

房　　价：468—1280 元 / 间，黄金周不上调，淡季会打折

地　　址：丽江束河古镇龙泉路（书香门第），仁里路（草堂餐馆）

客服热线：0888-5178111（丽江）
0512-63320576（同里）
0512-57219333（周庄）

网　　址：www.zfct.com

微　　博：weibo.com/zfct

月泉驿栈

沙发边，玻璃门外，骑马路过的人在阳光下像广告片闪过。驿栈里是旅行路上的时尚空间

适合人群：时尚背包客，合家旅游，高尔夫球友

房　　价：300—500 元 / 间

地　　址：丽江束河古镇龙泉路

客服热线：0888-5136568

居岩驿客栈

独立的复式客房、二层小木楼、静谧庭院，感觉回到了童年的外婆家。石子、竹子、樱桃树，禅意、情调和温暖并存

适合人群：寻找雅致小住感觉的时尚者

房　　价：180—280 元 / 间

地　　址：丽江束河古镇街尾村 94 号

客服热线：18988003756

束河元年度假别院

全国连锁企业，气派豪华，大堂里有很多艺术装置，看不懂也别吭声

适合人群：来到古镇，也要保持都市身份的人

房　　价：淡季 880 ~ 2880 元 / 间，
旺季 1380 ~ 3880 元 / 间

地　　址：丽江束河古镇中和路

客服热线：0888-5329333 5350777

网　　址：www.lfz.com.cn

迦南美地客栈

阳光庭院 + 私家厨房 + 咖啡 + 茶 + 。。。。。。。

店主人提倡：爱要常以为亏欠 客要一味地款待

适合人群：对基督教有了解，热衷奉献爱的人

房　　价：118—398 元 / 间

地　　址：丽江束河古镇中和路 3 号

客服热线：0888-5187478

网　　址：www.jnmd.chinahotel.com

鹿野苑

花草爬满院墙，楼上有宽大的书房。主人热情有好茶，经常组织有缘人帮助弱势人群

适合人群：雅人、修行者、好参禅论道者

房　　价：淡季 120—200 元 / 间，
旺季 180—300 元 / 间

地　　址：丽江束河古镇中和巷 64 号

定房电话：0888-5186656

新浪微博：weibo.com/u/1886951952

樱桃小筑

如果去说酒吧太闹，远离人群又太寂寞，那就来樱桃小筑。一个有人情味的小院子，在店主舟舟打理下怡然自得

适合人群：喜欢自然，喜欢在樱桃树下荡秋千，喜欢遐想的

房　　价：190—580 元 / 间
地　　址：丽江束河古镇仁里巷 16 号
电　　话：0888-5162526　13888466603
博　　客：blog.sina.com.cn/cherrinn

卓尔吧

在院子里用心和花草讲话的老外帅哥、真心关爱人的台湾美女。藏式装饰更体现温馨的家庭氛围。自带咖啡吧，总想找个理由不走了

适合人群：温和的人
房　　价：90—170 元 / 间，黄金周上调
地　　址：丽江束河古镇指挥部停车场前 50 米
定房电话：0888-5136627

竹韵客栈

富有度假情调，精致。不一样的建筑不一样的内饰美美的主人，三惊喜就是这里

适合人群：喜爱自然，品味细节的中、高端自由行者

房　　价：380—780 元 / 间
地　　址：丽江束河古镇仁里村二委二号
定房电话：0888-5360059
新浪微博：weibo.com/u/1073260327

欢喜

以白色为主调，白地毯柔软舒服，给人大清新之感，不愧为叫“欢喜”。有个小放映厅，电影极多，可以从冬天看到春天了

适合人群：逃离都市找休闲的旅行玩家

房　　价：291—594 元 / 间
地　　址：丽江束河古镇烟柳路
定房电话：0888-5174646
网　　址：www.hawhawinn.com
新浪微博：weibo.com/u/1871746563

松云一号

从门外看很有气势，进门后很有品质

适合人群：商务休闲游客，喜欢传统古典文化氛围的

房　　价：380—2800 元 / 间。
长假期间房价上调 100 元
地　　址：丽江束河古镇松云村 1 号
定房电话：0888-5123966

吾爱堂

以前的顺州府，庭院很大，常有聚会。醒得太早，一个人也没有，依老窗远眺，蓝天漂云黛青的山

适合人群：驴友，喜欢随意自在的人

房　　价：120—380 元 / 间
地　　址：丽江束河古镇拐柳巷
定房电话：13013384555　13038614555

37℃ 2 客栈

束河早期的客栈之一，驴友喜欢聚集的地方，随意自在，口碑不错

适合人群：背包客

房　　价：166—220 元 / 间，
长假期间房价上调 100 元
地　　址：丽江束河古镇拐柳巷中段
定房电话：13578371103

塞拉维

经过九鼎龙潭，往山边清净处走就到了。一对夫妻一只狗，理想的组合，理想的院落。人缘太好，所以经常客满，需提前预定

适合人群：喜欢清净、热爱自然的，早上可以去九鼎龙潭打水

房　　价：280—880 元 / 间，黄金周上调
地　　址：丽江市束河古镇仁里二社 6 号
定房电话：0888-5111705　13911130897
网　　站：www.clv-shuhe.com
微　　博：weibo.com/u/2640770972

半境客栈

九鼎龙潭以北，话说这个地方太僻静了，去了几次都没见有人，但又常听有人念念不忘。客栈掩映在一丛丛绿竹里，飘渺得很

适合人群： 喜欢安静不被打搅的、想体验世外桃源的
房　　价： 380—580 元 / 间
地　　址： 丽江古城区束河古镇九鼎龙潭附近
定房电话： 0888-5185037

雷人驿站

命名缘由是住客非雷即二。诸如规定店家安排每人日均消费不准低于一万元、红酒只喝 83 度以上、19 天不出门玩、每晚洗四五次澡……之奇之多，不便赘述。赛着雷，雷死人不负责，雷到二也乐此不疲。而庭院的规矩、舒雅之气与雷主题相配，更雷了

适合人群： 私家会所，只接待圈内雷人
房　　价： 300—380 元 / 间
地　　址： 丽江束河古镇中和路
定房电话： 13988868886

尔玛家

深色调为主，看上去就很高级，从里到外透着优雅，让人怀疑主人是贵族?
适合人群： 真休闲、不赶时间的
房　　价： 220—880 元 / 间

地　　址： 丽江束河古镇仁里路
定房电话： 15126070849　18908121513
博　　客： blog.sina.com.cn/erma110110
微　　博： weibo.com/ermajia

雅居客栈

门前有流水，屋后有菜园，闲来坐看云，回案抚琴茶微凉。雅居主人老马和可乐相识相恋于束河，安居于此，是丽江童话现代版，羡慕的可以来与他们聊聊儒释道，以及修身养性，过几天隐士生活
适合人群： 喜田园风景、安静、修行人、素食者

房　　价： 80—320 元 / 间
地　　址： 丽江束河古镇仁里路 21 号
定房电话： 0888-5181840　15608885978
微　　博： weibo.com/magicboy1970

懒窝客栈

仁里路密集的客栈里，贵阳来的沐暮，来得最晚，客房最少，人气最旺。客厅里堆满了住客寄来的各种零食。订房必须先跟沐暮成朋友，这个过期交警总有办法解决懒窝入住难问题。“人帅无药医啊。”心路畅通

适合人群： 年轻好玩，喜欢交朋友，爱热闹的一群
房　　价： 100—300 元 / 间
地　　址： 丽江束河古镇仁里路 21 号
定房电话： 18685176646
博　　客： blog.sina.com.cn/shuhemumu
微　　博： weibo.com/yong00427

阿布家

最大的特色是两只阿拉斯加大狗，喜欢并排蹲在窗边看过路游客。千万别擅自喂食，阿布会怒的。门上写着招小妹，不用干活。客房基本常年被熟客占据，所以阿布的逍遥令人羡慕
适合人群： 想来享受悠闲时光的、体验田园风光的人

房　　价： 280—480 元 / 间
地　　址： 丽江束河古镇仁里路四社 21 号
定房电话： 0888-5158693
博　　客： blog.sina.com.cn/shuheabujia77
微　　博： weibo.com/u/1621992444

一坐一忘客栈

店主喜静，布置了一片安静闲适的惬意天地，与同道中人分享。许多朋友来束河，就为了呆在这里，忘记时间，忘掉世俗尘嚣
适合人群： 喜欢安静的单身驴友、背包客

房　　价： 300—380 元 / 间
地　　址： 丽江束河古镇仁里路
定房电话： 0888-5136586
微　　博： weibo.com/u/1773808875

和天下客栈

门头不大，看不出有 58 间客房的规模。一进里院别有洞天，有些大气，游泳池很精彩，庭院齐整古雅，房间够宽够舒适

适合人群：喜欢舒适随意的，家庭型游客，团队游客

房　　价：280—580 元 / 间
地　　址：丽江束河古镇龙泉路束河完小对面东康村 18 号
定房电话：4008872236
网　　址：www.htxinn.com

回峰客栈

客房很棒，还带露台，可以在房间里等着送早餐来。新加坡设计师老板嫌院子太大，一进门搞了个蓝色游泳池，古典又现代的四合院，是纳西风情与东南亚风情神奇的组合

适合人群：追求优雅品质的、喜欢跟人交流的，这里氛围浓厚

房　　价：380—880 元 / 间
地　　址：丽江束河古镇街尾村 56 号
定房电话：0888-5117879
微　　博：weibo.com/u/2060704131

三千院客栈

地处较偏，远离尘嚣，想象主人应是忘尘出世的年长者，谁知却是一对情侣。书吧、厨房都是提供给客人免费用，院里多花木

适合人群：喜爱安静悠闲的人、想要二人世界的情侣

房　　价：360—480 元 / 间
地　　址：丽江束河古镇哈里谷下段
定房电话：0888-5188162
微　　博：weibo.com/u/2517334760

熊妈妈家

不停听各路朋友讲起熊妈妈，人如何好，素食如何好吃，等你一去自然知道，不用我们多啰嗦。熊妈妈贴心，素食花样繁多，如果你能从此不知肉味，那也算功德无量

适合人群：素食者，环保人士，练太极瑜伽气功尤者其适合
房　　价：220—280 元 / 间
地　　址：丽江束河古镇仁里一村 4 号院
电　　话：15912224345

白沙

束河白沙天堂角落客栈

外墙与周围环境完全不搭，院内的格局与隔壁邻居更是不一样。别人在比谁谁谁的车是最新版，他却不断把古老的跨子（边三轮摩托）打理得越来越靓

适合人群：喜爱户外运动的
房　　价：80—580 元 / 间
地　　址：丽江白沙古镇街尾
定房电话：13208880736

丽江华美度假会馆

简约的低调装饰，私密的奢华度假场所。整个会馆在玉龙雪山的俯视下诠释静溢之美，躺在房间的浴缸里就可以与玉龙雪山秘密对话。特制的玻璃屋顶，难道就是玄妙的浪漫星空之约?

适合人群：懂欣赏的中、高端度假人士
房　　价：1888—4888 元 / 套，网络预定有优惠
地　　址：丽江白沙古镇太平村
定房电话：0888-5399860

住的备选

丽江和府皇冠假日酒店

巧妙融合了现代时尚元素和纳西民族建筑特色，置身其中，远眺玉龙雪山，近闻花香，细嚼丽江自然与人文精髓

适合人群：休闲度假和商旅客人、高端会议

设　　施：按五星级酒店设置的别墅式客房，套房；健身中心、室内恒温泳池、茶树水疗、会议室等

餐　　饮：七色光中餐厅、查玛斯巴西餐厅

房　　间：270 间客房及 10 间套房

房　　价：1250—2680 元 / 间 / 天（注：用餐、住房均需付 15 % 的服务费）长假期间房价会上调

地　　址：丽江古城区祥和路 276 号

定房电话：0888-5588888

网　　址：www.crowneplaza.cn

邮　　箱：reservation@cplijiang.com

微　　博：e.weibo.com/1772041640/map

三合酒店

当年茶马古道上的皮革大商，几代人的成功经营才建起这大宅。丽江最早的重点保护民居之一，现在提供的是星级享受

适合人群：贵宾、大资、外国人

设　　施：七栋楼含有各式客房，客房里空调、小冰箱、保险箱俱全；有洗衣、商务中心等服务

餐　　饮：赠送中、西式早餐

房　　间：47 间，含标间、豪标、行政套房

房　　价：350—980 元 / 间 / 天　淡旺季有调整

地　　址：丽江古城新义街积善巷 4 号

定房电话：0888-5120891

网　　址：www.sanhehotel.b2b.cn

金府大饭店

饭店内庭院、廊榭错落辉映，玉河贯穿于其间，古朴、高雅、灵秀的庭院是居停休憩的理想之选

适合人群：中、高端商旅客人、会议

设　　施：五星级酒店标准

餐　　饮：完备的餐饮及会议服务设施，豪华中餐厅及 4 间装饰极为考究的中式包房，提供正宗的粤式、川式、滇式及西式佳肴

房　　间：99 间（套）拥有华丽、设备新颖的行政套房、豪华套房、豪华标准房等 7 种不同房型供客人挑选

房　　价：540 元 / 间（套）/ 天

地　　址：丽江古城七一街八一下段 69 号

定房电话：0888-5399777

网　　址：www.ljjinfuhotel.com

忆邦酒店

以多个纳西传统民居为基础，巧妙改造。景致细致玲珑，环境私密优雅，她不仅仅是酒店，更是一种全新的休闲生活方式

适合人群：中、高端商旅客人

设　　施：特色酒吧、面包店、超市等一系列配套设施齐全；自有高档车队，为客人入住期间的食、住、行、游、购、娱等各种需求提供便捷

餐　　饮：亿邦涵园餐厅：可容纳 80 人就餐；名厨主理，推出口味纯正的东南亚菜，西餐及亿邦特色精致菜品。酒吧：可容纳 50 ~ 70 人，提供美味小吃、多款美酒佳酿及特色饮品

房　　间：97 间（套）

房　　价：648—8888 元 / 间（套）/ 天

地　　址：丽江古城光义街光碧巷 57 号

定房电话：0888-5551818

丽江和玺酒店

按四星级标准兴建典型的纳西民居风格建筑群

适合人群：中、高端商旅客人、会议

设　　施：四星级标配、会议室

餐　　饮：纳西民间菜品及纳西宴请套餐

房　　间：171 间（含：豪华套房、套房、标准间、单人间等）

房　　价：780—1980 元 / 间 / 天（网络预定有优惠）

地　　址：丽江古城南门广场

定房电话：0888-6877777

网　　址：www.6877777.com

丽江大港旺宝国际饭店

饭店为广州莫伯治建筑师事务所的精心杰作，透过宽敞舒适的房间就见玉龙雪山模样

适合人群：中、高端会议、商旅客人

设　　施：多功能宴会厅、卡拉 OK 厅、健身房、游泳池、桑拿房、棋牌室、小冰箱、私人保险柜、残疾人客房

餐　　饮：中餐厅、西餐厅、风味餐厅、咖啡厅、酒吧

房　　间：435 间客房和套房

房　　价：1320—28000 元 / 间（套）/ 天

地　　址：丽江香格里拉大道

定房电话：0888-5555555 转预订部

网　　址：www.dagangwangbao.com

丽江悦榕庄酒店

纳西式别墅均朝东北向，以保障欣赏到位于海拔五千六百公尺的玉龙雪山山顶，畅想传说中的玉龙躺在白云中

适合人群：慕名而来的中、高端商旅客人

设　　施：配有美容室、瑜珈室、健身房等

餐　　饮：中西自助餐、咖啡厅、酒吧

房　　间：122 间（套房 + 别墅）

房　　价：2688—12800 元 / 套 / 天

地　　址：丽江束河古镇悦榕路

定房电话：0888-5331111

网　　址：www.ynxing.com/html/hotel/room_100.html

微　　博：weibo.com/banyantreelijiang

丽江铂尔曼度假酒店

法国雅高酒店管理集团旗下的顶级度假酒店。设计灵感来自当地纳西传统建筑，低层的设计融入现代中式装饰元素，大小花园水流环绕

适合人群：各类中高端旅游人群、商务、会议客人

设　　施：花园套房、高级套房、花园别墅；全日制中、西餐；蔓达梦水疗；天露图书室；5 个大小不等的会议室

餐　　饮：全日制餐厅提供欧式菜肴和中餐；可预定湖畔烧烤、自助餐；房内用餐服务精选中西厨房最好的菜式，24 小时不间断；1919 吧拥有六个湖中平台岛，提供各类鸡尾酒、啤酒和按杯计量的红酒

房　　间：79 栋别墅和 51 间酒店客房

房　　价：2588—8888 元 / 间（套）/ 天（网络预定有优惠）

地　　址：丽江束河古镇入口

定房电话：0888-5300111

网　　址：www.ynxing.com/html/hotel/room_99.html

微　　博：weibo.com/pullmanlijiang

旅行人像摄影

要不要随大流来丽江拍写真婚纱？

这是个伪命题

实质不在于拍不拍，而在于怎样拍

刁钻地考察下一家又一家的摄影机构，本身是个乐趣

小清新、重口味、文艺范、先锋系

让摄影师给你上几堂免费的摄影鉴赏课

这样的旅行挺臭美

意志力软弱的，也可能把钱夹搭进去

“各种口味的，每样来两套，留一套，删一套”

NOBLE
www.nc977.com www.np977.com
完全自我中心派
——尚品摄影

出风头已经不是本意了，那只不过是一种附带效果；真正的动力，是乐在其中。

一想到要在那个叫做移动之家的大家伙上，享受旅行中的美好，心灵有没有感觉十分满足呢?

座椅总是很舒服,像是喝着香槟到微醺，当姑娘坐下来的时候,优雅的感觉分外真切。这个时候她们喜欢跟爱人莺歌笑语，指着窗外温柔移动的漂亮景色一脸笑意，好像空气中都是蜜糖的气息。

当然，在这个时候谁还会去关心开车这种事情呢，交给该操心这件事的人好了，只需要心无旁骛地沉浸在爱意里，就够了。

或许，还需要有个管家，哪怕只是在下细雨的时候，做做撑伞的工作。这个时候男人的臂弯，有一只是用来轻揽女士的，而另一只负责指着山间的云雾，说情话。

看到这，你一定以为我在跟你说着某种上流社会的生活，就像时尚杂志编辑干的事情一样。

不，你错了，这是家名曰尚品的摄影机构干的，跟上下没关系。

从北京来的美女茉茉，在谁见谁佩服的砍价还价之后，“完全自我中心派”了一回。结果就有了天后的感觉。什么是天后？天后就是只负责高贵优雅。其他的事情？有7个人围着呢，交给他们好了。

事后，茉茉成功转变为一个托，各种闺蜜好友拐骗了不少。

虽然尚品一直在标榜，把摄影当艺术做，可是我不得不说，他们是丽江最不正经者的一分子，因为好像更多的人是冲着七人随行一路房车去的。

这老板好像脑子里没生意这个概念，摄影套系经常送百年客栈客房，当然客栈是他们自己的；开发九子海吧，是为了搞花海婚纱拍摄；玩房车吧，非得搞成拉市海房车营地，还要搞香格里拉现代藏家房车旅行，光听听名字就够有长度的……反正他们想得多了，就没想过在行业里规规矩矩。

这实在是丽江大玩家共有的德性。

贴士：

适合人群：把拍婚纱、写真当做人生一件大事来做的，想过明星瘾的。

特色：突出人像摄影，为客人提供明星待遇。婚纱近千套随你挑，随拍时提供二台相机，二位摄影师；提供七对一服务；还赠送附加值；一套记录咱丽江幸福时光的蜜月写真。

房车一辆根据客人需要随时发动，精美尚品百年客栈专为被拍客人服务。

老板：王晓亮 早年教书，大学里教平面艺术的教授。18岁起喜欢摄影，把摄影作为生命已数十年。

地址：丽江束河古镇四方听音广场北行20米

电话：0888-5187979

网址：www.np977.com

阳光下开放的，是那朵叫全情投入的生命之花

对生活的感恩，化在照片里

——墨摄影工作室

“照片里透着感恩，有一种超越功利之上的从容与真情。”客人这样评价墨摄影。

“常常不知道要感谢谁。”看来这些家伙被搞得有点头昏。爱人＋最好的朋友＋深爱的事业，丽江成就了这家机构的理想。

“拍照不算最好，生意不算最好，但感恩我们有最棒的团队。”他们自我吹嘘。

一对情侣想拍雪山，阴了七天，临走时硬是冒着误机的危险，抢拍几小时。看到美美的PP，女孩说就算误机也值。

若非心存对顾客的感恩，又怎会全情投入创作。为了拉市海夕阳下一个船在水中央的绝美镜头，摄影助理脱衣入水推船潜伏一旁，直到镜头完成，天冷又算什么？新人感动入镜。

感恩之情压抑不住，像丽江的阳光，温暖照耀人心。也像《阿甘正传》的那片白色羽毛，无论怎么飘飞翻转，越平和，越安然，越感恩，越接近天堂。

这帮煽情的文青，对生命短暂的灿烂、恒久的美好的感恩一一溶化在了优美的照片里。

贴士：

适合人群：不嫌自己的艺术鉴赏力高的，就配合他们怎么摆布都行

特色：恬淡平和，自然写意，看不出人为的痕迹

老板：花墨西，与韩寒有些神似，喜欢写字且字不错

地址：丽江古城五一街文生巷108号

电话：0888-5188815 15331630101

网址：www.mfoto.cn

微博：weibo.com/morefoto

把歌声还给夜晚
把道路还给尽头
把飞翔还给天空
剩下的，让它们美好
……
让这纷乱的一切
都单纯低于生活

一生一次，岂能退而求其次

——品摄影

“我们做了正确的决定，在网上看到你们的照片，然后决定攒钱来丽江。你们的确很专业，照片很好。”英文留言，我蹩脚翻译了一下。

发达国家的子民，来趟丽江要攒钱吗？看来是在拍照上狠狠地花了一笔，以鼓励彼此的爱情。把钱掏给了在丽江外拍说第二没人敢说第一的品摄影，是运气还是慧眼？

有个灰太狼迷想趁拍照的机会求婚。因为灰太狼以每天被红太狼用平底锅打为乐，品摄影的工作人员网购来灰太狼套头装、把家里的平底锅洗得铿亮、粉色玫瑰花沾满锅底，钻戒藏在其中。这个迷魂阵在束河一摆开，那女孩一感动就把终身托付了，还鼻涕眼泪地对着摄影师的镜头，留下了再也不能见异思迁的证据。

“一生一次，岂可退而求其次。”惊喜是用心打造的，没有浪漫天赋的人，占便宜了。

贴士：

适合人群：想要在丽江留下浪漫爱情印记的情侣

特色：比较喜欢当业内的各种第一，一帮年轻活力的年轻人用专业、服务、创新追逐梦想

行业权威《今日人像》婚纱摄影作品比赛第一名

第一个开创玉龙雪山海拔4600米巅峰婚纱摄影

全国第一个成立浪漫爱情惊喜计划小组

……多了，写不下啊

地址：丽江店 束河东康路品摄影（指挥部停车场旁）

昆明小西门店 昆明人民中路与东风西路交叉口商铺59号（小西门龟背立交桥旁）

昆明世博店 昆明世博园内环球影城

电话：丽江 0888—5107080 13398888099

昆明 0871—5308899 5656152

网址：丽江www.p99.com.cn

昆明www.p99.net.cn

Q Q：800020055（丽江）

800004599（昆明）

不是简单的文艺，是你心里的爱意

——爱生活摄影

小王子曾经对大人们说一朵玫瑰花有多么重要，他们不以为然；但如果对他们说一栋价值十万法郎的房子，他们会欢呼。

对于文艺这件事来说，谈物质是一件多么违背本意的事情啊，何不简单地倾心于天然、随性而为的清新呢？要知道，有独特爱意的东西虽然并不一定“贵”，但却一定“真”。

“照片让我惊讶，原来这是我自己的样子。”

“我曾想象过自己是这样的，但没有实现过。”

“吓到我了，这不是流行的美。”

这是不同人的反应。

每个人都有独具的美，就像花儿一样。花儿何时开放？也许需要一个巫师，有本事呼唤出你内在的光芒。影像的巫师，正用自创的魔法，对本真的爱意，进行了忠诚而且浪漫的记录；森系、氧系、仙系，每一种都随性而为，拒绝矫揉造作。

要知道，这种能捕捉纯真的爱的巫师，本身就是充满质朴爱意的，这世间往往越简单的方式，却来得越有能量。它并不一定华丽，却闪闪发亮。

对于这样简单又美好的事，我动心了。

贴士：

适合人群：想要参与探求自己独特美感的、喜欢文艺范儿的，当然其中有一个不可忽视的风格派系——先锋系（重口味的文艺范儿），也是值得尝试哦。

特点：文艺。“你和我都不知道照片拍出来会是怎么样的”深呼吸，他们要带你进行的，是一次美的探险之旅。巫师一样把你的美呼唤出来，自己却说：“有个词语，更适合我们，是记录者，最简单的记录者。”

地址：丽江束河古镇束河完小往东100米爱生活摄影

电话：0888-5377168 18601718883（旺仔）

网址：www.love-life.com.cn

微博：weibo.com/u/2808688162 Love-Life影像工作室

weibo.com/u/1520882271 丽江旺仔

阳光里的视觉盛宴

——柔软时光摄影机构

贴士

适合人群：喜欢人文情怀风格，婚前婚后蜜月婚纱照；个人，家庭写真

特色：照片鲜活自然，拍出情感，有人文情怀，在欢笑中拍，连男生也爱

老板：没有老板，只有快乐的团队。（柔软时光摄影机构隶属于创作《丽江的柔软时光》的大蕃茄传媒机构）

地址：丽江古城七一街八一上段16号二楼

电话：0888—5168558
13038613158

网址：www.rrsgsy.com

微博：e.weibo.com/ljrrsgsy

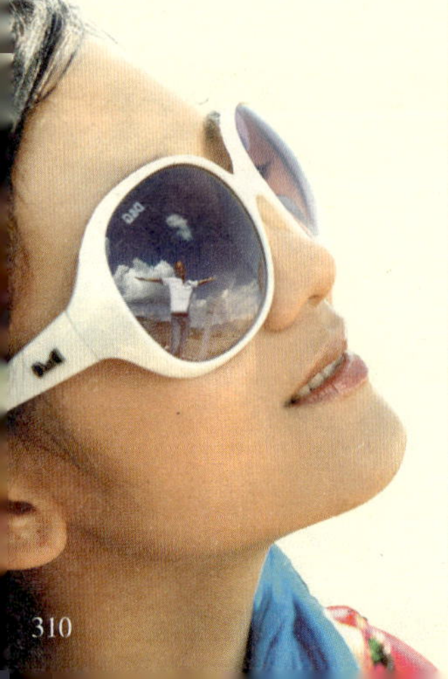

“呵呵……先来傻笑一下”

“哈哈，你太傻啦”

“嗨！！！我看看。臭美”——广州 阿成夫妇

“我不是拍照的人，也不是被拍的主角，却在这里消磨了N个小时，施施然踏上楼来，蹭了无数的咖啡、水果、阳光、欢笑以及好心情，我看到拍的，被拍的人，他们都在丽江光彩照人。他们成为我在丽江印象中最美好的部分。”——小妖

“这样的‘色’影技巧，我想学摄影，不想当医生了。”——北京小刘夫妇

“你们让挑剔的老三不再挑剔，收下他吧，他想做你们的徒弟。”——那理

“丽江让咱俩更肉麻了，柔软时光让丽江更可爱了。摄影师让我们更“做作”了，丽江让我们更“纠结”了。”——维莎 小武

“没想到今天的拍摄如此轻松，随行随拍欢声笑语。让我这个一向很“呆”的人都能够在镜头前面自如自在。”——深圳 晓娇夫妇

“拍的很开心，感觉要不要照片都无所谓了，其实，我怎会舍得不要照片呢。这些照片是会让我们幸福一辈子的呀！”——广州 夏迎松夫妇

“‘遇’到了柔软时光，他们用相机记录下了我们的‘艳’连我老公这样的大脸猫都对照片非常满意，其他的就不用说了。”——北京 文文 娜娜

亲爱的，现在正是时候，打开你的心扉。你爱我吗?
爱
那就好办了

丽江的写真和别处的写真不同

因为连你都想不到自己在这里会那么“真”

拍照备选

年轮摄影工作室

能把你的美用独特的摄影视觉表现出来，作品个性、有艺术性

适合人群： 外景个人、情侣写真；蜜月婚纱照；度假家庭

价　　格： 999—1000 元 / 套

地　　址： 丽江古城区祥和路 381 号柏龙水榭一期四栋二单元 301 号

咨询电话： 15912789991

博　　客： year-ring.poco.cn

STUDIO 27-1（商业摄影与设计）

一般个人写真不怎么接的，要拍的话需定制，比如有主题性的拍摄。以拍商业片为主，简做平面设计、网站设计

适合人群： 个人定制主题拍摄、商业摄影

价　　格： 一般 3000 元起 / 套

地　　址： 丽江古城南门和玺酒店 27-1 号

咨询电话： 15284499933

摄影网站： www.fotothink.com

微　　博： weibo.com/fotothink

QQ： 1783525871

土土鱼摄影

丽江首家独创民族服饰拍摄。服饰大气，老板在中国化妆界是个人物

适合人群： 外景个人写真；婚纱照

价　　格： 680 元起 / 套

地　　址： 丽江古城五一街文治巷 72 号 1—2 号

咨询电话： 15812221222

某时某刻 摄影工作室

除了美丽，还有很多。有心情、有时间、有银子，当然还要有点气质，拍完了就知道效果了

适合人群： 外景个人、情侣写真；婚纱摄影

价　　格： 3800 元起 / 套

地　　址： 丽江束河古镇老四方街口

咨询电话： 13602581812

网　　址： www.moushimouke.com

微　　博： @摄影师李思彤

@某时某刻摄影工作室

Life 摄影

有想法的拍摄，突出人与景的结合，像清新的风把你的美丽留下

适合人群： 外景个人、情侣写真；蜜月婚纱照

价　　格： 写真 380 元起 / 套，婚纱 3800 起 / 套

地　　址： 丽江束河古镇

咨询电话： 0888-5188416

博　　客： weibo.com/u/2453322990

山水的报答

丽江不是古城

古城只是丽江一个温暖的小窝

是养在深闺的小家碧玉，一旦恋上，温存不尽

她在雪山母亲粗犷凌厉的悉心看顾下

浑身散发着赤字的光辉

正是这种强烈的反差

成就了古城之魅、丽江之美……

湛蓝的天空

凛冽的雪山

对峙的峡谷

咆哮的金沙江……

挣脱古城温柔的陷阱，放歌丽江山水间

进一步退到拉市海，让自由来得更猛烈些吧

超凡脱俗不需要勇气，只需从丽江古城再进一步，退到拉市海。

美好的东西不需要创造，只需要发现。阳光明艳，湖水湛蓝，鲜花盛开，瓜果满园，连房子都像是从地里长出来的，一切都在自然里自然生长。不过十多公里距离的转化，却收获了海阔天空的自由。没有什么能阻挡你的视野，没有什么能阻挡心里那朵蓝莲花的盛开。

让无拘无束脱缰得更彻底一些，探索新玩法的多种可能性。骑马、划船，骑车……回应自然的召唤才能被自然所宠爱。

或者，听从神性的召唤，以一颗虔诚的心向着指云寺的高处更高处走。

为艺术所保持的姿态为思想所保持的距离，让一些搞艺术的人退到了拉市海。即使你的艺术敏感性极低，你也会因偶遇艺术或艺术家，被艺术了。山野处遇到艺术，格外有时间和空间穿越的太空感。

退到拉市海，让自由来得更猛烈些吧。

拉市海的人气：玩拉市海的乐趣在于参与，与自然亲密接触。

骑马

想想古代侠客仗剑走天涯的豪气，有人鼓足勇气试了试马儿四蹄翻飞驰骋的快感，即使只是在山路上小跑了五分钟。为了水天一色人马合一的倒影，有人故作镇定地与马儿共同走在湖的那一边。即使只是在牵马人的协助下晃悠了一小圈，看看脚下的花，听听流水声，也可以有小小的超越感了。何必与走的是不是真的“茶马古道”较真？心情对了就什么都对了。

不得不说的秘密：组织骑马的有公司管理的正规部队，也有村民自发组织的地方军。价格根据时间和线路而定，一般在120—380元之间。自己到拉市海和马夫议价要比经客栈或司机介绍去的价格便宜。主要有两条线路：美泉一线走山路看瀑布；七姑娘山一线可以穿越森林看湖水。马帮通常提供午餐，品质各有高低，可考虑自带补给。更好的选择是尝一尝农家乐，比如美泉的三文鱼庄，坐在楼上吃可以兼顾眼福。

划船

把大一点的湖叫“海”是一种情怀。所以在雪山下的拉市海划船，可以说是在心里泛舟。浆向水中荡去的时候，船夫心里开阔，免不了唱歌。声音飘过远古，随着风，拉着渴望自由的人的思绪到处飞。

忘了翅膀的鸟，跳出水面的鱼，曾住于山林中的精灵，解除了咒语，我记起来了，万事万物从来都是好好的。也有人在岸上守望，指着湖中移动的小点，微微地、美美地笑了起来。

不得不说的秘密： 划船一般和骑马配套了，不管对方开价多少，记住讲价是情趣之人怡情的活儿，不以省银子为最终目的。我碰到小费就比开价高的。当骑马浑身酸疼后，坐在悠悠荡荡的船上就能感到老天还真是让你鱼和熊掌都尝了一口。在湿地公园内有皮艇，那个要自己动手，听去回来的家伙跟我显摆说从那划船看到的风景更美。

观鸟

偶尔的冒险是平淡生活的必要调剂，带上相机、帐篷、望远镜等各种工具，睁着熬了一夜的眼睛，为的是那一刻鸟的飞翔的美（声音）。有没有看到鸟不要紧，如果你能幸运地捡到一根鸟毛务必果断收藏，重要的是为愿望而行动的过程，你曾如此接近过鸟儿的和自己的自由梦想与已经上路的远方。

不得不说的秘密： 拉市海有鸟类196种，冬季，特别是11月和12月是观鸟的最佳时间，早上8点到10点，下午2点到4点，是鸟觅食最活跃的时候，也是观鸟的好时机。没有固定地点，沿湖都可观鸟。但水草丰茂之地才是鸟的根据地。想体验野外露营还想早起看鸟的玩家可以租借湿地公园里的帐篷就地扎营。

看花

地里看苹果花、梨花、李子花、桃花、樱桃花、梅子花、桃花、油菜花，尤其是那粉紫的满地的洋芋花。山上看杜鹃、山茶、各种野花。这里的花很有高原范，比如二月可以结果的梅花，怀揣着无限生机向着蓝天生长，像是那腰杆挺直天生有傲气的高原女子。花开得铺天盖地，生命在拼命生长着。偶尔闯入她们的寂静欢喜，听到了她们喜悦的尖叫。一不小心，就在花的深处迷了路。

不得不说的秘密：二月到十月拉市海花开不断，路边，山上应接不暇。你得相信世间有很多美好的东西都是免费的。除了花，柳树、芦苇也是亮点。

花之特别篇——洋芋花

我悔过。我有眼无珠。我狗眼看洋芋。吃炸薯条的时候，没想起全世界的洋芋都会开出星星形状的花。太安的出现挽救了我划向无尽的实用主义深渊。一开几公里、难以远离的洋芋田，在7月涌出花海，“啊，普罗旺斯的薰衣草太远，太安的洋芋花很近。”乡土气、常见、甚至可说是低贱的洋芋，浪漫得一塌糊涂犹如幻境。那些要寻求既实用又浪漫的伴侣的人别丧气，你看太安洋芋就是范例。

不得不说的秘密：带上一块格子或纯白桌布，拿上红酒；看到洋芋花田旁的小棚子就停车，点上一盘鲜榨菜籽油点化的炸洋芋，谁说不是剧情片里羡煞旁人的美事？洋芋10元一盘，自然健康情调饱满。人多的时候，一盘又一盘，吃个100块太正常了。

拉市海的艺术场：艺术家与拉市海，他们互相滋养

在拉市海被艺术

生活成本低，显现一种隐居姿态又保持进退自如的距离，本地的、国内的、国际的艺术家到拉市海扎堆。除了自己艺术，还艺术了村民。

毫不起眼的一个路人，也许就是个搞绘画的、玩音乐的，拍电影的。某个扛着锄头去种地的农妇拍的照片也许曾经上过美国的杂志。某个村民流利地和老外说着英语，他可能是某个艺术机构的长期协作者，可挽着裤角的他，说完话就骑着自行车到城里卖农货去了。

遇见被改造成现代装置艺术的民房，遇见来历不明的有西方绘画风格和强烈基督教气息的墙画，遇见某个艺术工作室，在拉市海都不是意外。很有可能的情况是，艺术家不在，参观请随意。艺术家需要独处，却不愿被隔绝，他们等待着被拜访也主动出门混迹于各种社交圈艺术圈朋友圈。拉市海，为他们找到了最恰当的距离。

你那天拿了我魔力黑桶没有？
它在这里不见了，它要回家！
在它给你招
惹任何麻烦之

瓦岗寨

寨主追求美的东西的实用价值，也在意手工的价值。做一个榫比一个铁钉敲上去多几百倍的时间，可对他而言这是对原材料负责任的态度。那些被当地人扔弃的破玩意——旧马鞍、犁……现在都重振青春，成了家具。寨里有特立独行的家具若干，有铁匠、木匠、铜匠、木雕匠若干，等待更多的设计师一起来玩。

不得不说的秘密：看到有些客栈里的诸如晒粮架改制的椅子之类的另类家具，很有可能就是Made in瓦岗寨。

拉纳乡村艺术馆

拉市海这么仙气的地方，开几朵艺术之花，没什么稀奇。拉纳就是个有福气投生这的画家，和那些外来的比，他太有优势了。毫无房租压力，家就是村子里的，把一楼霸占掉，画一挂就变成了展馆，让我这种慕名去拜访的人激动不已。风景看完，到纯朴的纳西院子里跟艺术家朋友打个招呼；坐在他二楼艺术酒吧一样的工作室里，一边吃着他妈妈端来的苹果、瓜子，一边和这个纳西画家瞎扯美术年展、纳西人的好坏、拉市海风云，太先锋了。

不得不说的秘密：拉纳的另一个名字是木云柏，拉纳是纳西话黑色老虎的意思。气质很艺术，为人很生活，画作很……大师。就冲着他的钢笔画，让很多人赞叹多年；常受邀国内国外交流，但还是和我这不懂艺术的聊得很High，就讨人喜欢。这个世上有人是擦皮鞋的、有人是电工、有人是建材老板，有人是艺术家，就这么简单。他很开放，喜欢交流。他的家（拉纳乡村艺术馆）在海南丰乐四队，忠义市场坐“海南”字样小面包车，每人每次六元，很方便的艺术之旅。

拉市海的特产：

拉市海用苹果、雪桃等特产证明了其不仅具有观赏价值，还有实用价值。

苹果

拉市海的苹果个小，长得不好看，可说像拉市海的苹果一样好吃，就是对苹果的最高奖赏。高原气候让苹果们修成正果。天生丽质高原红，水分足，啃着蜜汁就淌了出来。香气重，在屋里放上一袋，你就把整个果园都收藏啦。拉市海的苹果还有一独门绝技，挂枝时间长。在树上灰灰的几个月不洗澡，甚至有黑点，像从火堆里抢救出来的，可这样的炭烧苹果，美味不打折，洗洗直接上口。据报料，在广州也有卖拉市海苹果的，200 多元一小箱，供没来过丽江的人幻想和来过丽江的人回想之用。而拉市海苹果本地价是 4 元左右一公斤，这个便宜不捡，你的丽江之行就亏大了。

不得不说的秘密：卖价不高，村民一般都是自产自销，不打农药，洗洗就放心吃吧。拉市海的苹果现在名气大了，有老板到村子里收，产量有进一步扩大的势头。将来也许得采用这样的鉴定标准：长得不好看的才是绿色环保的。

拉市海的神性：天堂是寻找身外的美景，更是内心的修行。

指云寺

来，抬起爪子，指一朵远处的云彩。对了，这就是指云寺的由来。那位高僧一点，万人的心都乐开花了，“哇，我们又多了一个郊游的去处，顺带许许愿什么的。”冲着这美心意，就该来。山脚下一排洁净庄严的白塔迎人上山，一直到寺外。凡人哪，要到哪里去感受不一样的风情？眼前不就是梦里都在朝觐的藏式景致，连风都无拘无束。寺的后山，修了一个巨大的莲花生大殿，坐望拉市海坝子，那气魄，求财求名都俗。我站在最高的天台上，心生一念：“这世间万事万物都会好好的。”发现，我怎么那么大气呢？这是指云寺的加持啊。

不得不说的秘密：指云寺是传佛教噶举派的三大禅林之一，位列丽江五大喇嘛寺。寺门口附近村里的阿妈卖的鸡豆粉、炸洋芋、拉市海苹果味道不错，分不清是味道太好还是因为一路玩过来走饿了，反正 Good。

丽江古城边的忠义市场坐到海南的车，6 元一位；到终点站后，加 5 块钱就可以到指云寺了（送到车就走了，玩出来还得找车回）

鸟知道好地方，可没人随着鸟走，明白人也不。我们朝着相反的方向，越来越不自然。鸟会活，人不会过，我们自己跟自己过不去。

鸟社会

——拉市海湿地公园

每年冬天，鸟的旅游旺季，几万只鸟从远方到拉市海湿地过春节。落地签，不设限。原住鸟没意见，一方水土养一方鸟，纳西族的鸟好客。这里不只是纳西鸟的湿地，也是所有鸟类的家园。冬季，一群群的鸟起起落落，把天空一片片遮住，群飞的鸟稍小。孤独的大鸟三三两两地远远地歇着，飞起，悠扬舒缓。小鸟扎堆，大鸟落寞。黑鹳、中华秋沙鸭、黑颈鹤、白头鹤……没有暂住证户口本，一个自由的鸟世界。本地鸟外地鸟外国鸟和平共处，共建和谐鸟社会。有没有艳遇？听，白鹤在凄厉的呼喊，野鸭子在哭，一群叫不上名的鸟在唱，像放学时孩子们的热闹……一季之后，回故乡，几天之内走空，天空之城不需要铁道部，有序，走得快。除了鸟屎，什么都不留下。

穿过湿地在栈道里走，鸟一惊一乍地掠起，翅膀扇动，丢下炸弹，啪啪啪在胖子和我身上开花，“有机无害绝对原生态”胖子一副见多识广的淡定，“我们绝对受欢迎”我接话。我们见到了野鸭蛋，两个吃货相视一笑，心有灵犀，找葱花找地方，趁新鲜！胖金妹说，只有心里干净的人才能在湿地里见到野鸭蛋。这里的蛋不是蛋，是检验心理卫生的工具。只要内心干净，不仅是蛋，什么鸟都能看到，妹纸说。胖子一听，张开想象的翅膀坏坏地笑。为了证明我们不脏，我们把葱花扔了，扔得远远的。

胖子说，拉市海是丽江的肺，湿地是腰子，这个不可救药的吃货。

贴士：
不是拉市海的所有的湿地都叫湿地公园，据广大游客反映，现在的拉市海湿地公园已经出现了规模不一，大小不等的山寨版，就像在iphone店隔壁卖假苹果一样，哎！Ladies and gentleman，may i have your attention please，丽江拉市海湿地公园只有一家，别无分号，请认准了：有大门，有牌子，内容多多最大的那家才是。“只有鸟的眼睛是雪亮的，分得出行货和山寨，我们这辈子白活了”胖子有深刻的挫败感。

特色：广大人民群众强烈反应：拉市海的天最蓝，空气最好，星星最多。“没有在拉市海看过蓝天的人怎么好意思说看过蓝天”胖子说。在拉市海湿地观鸟观树观海，用眼睛去放纵。在比拉市海高一点点的观景台上，看拉市海全景，带上你的广角眼睛。用耳朵去聆听，风声水声鸟鸣，带着心去。我能想到最浪漫的事就是把拉市海的鸟鸣录下，当做手机闹铃。我不在拉市海但我可以在拉市海的鸟语中醒来，虽然不自然但很自然。“好主意，我们去古城卖拉市海鸟鸣的手机铃声”，胖子说。“铃声名呢？”“鸟语嘀嗒”。

在海景栈道走走，顺便怀疑一下1160米的人生，真有1160米，我用脚算过，不信你自己去量。观景长廊1008米，我没量，胖金妹说的。我这辈子好多事都是听别人说的，郁闷。滨海大道，别问几米，走自己的路，自己去算去计，ok

最佳季节：七八月，冬春季节。拉市海湿地，冬季茫茫，夏季苍苍。爱人同志好基友可以去感悟一下，相互用小沧海小桑田给自己打气，给自己勇气，相爱是容易的，相处是困难的，好好想想。

门票：20元/人。

交通：忠义市场北门乘去拉市海东、海南的小面包，9km。6元/人，坐满走，海东安中村下车走几步路就到。

酒店：有，星级，湿地公园里的酒店想不星级都难，就算是帐篷也是星级。

丽江正能集团

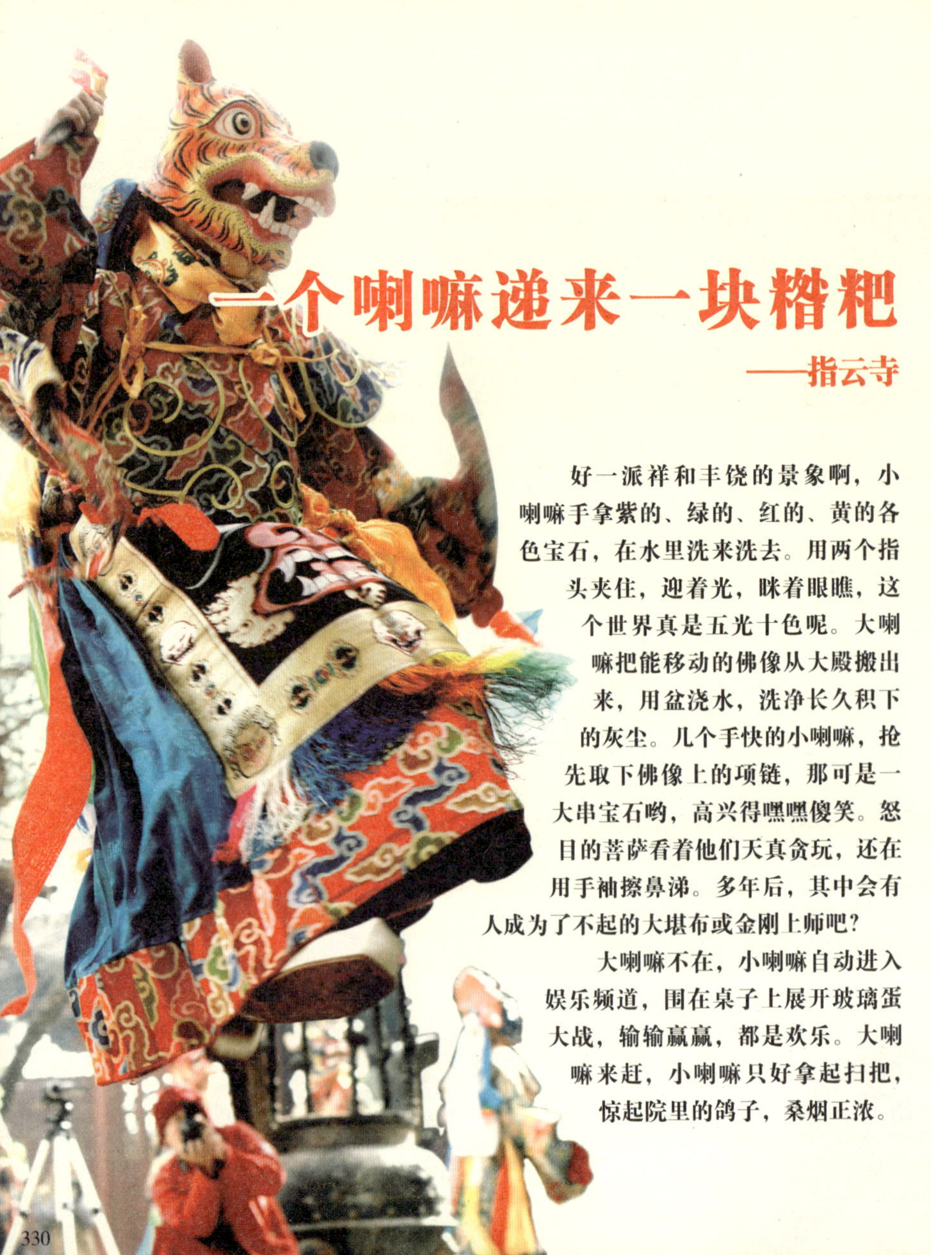

一个喇嘛递来一块糌粑

——指云寺

好一派祥和丰饶的景象啊，小喇嘛手拿紫的、绿的、红的、黄的各色宝石，在水里洗来洗去。用两个指头夹住，迎着光，眯着眼瞧，这个世界真是五光十色呢。大喇嘛把能移动的佛像从大殿搬出来，用盆浇水，洗净长久积下的灰尘。几个手快的小喇嘛，抢先取下佛像上的项链，那可是一大串宝石哟，高兴得嘿嘿傻笑。怒目的菩萨看着他们天真贪玩，还在用手袖擦鼻涕。多年后，其中会有人成为了不起的大堪布或金刚上师吧？

大喇嘛不在，小喇嘛自动进入娱乐频道，围在桌子上展开玻璃蛋大战，输输赢赢，都是欢乐。大喇嘛来赶，小喇嘛只好拿起扫把，惊起院里的鸽子，桑烟正浓。

这是中秋节前一天的指云寺，我在现场，僧俗没有距离。转经筒、老树、斜瓦、经幡、白花花的石板，守护着从来就有的宁静庄严。一阵风过，铃声告慰了一路辛劳。

丽江的一个友人说过，心烦气躁，就想来这里。“走进来，再不如意的事也不觉得有多糟糕啦。”会心一笑。这时，一个喇嘛递来一块糌粑。

在拉市海对面就能看见寺里新建的莲花大殿。石梯一直搭到天上去，一路爬，我成了去天宫拜见各路神仙的猴子。心里“咣”一声巨响震慑了自己，迎面的莲花生大师巨大无比，眼睛瞪得像铜铃。如是如是：拜佛不是求什么，是照对面这位老师的镜子，学他一样慈悲、智慧、无我、自在。

站在高高的天台上，一切都闪着光，神秘、又真切可触摸。福气由心而生，这种愉快会传递到很远吧。

贴士：

指云寺在藏语里叫：“吉东烽卓林”，意思是“绝对真知完备的喇嘛寺”。是藏传佛教噶举派的三大禅林之一，位列丽江五大喇嘛寺。寺里有一块神秘的伏藏石，从不同角度看，分别呈现男女生殖器的形状，当地人相信它是有送子魔力的“阴阳石”。更牛的是，这是一块刻有梵文、藏文吉祥咒、观音大悲咒、金刚亥母咒的神迹。每年新年，有金刚舞法会。

现任金刚上师恭桑汪堆喇嘛，是一位年轻而修为极高的精神导师。18 岁时，到西藏楚布寺依止噶玛噶举四大法子之一的杰曹活佛为根本上师。21 岁就以优异的成绩圆满完成闭关训练。太强大了，那些读完博士后还在考圣斗士的大龄青年们，别哭，来指云寺蹭点加持。

开放时间：08:00—17:00

提醒：快到指云寺有一排白塔，下来顺着走走，心就安静了；寺门口，老妈妈卖的鸡豆凉粉很好吃，还有拉市海的苹果、海棠果。

包车：150—200 元（可以玩转拉市海一圈）

便宜的方法：忠义市场坐到　　海南的车，6 元 / 人；到终点站后，加 5 块钱就可以到指云寺了（送到车就走了，玩出来还得找车回）。兴致好的骑车去，沿途风景很美。

时间被点了穴，定住了
——白沙

束河开发前，白沙的名气比束河大。如果不是因为丽江周围那些古朴、淳美的村镇让我“搜镇”成瘾，大概是不会知道还有这么个地方的。驴友告诉我：要想体验原汁原味的纳西文明，白沙应该是最适合的地方。

镇子很静，太阳正中。沿着碎石铺成的街道信步往前，两边全是未经粉饰、裸露着沧桑的古老建筑。时间在这里被高手点了穴，定住了。我大气也不敢出，生怕吵醒了它。这些上了年纪的房子，大多是朝向街道而建，以两层为主，黛瓦覆顶，两侧的墙体都为土石结构，下半部分用乱石垒砌，上半部分则是土坯，本色的墙体未曾粉刷，与苏南民居的粉墙相比，另显出一种粗犷的古朴。

白沙是丽江壁画的主要聚集点，

大宝积宫白沙壁画是明代木氏土司聘请汉、藏、纳西等族的画师绘制的，画面用笔细腻，色彩对比强烈，通过这些多种宗教文化杂交的壁画，看看纳西人对宗教的理解和他们的生活图景。

参观完“木都”的殿宇群落，我想起客栈老板推荐的“雪山本草诊所”来，他说到白沙一定得去。这个奇异的诊所有地道的纳西族神医——和士秀，国内外的游客常慕名前来探究。找到诊所，76 岁却鹤发童颜，还能用纳西语、汉语、英语自由交谈的和老让我肃然起敬。和老对病人“谈病不谈钱”，看完病后他还给我了另一付处方——亲笔书写的一张祝词，里面全是家常话般的关爱。我不得不感叹，文明社会里一再追求的以人为本、人文关怀，在这里找到最鲜活的解读。

贴士

1. 白沙不大，可来头不小，是木氏土司家族的发源地，也是纳西族在丽江的最初聚居地。木氏家族在这积累了规划城镇的经验：从玉龙雪山引来泉水绕四方街东侧而过，尝到甜头后才在丽江古城建设中将流水的妙处发挥到极致。
2. 宋元时期，白沙一直很繁华，是丽江政治、文化、商贸的中心，到明代初年木氏家族迁到大研镇后才渐渐沉寂。

位置：丽江古镇北大约 10 公里。

交通：可在新城七星街乘坐 6 路车，白沙站下车，1 元 / 人；或在香格里拉大道金甲市场门口乘微型车到白沙，3 元 / 人；打的，一般是 40 元。进村不收钱，参观壁画 30 元 / 人（查到古城维护费没交，还要补哦）

有件事说起来挺丢人的：好多咱中国自己的好东西，摆在那里好多年，没人发现；直到有一天被老外发现了，在国外媒体上传播开来，才引起咱自己的注意，然后照着老外的指点“到此一游”，不禁得意：咱中国的东东就是好呢。这算是崇洋媚外呢还是我们捧宝不识？

丽江地区就是这样的典型。1922年，美籍奥地利人约瑟夫·洛克发现了丽江，

有点幻觉

——玉湖

在此一住27年，以美国《国家地理杂志》的探险家、撰稿人、摄影家等身份向世界展示丽江的方方面面。

我一向佩服具有发现眼光和冒险精神的人，洛克成为我仰视的对象。和那些“哈日”“哈韩”的弟弟妹妹们不太一样，我“哈”洛克。我在丽江的金牌小卧底爆料：洛克当年很喜欢“巫鲁肯”（纳西语）。“巫鲁肯，一个环境优美、坐落在纯净的丽江大雪山山脉上的小村子，雪山主峰扇子陡，犹如保护神似地保护着它。”他在丽江的27年中大部分时间住在那里。那个地方，我们今天叫它玉湖。

偶像这么喜欢的地方让我馋得口水乱淌，随手抓了小卧底就向玉湖开动。湖里的水非常清澈，水草摇曳，蓝天白云衬托着高大的玉龙雪峰倒映湖面，大自然的美景仿佛突然多出了一个孪生姐妹，美得不知道怎么收拾。

我很喜欢村里那些用大大小小不同体积的石头砌起来的房子，看起来很朴实，也很像英国北部约克郡的石头墙。两个大娘坐在墙下边烤太阳边做着活

计，见我们路过，微微的点头微笑，很友善，还有点害羞，心里一阵温暖。得意自己来得正是时候，玉湖村才刚开发，看到的都是村民脸上透出来的本真的质朴。

村里就没什么商铺，也没饭馆。还好帅哥司机听到我来自肚子深处的呐喊，热情地邀请起来。我属蛇，这杆子都支到面前了，不爬对不起我这属相。于是来到他在村里的家，纳西妈妈好热情，挡住了我这假惺惺凑上去要帮忙的家伙，很快把饭菜端到了我们面前，妈妈说都是自家地里种的菜，很新鲜。尝了一口，很香，终于吃出了“菜味”，想想这么多年活得多冤啊，吃了这么多年城市里一点菜味没有的“假菜”。

要回了，舍不得也得舍啊。路上大片大片的油菜花在夕阳里招摇，金灿灿的，有点幻觉，好像看到前世在田里疯跑的自己。

交通：丽江古城北行十来公里，从丽江古城包车过去 150 元 / 天（可讲价）进村子不要钱，参观洛克故居 10 元 / 人。

贴士：玉湖其实是由木氏家族组织挖的一个人工湖。木氏在湖畔筑避暑夏宫、玉龙书院，建养鹿场。玉湖村最早的居民即是为纳西王护宫养鹿的人，因此又叫“窜阔罗”。还可参观记载洛克博士生平及游历的博物馆。

出乎意料的美
——文海

听说是个真正人迹罕至的世外桃源，心痒，在丽江收了点情报，我们上路了。

去文海最便捷的路是从白沙翻山过去，我们花15块从丽江打车到白沙（搭微型车只用2元），然后去翻那座大山，大方向很容易掌握，只要是向上的就对了。当然，你也可以走盘山公路，但——贼远。

爬了三个小时，我一把懒骨头有点扛不住了，但对于亲历这个传说中的高山湖来说，很值得。文海其实是一个季节性的湖泊，当地人叫它“海子”，一年中大多数时候它只是一片很大的草甸和草甸中心的一小片沼泽。在七八月份雨水最多的时候，这大片草甸才变成海子。草甸外围的山脚下散落着几十户民居，差不多将半个草甸围了起来。

文海出乎意料的美，安静、与世无争。高海拔的玉龙雪山山坳里，双脚步行和骡马驮货一直是村民们通往外界的唯一方式。这里还是一个非常原始的村落。村民都是纳西族，淳朴腼腆，平静而自然地生活劳作着。我们来的时候正好赶上土豆开花的季节，大片大片的紫色花朵骄傲地在高原的阳光里招摇。

经过福国寺时，僧人们不带任何功利色彩的盛情邀请让我有点受宠若惊，面前很快就堆满了六七种好吃的食品，南瓜子、葵花子、松子都是生的，居然又脆又香，还有来自维西的甜板栗，忙得我手不停嘴不住的，有点不好意思，也有点意外，但你得知道，在这块神奇的地方，随时都会有超出我们经验范围的事情发生。

“生态旅馆”是文海唯一的旅馆，非常干净、舒适，只是少有人知，我们意外地“包”下了这个世外桃源，很爽，感觉像电视里的富家子弟，动不动就“包”下一整间豪华餐厅来顿烛光晚餐。还可以住旁边的和家。村里游客少（主要是外国人），没有商业气息，借宿的话也不标价，看着给就好。

想从文海徒步到金沙江边的龙蟠乡的话，最好请个向导，导游收费100元左右。一路等我们拍照、给我们介绍，收钱时还挺不好意思的，我们很感激，对文海人的淳朴我们也感叹了一把。

贴士

1. 从古城的忠义市场坐微型车到拉市海的美泉，6元/人；从美泉开始徒步，请向导要150—200元/天，人多划算。从文海下山可选择很多路，可以走束河、玉湖（雪嵩）、白沙、拉市海等地，向村民打听就行。
2. 生态旅馆的价格是，淡季50元/间，旺季100元/间。也可以住到当地人家里，价格当面商议，老乡挺厚道。
3. 包车和自驾车来回文海一天足够了。最好是四驱越野车，因为公路新修，坎坷颠簸，没走过的小面的或出租车司机也许会心疼自己的车而中途要你加价。

开窍专用

——文笔山景区

丽江可以避开城市的纷扰，但避不开内心的纷扰。身为俗人，我心里也有一个香巴拉，也有超凡脱俗的梦想。

那年篱篱来了丽江，说是找不到精神伴侣，就找个精神归宿，整得跟演小说一样；于是我开始显摆自己丽江高人的风范，说不妨去文峰寺借钥匙。

对于寺庙这个事物，我的出发点是很理性的，求神烧香无非是为了消灾解难保佑发财，就奔“有求必应”这四个字去的。与其说是拜佛，不如说是去看看景儿，毕竟文笔山的风光是顶级的。

但是对于篱篱这种玩情调的姑娘，我知道，说句话都像写诗的佛教，无疑是一个很好的突破口。

不出所料，她很明显似懂非懂：借钥匙？

“去文峰寺朝拜叫借钥匙，开窍专用！”

她还真信了，借了钥匙就直奔大理鸡足山“开佛门”，回来后，皈依了文峰寺的金刚上师，动真格了，要去文峰寺静坐堂玩禅修。达摩祖师面壁坐禅9年，壁上显现人性，连小鸟在肩上盖豪宅也浑然不知，人家那才叫境界。我认为她不出三天就受不了要跑，因为每次有人或事让她不爽的时候，总会赌气跟全世界说此人已出家，有事儿请念经；实际上，只是跑到清静地方欢乐地画画去了。

从此她经常上山，回来总要背回一大瓶神泉水。我曾听人说过神泉水是求子的人喝的，篱篱说这水泡茶好，我坚持喝我的啤酒。

她认定我是个冥顽不化的俗人，不解丽江的风情。我跟她说，丽江的风情全在酒吧里呢，咱去喝两杯怎么样？

不过，守着天鹅不吃，好像不是癞蛤蟆应该有的风范。

于是，我决定尾随上文笔峰。

信众们匍匐在上师前，接受祈福；上师将一把黄灿灿的“金钥匙”挂在了我的脖子上。寺院里香烟袅袅，阵阵梵乐混杂听不懂的词句，喇嘛的诵唱汇集成振聋发聩的一种超然力量，神秘莫测；我很虔诚地跪在佛的面前，祈求佛祖，保佑我发大财。

金刚上师见我实在不上道，慈悲心很是时候地发作了。他带我们来到了文

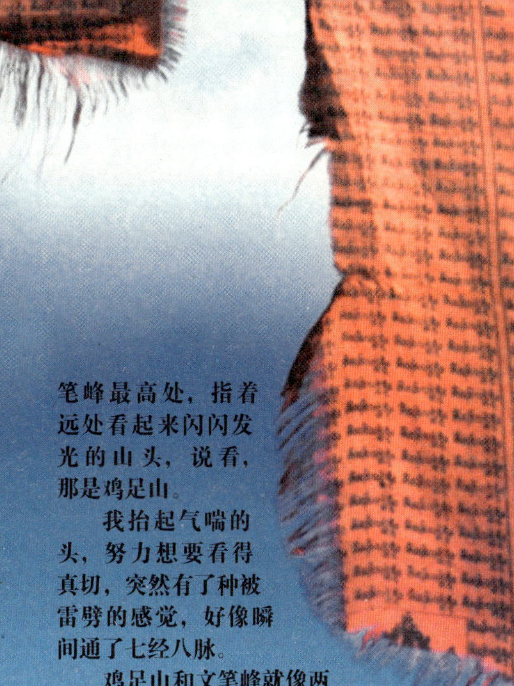

笔峰最高处，指着远处看起来闪闪发光的山头，说看，那是鸡足山。

我抬起气喘的头，努力想要看得真切，突然有了种被雷劈的感觉，好像瞬间通了七经八脉。

鸡足山和文笔峰就像两座发射塔，云就像显形的气，循着自然的规律在之间流转，什么形状都无所谓。

树们不管是站在平地，还是扭着身子探出悬崖，被气场滋养，都分外灵翠，好像能通过视线治愈人心。

所有把不着妹子的孤独寂寞挠心呐、卖个白菜价的愤怒苦逼悲催统统都抛诸脑后了，我感觉自己像一根羽毛，很惬意地存在着，在那一瞬间，没有烦恼。

我喜欢上了这种，心无挂碍的感觉。时不时地爬爬文笔山看风景，不为求佛，只为触摸篱篱的指尖。

效果不错，至少我觉得生活越来越有爱意了呢。

贴士

景区概况：文笔山风景区位于丽江坝西南方向，土语称之为“抚鲁纳”，意为“黑银石山”，海拔 4350 米，与北向玉龙雪山遥相呼应，各领风骚。文笔山形如一支巨笔直指云霄，挺拔俊秀，故名。文笔山脚依傍文笔海，宛如一池荡漾碧墨，山中有水，水中映山，“笔”与“墨”浑然一体，相得益彰。丽江文墨昌盛人才辈出，缘由是沾了文笔山、文笔海的“灵气”

主要游览点：

文峰寺，神泉，桑拿迦卓湖，灵文谷，金刚亥母灵洞，藏匙圣石，静坐堂。

文峰寺，藏名称“桑纳迦卓林”，意为“秘密宗教圣地及乐天福地的喇嘛寺”。风景被公认为丽江所有寺院之冠，多圣迹。是滇西北噶举派 13 寺院中的最高学府。曾迎请佛祖释迦牟尼的舍利（佛牙），金刚亥母灵洞被称为南赡第一灵洞，其侧有一大黑石乃藏匙圣石，传为迦叶尊者曾在此讲经弘法，离去鸡足山之前，把华首门钥匙留于此石内，因此凡是到鸡足山去朝佛的青海、西藏、四川、云南香客都要到这里“借钥匙”，回归后照样放回这文笔峰里，称为还钥匙。灵洞外的静坐堂，为滇西北噶举派 13 大寺已取得“格隆”称号的喇嘛静坐修行处所。文笔峰是大势至菩萨道场，大势至菩萨代表的是勇敢无畏，给众生带来智慧之光，化煞化凶，吉祥如意

位置：距丽江城区 8 公里

出行方式：天顺超市门口乘坐小面包可到山门。若要上山需另行包车

提示：凭皈依证和 60 岁以上老年证可免门票

玩法：1. 可以攀悬崖峭壁，经历两三个小时的苦难之后，享受登上峰顶那刻的轻松翻滚

2. 可以骑单车一身臭汗累个半死，绕到灵洞后面的山上，犒赏自己一片洋芋花海，以及广袤的玛咔种植基地。目前还算是秘密领地

3. 可以徒步沿着马帮小径，一路追寻野生菌等山珍美味的踪迹

这个地方还有个名字的话，就叫“不错”

虎跳峡

核桃园、空欢喜、山白脸、Half Way、老渡口……这些诗意而壮观的地名，配以法国手风琴小调，闭上眼睛深情吟唱或朗诵，就能勾出眼泪。

“不走一次，可惜了这壮阔的景色。”同伴说：“在人的一生当中，缺少类似徒步虎跳峡的经验，就会在为人处世中缺少一种浑厚与大气？”看来我的人格已经陷入一种大气与否的抉择中。嘴上不承认，其实宁可信其有，不可信其无。人都到丽江了，虎跳峡就像是一种召唤。“说什么环球旅行，你看那些老外去过世界的多少地方，还都朝圣一样蜂拥来虎跳峡。”

好吧，别叨叨了，走吧。

在旅途中遇见风景不是终点，遇见人与自然的雄奇也不一定都雄奇、猥琐也不一定都猥琐，看看自己在自由状态下会是什么样，才是真正的目的。走虎跳峡，就是这么一趟旅行。

那感觉太棒了，左边哈巴，右边玉龙，下面落差两千多米（不知道有没有，原谅我数学不好，反正是那个感觉）。刚开始都谈笑风生的，哪个都不知道前面的路有多激情。后来上了28拐，一路目睹这世界上落差最大的峡谷之一的虎跳，大家都知道有多激情。不过，谈笑风生的人已默不作声。

沿途除了风光，路过网上和LONELY PLANET上，那些鼎鼎有名的客栈、歇脚点，也颇有意味。同伴说："要出名也挺容易的，来虎跳峡开家客栈，修修路，再开个微博，每天做一下天气和心情直播。""真那么想出名的人又不会舍得守着大山过日子了。""那你说张老师家、Tina's、夏山泉、山白脸客栈这些家伙是不是也是炒作才那么有名嘛？""是炒作，用徒步者的孤独、喜悦，炒作自己富有同感的人生。""哇，哲学家。""嗯，因为你看错地图，折返一个多小时的'折学家'。"

山白脸客栈是简陋的木板房，没电，只能点蜡烛，间隔的木板上还有一个个洞，洞用卫生纸塞住，以防互相偷看。那晚除了我和同伴，还住着四五起老外，隔壁就住着一对年轻的豺狼虎豹，第二天一早，就听到虎豹叫豺狼起床，用夹生的中国话轻轻地说："亲爱的，中国国歌第一句就是，起来起来……"同伴起来后神秘地笑着跟我讲"你昨晚听到隔壁的动静了吗？""什么动静？"同伴鬼头鬼脑地只笑不语。我往木板墙看去，塞洞的纸不见了。

"你看了？"

"没。"同伴无奈地说，我相信他，本分的人。

"不会吧，俩老外偷看我们？"我差点叫起来。

我下意识把眼睛凑到木洞前，心跳不已，实际我什么也没看到。

出门找吃的，一抬头，就望见一个人面山峰。嘿嘿，一不小心探究了这家客栈为什么叫"山白脸"。

听说附近有一家做鱼见长的鱼庄，有漂亮的女老板。在这样的山谷，居然可以喝到鱼汤，怎不叫人心痒痒。闻讯而至，老板娘手艺果然不错，转瞬间所有菜一扫而光。可恼的是，老板娘的确，嘿……嘿，害得我只喝到鱼汤。想起我妈常念叨：跟人出来一起吃东西不要害羞，害羞就便宜他们胃口好的人。我以后要跟娃娃讲，更不要被美色诱惑，不然一样得饿肚子。

吃完饭无人离开，大多都赖在这。窗外山风呼呼，气温骤降。室内依然暖意融融。几个老外占据最佳位置，下起棋来。这边小弦切切，那边大弦嘈嘈，各种语言在此随意切换。

阳光撒进山谷，一个牧羊人赶着他胡羊群，欢乐地在去往香草地的路上，留下一路黑溜溜的羊便便。

旁边小两口计划着怎样从世俗里逃脱。

"老公，为什么羊拉的屎都这么椭圆椭圆的啊？"

"这个嘛，可能跟吃草有关系吧。你看兔子的也是，马的也是啊。只有牛的是一大饼。可能是挤多奶的原因，内分泌失调。"

"有道理哈。"

"如果给羊喂草药，就直接生产药丸了。"

"有创意。"

"老公，以后我们在城里混不下去了，就回老家种草药喂羊，生产纯天然无污染的中药丸去。"那

中虎跳

女的心满意足地在风景中靠近男的肩膀，浪漫在最原始的时候怕就是这样整出来的。

同伴捂着嘴笑：“下山要是走不动，一路上都是大力丸，兄弟。”

中虎跳的美景谋杀了无数胶卷，然而惊险的旅程才刚刚开始。从中虎跳到核桃园才六公里，却是魂飞魄散的步行。仅一根不及手指粗的钢丝铰接而过，无处攀附，所谓落脚处，不过是用斧头把山梁凿毛而已，宽不逾尺，加上山泉渗流而下，几乎踩不实。有个中年男人看他的同伴不敢上，咬牙就上去当领头羊做示范了，旁边的金沙江像滚滚红尘。一个女的看另一半都上去了，只能四手四脚往上爬，别人也帮不了。那些天天叫喊“要公平”的人士真该来体验一把，这个就叫公平。我上去的时候，风毫不客气地吹过，天梯摇晃得更明显了，冷汗浸透衣服，我奇怪自己居然没发抖。一瓶矿泉水从我外套口袋晃出来，骨碌碌直下山崖，投入江水。后面立刻有人大喊：“什么下去啦？”这是一条不归路啊。山脊之间通常会有一块突兀的大石头供人休息，仅能站立一人，一旦超重，立马断裂坠崖。哎，人生很多时候不是淡定，是不得不定啊，心惊肉跳之时，那羊粪大力丸真是有用的话，吃两粒又何妨？据说，这是虎跳峡的第一个岩石勘探洞。向中国勘探队致敬！

剩下的路程虽然也不轻松，但信心百倍，胜似闲庭漫步，转眼就到了核桃园。正是中午，阳光一片，连牛粪都透着泥土的清新。

在路旁等车，旁边的小店放着歌。同伴说这样的场景似乎梦里见过，是否在等待这好日子缓缓落幕。我来不及感叹，和请我喝茶的小妹妹合影留念，连声说：“不错不错，这个地方还有个名字的话，就叫‘不错’”。

贴士：

中国被埋没的景点毫无例外先由老外发现，比如虎跳峡已被老外享用多年了。山里那些客栈的主人每个月都要带几个老外团穿越虎跳峡哈巴雪山，赚得多时银子一两万不成问题。

虎跳峡是世界上落差最大的峡谷之一，总落差 200 米，中间有 18 个险滩。全长 17 公里，分为上虎跳、中虎跳、下虎跳。江面平均海拔 1800 米。左侧有海拔 5396 米的哈巴雪山，临峡一侧山坡稍缓。一条简易的碎石公路贯通全峡，上方有步行小路。右侧有海拔 5596 米的玉龙雪山，临峡一侧山体陡峭，几乎是绝壁，无路可寻。由于两侧雪山挟持，江面狭窄。上虎跳最窄，江宽不到 30 米，江中有一块高 13 米的巨石，传有猛虎借此石跳过金沙江，而称虎跳石。江面巨浪滔天、声响轰鸣。

上虎跳最重要的景观是“峡口”和“虎跳石”；中虎跳是“满天星”和“一线天”；下虎跳是“高峡出平湖”和“大具”。

游虎跳有两种选择：一是乘汽车看重点，省力快捷；二是徒步穿越，可走山路也可走公路，量力而行吧。

徒步线路：

A：逆金沙江而上，丽江大具核桃园山白脸（woody）中峡旅店（Tina’s）中虎跳满天星中途客栈（Halfway）28 拐诺余村桥头丽江

B：顺金沙江而下，丽江桥头诺余村 28 拐中途客栈（Halfway）中虎跳中峡旅店（Tina’s）核桃园大具丽江

线路 A 从东向西，走到 28 拐时多为下坡路，体力消耗不会太大，中国人徒步多走此路，几乎

可以浏览峡谷全部风光，适合摄影爱好者；线路 B 的方向正好相反，首先经过 28 拐的上坡路，刚开始体力消耗比较大，国外徒步爱好者多走此路。桥头镇是往返丽江、香格里拉的交通要道，班车、包车都很方便，这也是许多人选择线路 A 的原因。

位置：虎跳峡位于丽江和香格里拉交界处的金沙江上，距丽江古城 55 公里，距香格里拉县城 105 公里，距长江第一湾 35 公里。

门票：50 元／人

交通：

1. 8 点以前可到丽江客运站坐班车到上虎跳 27 元／人，包微型车往返 300 元。（团队多半只到上虎跳）

2. 想游览整个虎跳峡，从丽江出发的话可在古路湾宾馆乘开往大具的车，约 90 公里。大具有新、老两个渡口，新渡口更靠近下虎跳，简易从这里过江，摆渡费 15 元／人；老渡口一般是当地人摆渡用的，上岸是纳西族黑卡村。

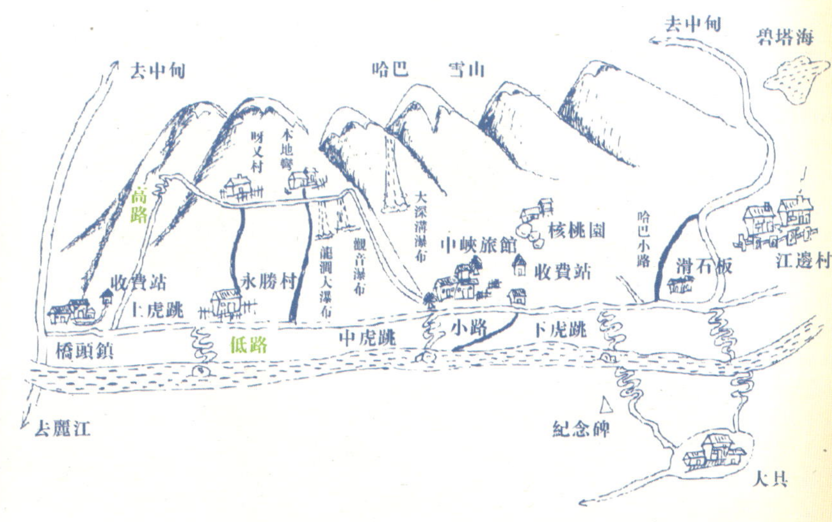

有个人给我看手相，说我不会有钱，听了有点失落。
但就现在来看，难道不是好事吗？
她分明是告诉我，这可以保证你得到你的理想，
因为我的理想恰恰是钱以外的东西

来丽江源于一种冲动，想找回自己，很大声地笑，大声地哭，无杂念的心情，让自己能完全地张开双手、呼吸自然的味道，沐浴阳光

丽江人不担心的天性有点跩。当然这种气质也蔓延到蒲公英一样落脚的新丽江人身上。一下火车，还没出站，就看到玉龙雪山在那迎着我。以后每走在街头，不管新城老城，要么一拐弯、要么一抬头就撞上那种坚定不移的美。

圈。还算有人识趣，咔嚓咔嚓帮我留下了这珍贵一刻。仰头、展翅拥抱、离天近了，不由得伸手去摸……每咔嚓一次都是好照片，而这实质上是我平凡人生的好景致。有个留影的地方是 4506 米的高度碑留一张，虽然显得有点土。毕竟我很少那么“高”过。

一生中得有点大气

——玉龙雪山

哪怕一滴生活小事都有这雪山的护持，丽江人还有什么好担忧呢？底气足，难免有点跩。

玉龙雪山是纳西人世代流传的保护神“三朵”的化身，让人在信仰和信心里生存并享受生活；从环境上说，它让游客在适合人居住的海拔线上脚踩大地却能饱览到天堂风情。

想象下没有玉龙雪山的丽江会是怎样？十三个雪峰，主峰扇子陡。雪顶冰雪万年不化，阳光阴雨变化万千，人们习惯把憧憬欣喜寂寞难过的眼光都投靠于它。远看是威严的，但走近了其实是亲近的，好像慈父。我没能忍住在他胸膛一样的雪地上撒了点野，滚了几

有人一到这里就疯了，不容分说就脱，与纯净的阳光、白雪赤裸相见；更多人趁机占尽这自然壮景催生的人文景观的便宜；有人气也喘不过来地凝视雪山，脸上扬着灿烂明澈像被洗净。确实一生中得有点大气，让我们忘了做不到的那些事。

贴士：

5A 级景区，冰川公园、牦牛坪、云杉坪都在景区里。雪山索道全长 2968 米，六人密封式吊厢，从海拔 3356 米上升到海拔 4506 米的玉龙雪山主峰扇子陡东北坡的冰川公园，单程约 12 分钟（往返 160 元）。如果在夏天乘坐索道，能够饱览雪山植物的垂直分布情况：从海拔 3000 米的草甸出发，穿越高大挺拔的各种松林杉树，随索道上升，森林渐渐远去，继而灌木丛生，还有丛丛杜鹃林；到海拔 4000 米以上时只能见到附着在山岩上的苔藓植物，最后就是茫茫白雪了。

云杉坪索道和牦牛坪索道则可分别到达云杉坪和牦牛坪。

所有景区内有方便快捷的游客服务，销售快餐、热饮、烧烤，出租防寒服等。

景区单点门票：105 元 / 人（没有交过古维费的还要补交哦）

“大玉龙”景区通票：220 元 / 人（包括玉龙雪山、玉水寨、东巴谷、玉柱擎天、东巴万神园、东巴王国、玉峰寺）

大索道：170 元 / 人；云杉坪索道：75 元 / 人；牦牛坪索道：80 元 / 人（均含环保车）

景区咨询电话：0888 ～ 5131111

景区开放时间：07:30 ～ 15:45 （视天气情况会略有变化）

一定要看：

1. 雪山索道会因天气和风力的影响而随时关闭，请随时注意景区预报
2. 终年积雪的雪山上气温显然比丽江要低得多，去雪山的路上有羽绒服出租，30 ～ 60 元 / 件
3. 上达大索道顶海拔 4500 米处时，个别游客会出现轻度高山反应，不必紧张
4. 一般在大索道专车站前餐厅用毕午餐，然后排队乘坐专车前往大索道底站
5. 不太可能在一天内把景点全走下来，有选择地去较好

跟所有准备玩转丽江的人我都会这么说：不要盲目地去泸沽湖，也不要盲目地离开泸沽湖。

如果在古城还没有杀烦，就不要去；如果去了发现不过如此，也不要忙着离开。

现在的泸沽湖，和那个传说中的女儿国大为不同，已经开始组建夫妻独立家庭，开始经营起住宿、运输、饮食、导游，一门门生意，呈现出一种悠闲丰足的生活景象。既有自然的恩赐，也有开发的功劳。有重口味，更有小清新。

不要盲目地去，去了也不要盲目地离开

——泸沽湖

除了出生的地方，任何地方都会很快乏味，因为那是一种吸引，而吸引和命中注定是不能比的。于是，我离开呆了半个月的丽江古城，在秋天的一个正午，到达泸沽湖。

所有的人都建议我在里格村住下，如果这里没有在搞建设的话，应该是非常优美的地方，当时我以为是这个原因，后来经一位摩梭大哥指点，原因是那里的小伙子最帅。不早说！

最先经过著名的里格村，是个半岛，长长地伸到湖里边去。过了里格往里走，是可以上女神洞索道的村子。穿过去，走上一大段山腰路，能见到大半个泸沽湖，特别特别的洁净。翻过一个垭口，湖不见了，经幡交织在垭口上方，风很大，猎猎作响。往前，山势急转直下，下到底，就是小落水村。我要去的地方。

如果徒步分星级的话，这一段路超五星。

中途的大落水村是泸沽湖边最早开发的，沿湖都是客栈。有长长的一大段路，有时水都会涌上来。散步或者溜着溜着就跳上水边一只摩梭人的猪槽船，划到湖心，感受一种巨大的平静。虽然旅游团的车一辆接一辆地停下来，不过大部分下晚就走了。留下来的，就捡到宝了，要安静有安静，要热闹有热闹，要知音有知音。

我选择小落水村落脚，因为这里没多少游客。有几家旅馆，随时去都是宽敞安静得很。说句负责任的话，在这的两个星期，是我这小半生以来，最愉快的时光。

小落水坐落在一个两座山夹着湖形成的U字形山肚里，是山握住水的一部分。我住在村子边边上，四川与云南交界的一个独家客栈里，是杨二车娜姆家的产业。客栈在水边，阔大的院子，四合的两层楼，黄灿灿的木质地，每一个房间都散发着阳光的味道。从此，我就在这里过上了任由时光流逝的生活。

晚上，湖水夹着海菜花的味道，细细碎碎的小浪尖反射着银亮的月光，比白天还要不平静似的。湖水拍打岸边的声音，似乎是这里最为永恒的东西。然而第一晚，我却迟迟不能入睡，这个轻柔的声响对我那经过各种机器打磨的耳朵来说，是那么陌生。我不知道，随之而来的是之后的每一晚我都睡得无比香甜。

早上睁不开眼，湖水反射的阳光很强烈，照得仿佛自己也成了一个发光体。揭开窗帘一角，湖水就在眼皮子底下，像块玻璃。我怀着盼望从阳光和水声里一跃而起，因为可以在祖母房的火塘边吃丰盛的早点：现打的酥油茶、煮鸡蛋、煮洋芋、油饼还有烤玉米。老老少少男男女女陆陆续续来了，喝着吃着，你递一块饼给我我递一碗茶过去，女人说今

天有些什么活儿要干，谁和谁去抬木头，谁和谁捞猪草，谁和谁去看看山地……不知不觉已经过去了一个多小时。

三个摩梭姑娘跟我特别好，这个叫我去吃饭，那个给我穿摩梭男子的黑衣服，另一个帮我扎彩色腰带还要戴两边卷的帽子，马上就把我装扮成一个长发的阿注，然后跟她们出门上船捞湖里的水草，唱着歌捞。水草一根根一丛丛，从漂在水上的一截到长在水下的部分，全部一目了然，捞起完整的一根来，一比，就知道这水有多深。往往要比目测的深出一倍来。她们捞水草的动作特别好看，一个在船头站住，使一根带钩的长竹竿，一边撑船一边伸进远远的水里，往后一扯，等船走到那里时，水面上突然就升起来一片割断的水草，船并不停下，继续往前，然后坐在船中和船尾的姑娘就要偏出身子，伸长臂弯往水面勾那些漂起来的水草，有时候歪得船快进水了，姑娘的大半个身子几乎就平躺在水面上，动作优美极了。有时船都要翻了，就听见她们尖叫着，赶紧摆正身子，哈哈大笑，然后唱支歌，又慢悠悠一钩一捞地往湖心去。她们的歌唱得很好，是摩梭或者藏歌，城里流行歌离这里太远。他们的流行歌是藏语、摩梭语、纳西语、彝语的调子，不到这里，你根本就不会知道，其实少数民族的音像制品也是很繁荣的。有一天我跟小落水村的村长去里格村办事，看到一个小卖店里堆满了各种少数民族的音乐CD，小卖店一张接一张地放，都好听，现代配乐，但语言和旋律没有变，我抓起一张问是什么族的？一个女孩子说普米的。

后来朋友介绍我一张《泸沽湖·女儿国·寻梦》，那个摩梭老祖母调子一喊起来，我又碎进泸沽湖，感觉自己就是那根被美丽姑娘捞起的水草，虽然身处闷燥的办公室。就是这些声音，让我们解脱于尘世。

泸沽湖周边可以收到很多电视频道，而事实上，他们却不太喜欢看电视，而是在水边闲逛或者围拢在火塘边说话。他们每天的事并不多，急不可待的事更少。他们总是悠悠赶着几只羊，晃晃地背着一篮草，飘飘地划出一只船。都市人面对这样的简单生活，需要点悟性。我就见几个在都市里叫嚣得厉害的家伙，一下进入到这样的生活里来，突然间手足无措，百无聊赖。两三天，就赶紧钻进霸道的越野车，一溜烟回丽江古城去了。

也好，从此他们就安心地在都市里生活了。

早上，我到湖边散步，和湖里捕鱼的小伙子们换着抽烟；中午，我到村头散步，和小卖部门口坐着的一群老祖母换冰棒吃；傍晚，我去新认识的开客栈的朋友那儿散步，和他们换换思想；晚上，我在山路散步，和赶着去喝酒的人换换酒意。

这里的每一天，没有电话没有上网没有工作没有应酬甚至没有花钱，我感觉很好。从来没有像这样过，有一种赤身裸体的超脱感。

贴士：

去泸沽湖，在丽江新客运站坐大巴车，每天发两趟（8：30、9：30 各一班，旺季有加班车，可电话询问），4 个小时，票价 83 元（含保险）。泸沽湖一圈均有成熟的旅游村落，许多民居改建的旅馆，价格没以前便宜了，大多 100—600 元，不过设施齐全。吃，人均 15—40 元餐。

环泸沽湖，都是风水宝地，分属云南丽江和四川西昌，云南占去三分之一，四川划地三分之二，相望于湖上。环湖是一个非常好的主意，但是得把自驾车排除在外。骑自行车、骑马、走路，都好。

大落水村：

丽江大巴直达泸沽湖大落水村，住宿餐饮都很方便

小落水村：

小落水村，靠近四川，离里格不太远，一个小时徒步就可到达，风景不错，还基本保留着原有的风貌，可以吃到正宗摩梭菜

杨二车娜姆艺术博物馆也在此地，票价：30 元 / 人

里格村：

坐丽江大巴下车后，还需要转乘当地的面包车才能到里格村，行程约 20—30 分钟，包车 60 元。又或者在宁蒗坐到永宁的车，让司机在里格村附近停，走路进去。划船到里务比岛 30 元 / 人，到蛇岛（黑娃俄岛）40 元 / 人

丽江新客运站电话：

0888-5121106（查询）

0888-5128456（订票）

丽江有很多好看点，不过别忘了看看天，感受下风

caravane Liotard

有谁愿意，用一个月的工资去旅行一天？

如果有人觉得亏了，那在回程中能与这样的藏族小妞合影一张，

是不是莫大的补偿呢？

隆重的旅行

——溜达马帮户外帐篷旅行

人生哪一天不是最好的时光？不值得盛装、不值得款待？

我发誓，出发前我真的想过穿上那条最爱的白裙子。一看到那个叫月亮的英国女子穿着好看的枚红色碎花裙，戴一顶插了羽毛的礼帽从帐篷里迎出来，我马上醒悟：吝啬又一次打着爱惜的幌子骗了我。

舍不得花钱不见得是吝啬，舍不得用、舍不得穿、舍不得享受才是。人生哪一天不是最好的时光？不值得盛装、不值得款待？何况在这蓝天不吝啬蓝，白云不吝啬白、草甸不吝啬绿的山谷，在6月的艳阳天下，法国佬共产党还慷慨激昂地蹬着东北大棉靴以便show出一点老洛克的风范呢？其实盛装也只是表面啦，隆重的是心情。

天将黑，牛粪燃起火堆，法国人英国人汉人藏民，外向内向的都统统端上一杯葡萄酒，像小孩一样没有缘由地欢呼、歌唱。

“同样的价格，住悦榕庄和住帐篷，你们会选哪一个？”当了一天山谷里的精灵，回程的路上仍是意犹未尽，老大做起了随机调查。唯一一位表态两者都想要的同志虚心接受改造，重回组织怀抱。8比0，帐篷完胜。要知道这可不是一般的旅行，而是一次豪华的徒步。

隆重地享受生活

“徒步我喜欢背着东西，一直走，走到累了才停下。”挑战艰难对有的人而言是享受。于是，亚力克西告别了我们，独自上路了。当他背着10天的食物和睡袋，沉默地目光坚毅地走在怒江的山林中的时候，我们在香格里拉的山谷里打开红色的餐布，用法式咖啡杯喝咖啡。我们在睡觉用的钟形帐篷里有白色柔软的床、地毯、蜡烛和烛台。我们喜欢山野，但我们也爱隆重地享受生活。

这个法国佬的才华是把生活过得像电影

“像是走进了爱丽丝的仙境。”“那几个老外像是电影里走出来的。”小静说。戴着礼帽和围巾的，穿着西服打着领带的，穿着法式军服的老外们表演一般晃来晃去，即使做的是厨娘和搬运工的活，也要刻意举止优雅。

要把自己当贵宾，把山野当作顶级音乐会的现场。“共产党”的才华是把生活过得像电影，而不是止步于电影里幻想生活。举起相机，我们开始了“时尚街拍”。不是每个人都有机会和勇气隆重地做作一回，但我们至少能欣赏别人的做作。

“你会相信，《与狼共舞》里那样的场景原来不是虚构的。”小静回忆起日落时分，大家举着葡萄酒围着篝火欢唱的场景。那一刻，我与世界同一，与万众同一。

哦，旅行就是让自己被打开，被自然打开，被他人打开。

当然啦，美女配对干活不累嘛

老魏和胖子两位老少年以高尔夫球手的高雅风尚表演了一把门球。另一拨自认为厉害的原始人在挑战钻木取火，上蹿下跳大呼小叫的。在太阳下被暴晒到人种变了也在所不惜。积极性高涨的原因是打了个赌，如果英国美女月亮能钻出火来，法国佬共产党将付出一瓶香槟。当然啦，美女配对干活不累嘛。但是，膀子甩到麻，表情因为发力几乎变形，不算多的赘肉左

右乱晃，也只闻到烟火味而始终没见到胜利的火光。是弓做得不对？钻木的树枝品种不合？不够干？

一试再试，尼龙绳、棉绳搓断几根，木板大小孔钻开几个，还是不行。事实再一次证明，经过几千年的进化，人类的动手能力退化了。

香槟没到手，没事，加入三岁孩童就能玩转的法式滚球游戏，低智商高兴致们的下午，总有新着落。先扔个小木球定位，再扔三个铁球，谁的近就得分。据另一个法国佬“半夜疯”说，在法国这是两个老头的游戏，还要端杯葡萄酒，边喝边玩。我想起《虎口脱险》里的那对老伙计在一个凉爽有风的午后，在乡下山野间嘻嘻哈哈的样子。对于游戏，除了这几个老外，我们都是新手。不过对于玩，谁是新手？

见了没？我一个球掷出去，半夜疯都激动得跳起来。只是，玩得太投入，又一次忘了香槟当奖品的事。不然，我方必定没到黄昏就醉了。

后来还有一拨人驾着锃亮的偏三轮摩托车从山野间冒出来，加入我们无有挂碍的生活。

你看，旅行不仅只有一种方式。我们可以跟随共产党上一堂旅行情调课、做一次好演员，隆重地善待自己。

贴士

组织者：在中国生活了15年的法国人康斯坦丁（中文名：共产党）有太多有关马帮、有关藏族文化的东西渴望分享，于是有了“溜达马帮”。他想做个游牧的马帮，跟随季节的不同选择最佳的驻扎地，可以是香格里拉，泸沽湖，甚至是四川的藏区。随行藏民马帮、酒店式帐篷、西式餐饮、各种玩具游戏，他们把户外旅行做得很隆重，甚至还有布置巧妙的环保卫生间。

演员所需道具：你只需带上自己。非要带点什么的话，就带上一本书吧，也不一定看；带上红酒或巧克力，即使是在火车上，村寨里也有隆重的心意；带上玩具，懂得从简单的事情中获得快乐。

提示：要用星级酒店的硬指标来要求，你就土啦。真正的乐趣在于参与、共同创作。除了定点式的帐篷旅馆，他们也提供可以多达二十多匹马服务的马帮之旅，与马帮和藏民共同完成一段行程，感觉是体验另一种生活而不只是一种旅行。

价格：根据行程，费用从1500—3000元每人每天，不等。

电话：15894367094（共产党，这个法国佬的中文足以跟藏民沟通，很厉害。他自己说是中国农民教出来的）

网址：www.caravane-liotard.com

Email：cds@caravane-liotard.com

他跟我讲一滩湖水，眼里就充满了湖水；跟我讲雪崩，眼里就：哗，感觉有东西从回忆里的掉落下来。我是不是被施了魔法，听迷了他的一路山景、村庄？

值得交付的朋友

——三江并流户外俱乐部

仅有一次差评。从雨崩徒步完，8个人坐上17座车往回赶。路上，三个藏民竖起大拇指拦车。同去飞来寺，领队让他们上车了。回来得了个差评，原因是一个人说车是他们包的，领队让藏民上车，害得他忍受了一路藏民身上散发的酥油味。

对领队来说，走在路上的人，都是朋友。就像都市白领金领，在山间走不动了，领队就接过他们的包背上；下雪了，自己走在前面踩出脚印，以保其他人安全。然后说："还有两个弯，两个弯。"然后大家走了好多的两个弯，到达后都不相信自己了。这些对于领队都是生长在血液里自然的事。

老乡自然和他们称兄道弟。那些少有人听过的风俗、少有人尝到的美味、少有人知道的路线，都哈达一样献了出来；在山间村野提供方程式赛车中途检修补给一样的接应。领队又把这珍贵的哈达献给户外旅行者。

有次在茨中，领队使魔法变出了性感溜索，由藏族姑娘陪溜。纯净的空气、湛蓝的天空、幽深的峡谷里，队员们欢叫着划过梦的旅程。

安全，又不牺牲惊喜。一次理想的旅行有赖于理想的指引者。他有与人分享的热情，安全可靠的经验、温情的照顾，并善于搞出意外——惊喜。

最重要的，他是值得交付的朋友，让你触碰到旅行那柔软的真心。

贴士

我们常把旅行置于荒废的危险。哪怕在公司管人管事多精明，也难免出行时自作主张或掉入陷阱，任何突发事件和安排不周都会导致珍贵的假期毁于一旦。何不混进老道的队伍，尽情享受旅途的惊喜？

俱乐部成立7年，稻城亚丁、泸沽湖、雨崩，各种线路走了不下1000遍，从官网上可了解具体线路、行程安排、价格、领队等信息；想自己玩的，也可盗取前辈们用亲身体验写就的攻略宝典

适合人群：期待充满活力、惊喜旅程的城市白领金领们；独立成团，也适合家庭，刷新不同的旅行体验

提示：在行程中提供交通工具，住宿，专业领队，保险，民俗体验等

地址：丽江古城光义街官院巷75号

网址：www.sanjiangclub.com

电话：0888-5111550

传真：0888-8886767

微博：weibo.com/soutdoor

E-mail：soutdoor@foxmail.com

我们都在寻找自己的天空

——雪域飞鹰

我们一小撮驴友去“纳堆课”飞三角翼。

“‘纳堆课’，纳西语，意思是荒沙坝。N年前，洛克从昆明包了一架飞机绕雪山飞了一圈，当时就降落在‘纳堆课’。那是第一次有飞机越过古纳西王国的天空，也是纳西大地上第一架着陆的飞机。驼峰航线之丽江站在此，当年有多少架运输机起落，越过喜马拉雅山脉，飞向印度。还是在N年前，洛克和顾彼得这两个让丽江走向世界的著名老外从这里乘飞机离开。”大卫说。“很多天空只能仰望，有些天空必须飞翔，‘纳堆课’的天是晴朗的天，也是飞翔的天。”

多少年了，这片天唯一不变的是飞翔，飞翔的天空不能停止飞翔，never。

我们坐在蓝色的面包车上，听大卫讲那过去的故事，读过历史的人就是不一样，在哪都能今古传奇，在历史中上下五千年的旅行。阿庆说：“我只要站在高处，每次都想有一对翅膀，太想飞啦，这种冲动，抑制不住。开始以为是病，后来才发现是心里的那双翅膀在扑闪”。大卫和我赞同，我们也闪过，一直在闪。

远远地看着天空中的三角翼，想飞的心被启动。走近，这货像一辆长了翅膀的敞篷跑车，一前一后两个位子，驾驶员在前，乘客在后，全副武装地在天空绕一大圈后着陆。围观者甚众，抬着头跟着三角翼转圈，冲着天空挥手的，狂叫的，拍照的，感叹的。看的比飞的还要high，在飞翔的天空下人类身上自由的鸟类基因被唤醒。

风吹过，起飞时紧张得快要把铁扶手抓化掉的手开始松动，慢慢地张开双手，把自己投入天空，呀，真正的自由感。雪山就在前方，仿佛触手可及，穿过一朵朵好大的棉花糖，一把一把地抓，抓不到，空的，但它的确存在。大片原野中间有青色的纳西房子，亮块是湖泊，花色的大地上是绿的黄的青的色块，翅膀下的丽江美得让人受不了，完全抽象表现主义画。大地上三角翼的影子紧紧跟着我们移动，这是我们和大地唯一的联系，再怎么自由，还得回到地面。三角翼划出一道弧线，慢慢下降。一辆旅游大巴从脚下掠过，风嗖嗖，草地越来越近，看见等待的亲人，我翱翔归来……

坐大飞机，包裹在铁里面。坐三角翼，身心都裸体，这才叫飞。

阿庆说："这叫裸飞。"大卫说："260可以飞去重庆或昆明了，不过嘛，这样的感觉肯定不一样，值呢。"我，虽然有点恐高，心里的那双翅膀忍不住在闪。

阿庆有一种从未有过的远离滚滚红尘的解脱，"喘口气都不带人间烟火"，他在远离现实的天空中飞翔，超越了。大卫被大地天空感动得一塌糊涂，眼泪汪汪不停地说："太美了。"为什么他的眼里含着热泪，因为他对这块土地爱得深沉，为什么他对这块土地爱得深沉，因为他到今天才知道这块土地"太美了"。

每个人的感受都不一样，每个人都在寻找自己的天空！自己的天空需要人懂也需要人分享，COME ON。

资料

动力三角翼是航空运动领域中最受欢迎的一种配备发动机的悬挂滑翔机，70年代在欧洲兴起至今历久弥新，欧美一些国家的三角翼运动爱好者常以此作为挑战大自然、挑战人类本身极限的一项体育运动。它能在崎岖不平的地面上起飞与降落，极其安全且易操纵。

贴士

适合人群：想飞但是飞不起来的，想体验飞翔的，想感受天空滋味的（无高血压、恐高症，心脏病等疾病）

费用：260—520元（高度难度不一，价格有所不同。当然了，心跳曲线的波动也不一样）"为了让更多的朋友体验动力三角翼飞翔之乐趣并参与到这项运动中"。也许这个价格你可以乘飞机从某地到某地，但那也只是交通工具，你也只能隔着玻璃看世界，遮遮掩掩的。三角翼不一样，它是飞翔的翅膀，带你感受飞翔，一览无余地俯瞰大地，感受天空，很值得体验，很值的

提示：一年四季都可以飞，四架三角翼，有专业的飞行员驾驶。最好的飞翔季节为七八月，原上的花开了，白的黄的红的花，美啊。去之前先打电话问问，可不可以飞，只有在适合的风向气候条件下才能飞，安全第一嘛。飞拉市海长江第一湾也可以，提前预约。这里也是专业的动力三角翼驾驶培训学校，你也可以通过培训成为合格的专业飞行员哦，记住，这里是雪域飞鹰，不是蓝翔技校

地址：丽江玉龙县白沙跑马坪

电话：0888-5119037

15911499068　　15008791303

网址：www.heosm.com

交通：距古城10KM，20分钟左右。从古城包车直达，车费约80—100元/辆来回

要么辞职深度旅行，要么先来点浓缩体验
——马帮路文化艺术馆

来了丽江就去不了西双版纳，到大理就去不了香格里拉，想狠下心辞职一游？或有机器猫就好了。

“嘿嘿，你去丽江找一个人，他拥有 1900 多个人，21 种动物，近 900 头牛、马、骡子，200 多栋各地民居、王宫，云南的山山水水都有……会搞定你的贪心的。”

承蒙指点，我来到神秘大院，这是当年的马帮大驿栈。

闪进屋内，嗖，一下穿越了几百年。从西双版纳的原始森林，到终点西藏阿里的冈底斯山。一条马帮路串联起沿途的自然景观，神秘的庙宇、风格不一的建筑，曾在历史上辉煌灿烂过的古王国，世代生活在高山峡谷中的少数民族和他们稀奇古怪的生活风情，马帮以生命为代价走出来的险途和他们风餐露宿的生活……这一切都呈现在眼前。配合上现代的声、光、电，啊，这就是传说中的——茶马古道，变幻风云。

神采各异的人物、绿树森林、雪山、城镇，我想，夜间，这里一定会上演博物馆奇妙夜，活动起来：牦牛马匹在雪山攀爬、马帮迎风而走；商户门庭若市；人们讨价还价用盐巴、茶交换成烟草布匹。似乎我曾混杂在内，一下变成跳舞的傣族姑娘，一下变成运货去拉萨的康巴汉子，在历史与地域间穿梭。

云南驿、沙溪、茨中……茶马重镇，我一下午就串联了，过历史的家家，不错。

贴士：

这栋由原来的大驿站变成的萎缩景观博物馆，二楼上还保留着“请放垛子的同志轻一点”的老牌子。不知道垛子是什么的同志，就当做把脚步放轻一点吧。在历史面前，谁都不是大爷

适合人群：想走茶马古道一趟的，说实话，时间再充裕，也回不到眼前这生动的历史。

参观时间：09:00—18:00

票价：30 元 / 人

地址：丽江义正街古路坞下段 45 号（黑龙潭正大门旁）

电话：0888-5115507

一个破庙里，赶路的人陆续到这里躲雨过夜。一人煮起粥来，每人都分得一碗，相谈甚欢，像是分散多年的手足兄弟。有人提议："我们这么说得来，要不一起投点钱去做生意。一来可以协力挣钱糊口，二来大家可以不再分离。""投多少呢？""为不伤兄弟颜面，今夜，大家都暗中把钱投到这煮粥的锅里，明早起来看钱多少再从长计议生意一事，如何？"众人拍手，大呼高明。

第二天早上，众人开锅一看，锅里空空如也。

心知肚明，各自散去。

亲兄弟，明算账

——古城维护费

看来得来点明的

1. 每位游客都请交 80 块古维费；

2. 由酒店、客栈、旅行团、景区景点等机构代收。

没了。

"以城养城"，维护费对古城的环境整治、文化遗产保护提供了给力的资金支持。

河水清澈，没有电线遮挡的天空，五彩石路，星级文化生态厕所，灯光亮化、绿化、家家门前有路灯，户户院内有排污设施。为此，需要善人的布施。

有的人知道，以前，纳西房子年久失修的多，房墙露着土坯，有完整石板路的小巷不多，居民用的灯都是 15 瓦。"雨季一脚泥，旱季一身灰，天空被电线割裂，电线杆子林立，路灯少"。

现在，为了丽江人民、游客的待遇改善，仅古城的环境、卫生、消防治安等日常开支，一年下来超千万。

重建木府；搬迁四大商业银行、丽江军分区、武警丽江支队、丽江机床厂、丽江食品公司等不协调建筑；恢复建设南门小区、世界文化遗产论坛、玉河广场；修复管网、道路、三线入地、供水消防管网、供配电网络；为了保护古城水系，对黑龙潭公园进行扩建，水容量扩大到了原来的两倍。花费巨大。

因你的善举，丽江人民感谢你！

299 户民居、236 个院落的修复工作已完成。搞定了"走进纳西人家"、"民族文化特色街""纳西喜院"等项目，成立了丽江文化研究会、丽江纳西文化研究会。

这些资金都是古城维护费来的，古维费取之于古城，用之于古城。

因你的善举，游客有个完美的旅行而感谢你！

贴士：

80 元 / 人。黑龙潭、木府、万古楼、玉龙雪山等景区查验，票据随身。

除户籍在丽江市内的公民；有国家导游证陪团来丽江旅游的旅行社导游，有营运证的旅游车驾驶员；革命伤残军人，身高 1.2 米以下的儿童，离休人员，70 岁以上老人外，其余的都必须缴纳。

有大奖可抽哦！每年 1 月 6 日和 7 月 6 日抽奖。20 名幸运游客将通过电脑摇号产生，每人得 20 万元。从 2011 年 7 月开始。

当你很累的时候，请转身。生活总有机会建立在另外一些坐标之上，比如瞌睡、闲逛、一个有清风吹送的下午茶……

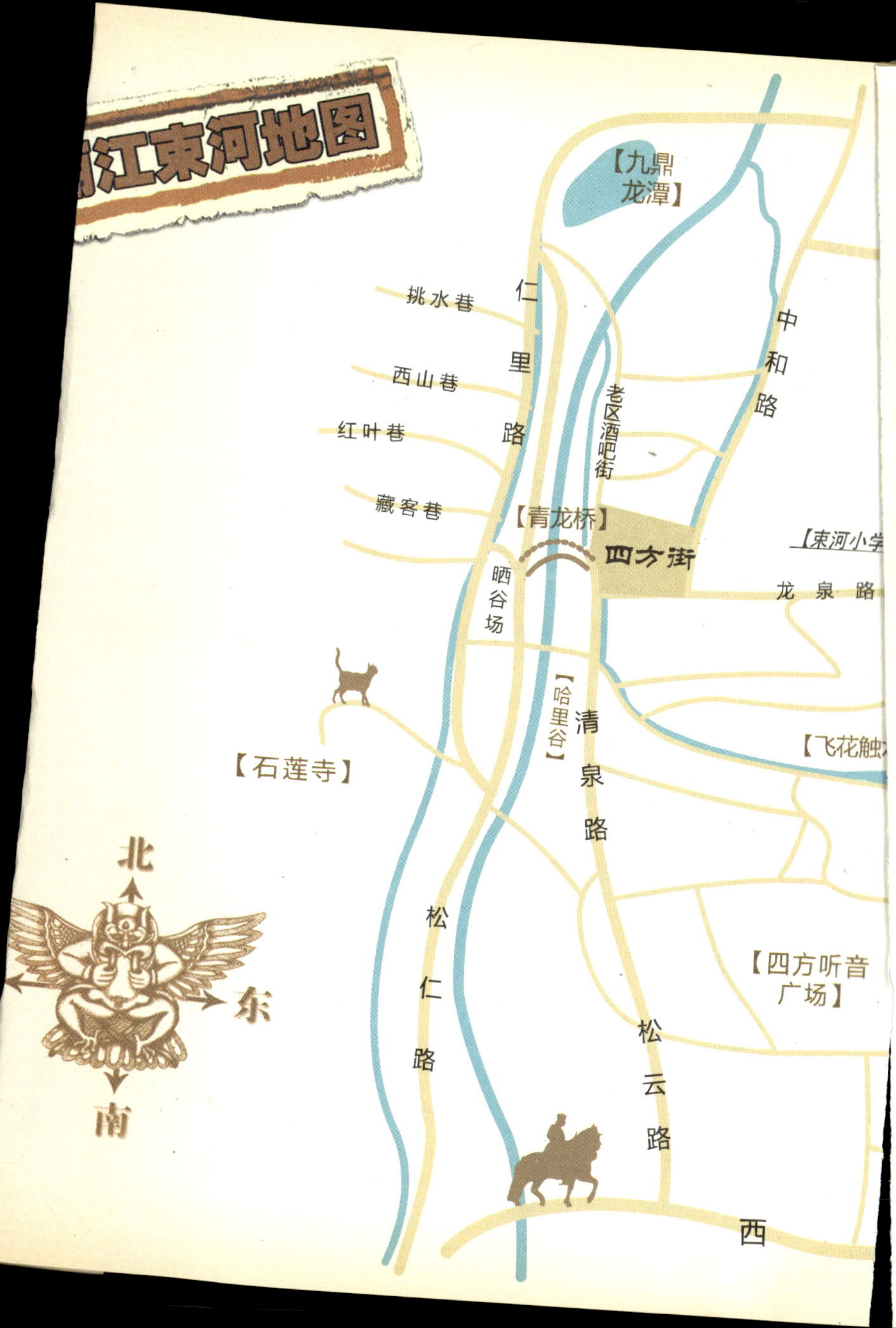

江束河地图

【九鼎龙潭】
挑水巷
西山巷
红叶巷
藏客巷
仁里路
中和路
老区酒吧街
【青龙桥】
四方街
【束河小学
龙泉路
晒谷场
【哈里谷】
清泉路
【飞花触
【石莲寺】
松仁路
松云路
【四方听音广场】
西
北
东
南

Good Morning，四方街

感觉就是爱撒谎，非要把这真实当成幻觉般美丽

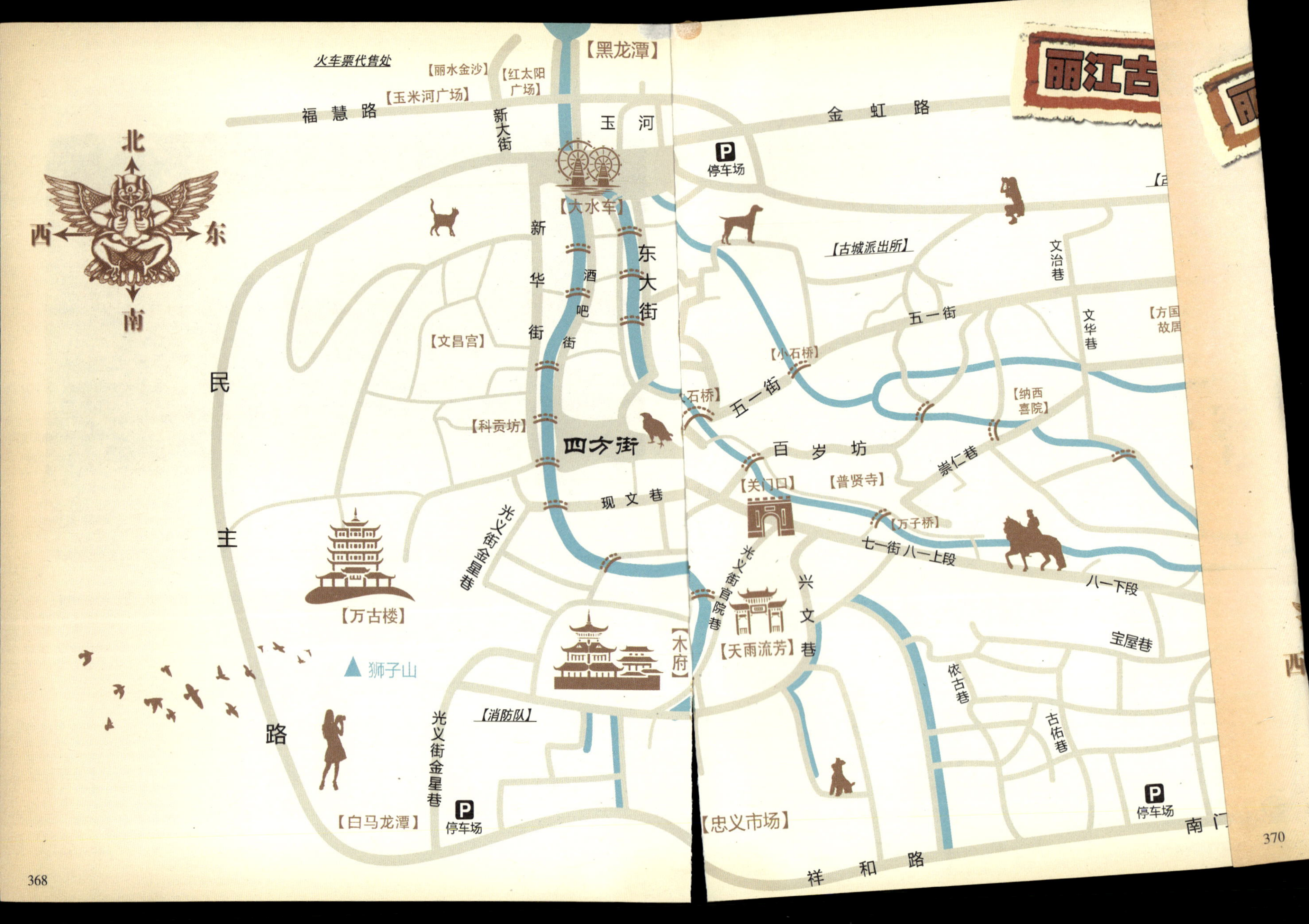

丽江古
北
南
西
东
火车票代售处
【丽水金沙】
【红太阳广场】
【玉米河广场】
【黑龙潭】
福慧路
新大街
玉河
金虹路
停车场
【大水车】
新华街
酒吧街
东大街
【古城派出所】
文治巷
五一街
文华巷
【方国故居】
【文昌宫】
【小石桥】
【石桥】
五一街
【纳西喜院】
【科贡坊】
四方街
百岁坊
崇仁巷
民主路
【关门口】
【普贤寺】
现文巷
光义街金星巷
【万子桥】
七一街 八一上段
八一下段
光义街官院巷
兴文巷
【万古楼】
【木府】
【天雨流芳】
宝屋巷
狮子山
依古巷
古佑巷
【消防队】
光义街金星巷
【白马龙潭】
停车场
【忠义市场】
停车场
南门
祥和路

Good Morning，四方街

感觉就是爱撒谎，非要把这真实当成幻觉般美丽

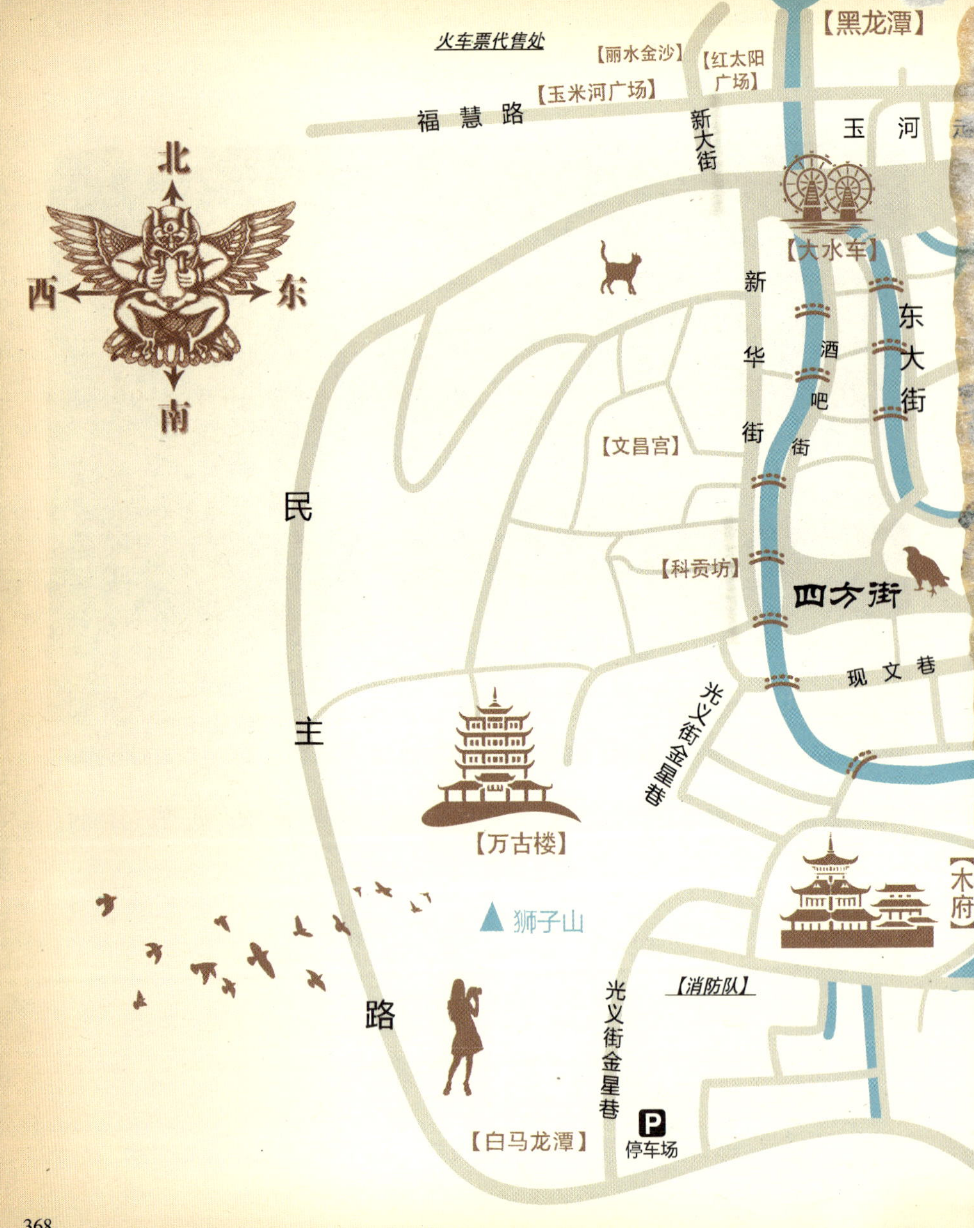

火车票代售处
【丽水金沙】
【红太阳广场】
【黑龙潭】
【玉米河广场】
福慧路
新大街
玉河
北
西
东
南
【大水车】
新华街
酒吧街
东大街
【文昌宫】
民主路
【科贡坊】
四方街
现文巷
光义街金星巷
【万古楼】
【木府】
狮子山
【消防队】
光义街金星巷
【白马龙潭】
P
停车场

丽江古城地图
金虹路
停车场
【古城管理局】
【古城派出所】
文治巷
五一街
五一街
文华巷
【方国瑜故居】
【小石桥】
石桥】
五一街
【纳西喜院】
百岁坊
崇仁巷
【关门口】
【普贤寺】
【万子桥】
七一街 八一上段
【市一中】
光义街官院巷
兴文巷
八一下段
【南门桥】
【天雨流芳】
宝屋巷
依古巷
茶马古道
古佑巷
【忠义市场】
停车场
南门
祥和路

丽江束河地图
【九鼎龙潭】
仁里路
中和路
挑水巷
西山巷
红叶巷
藏客巷
老区酒吧街
【青龙桥】
四方街
【束河小学】
龙泉路
晒谷场
【哈里谷】
清泉路
【飞花触水】
【石莲寺】
北
西
东
南
松仁路
【四方听音广场】
松云路
西

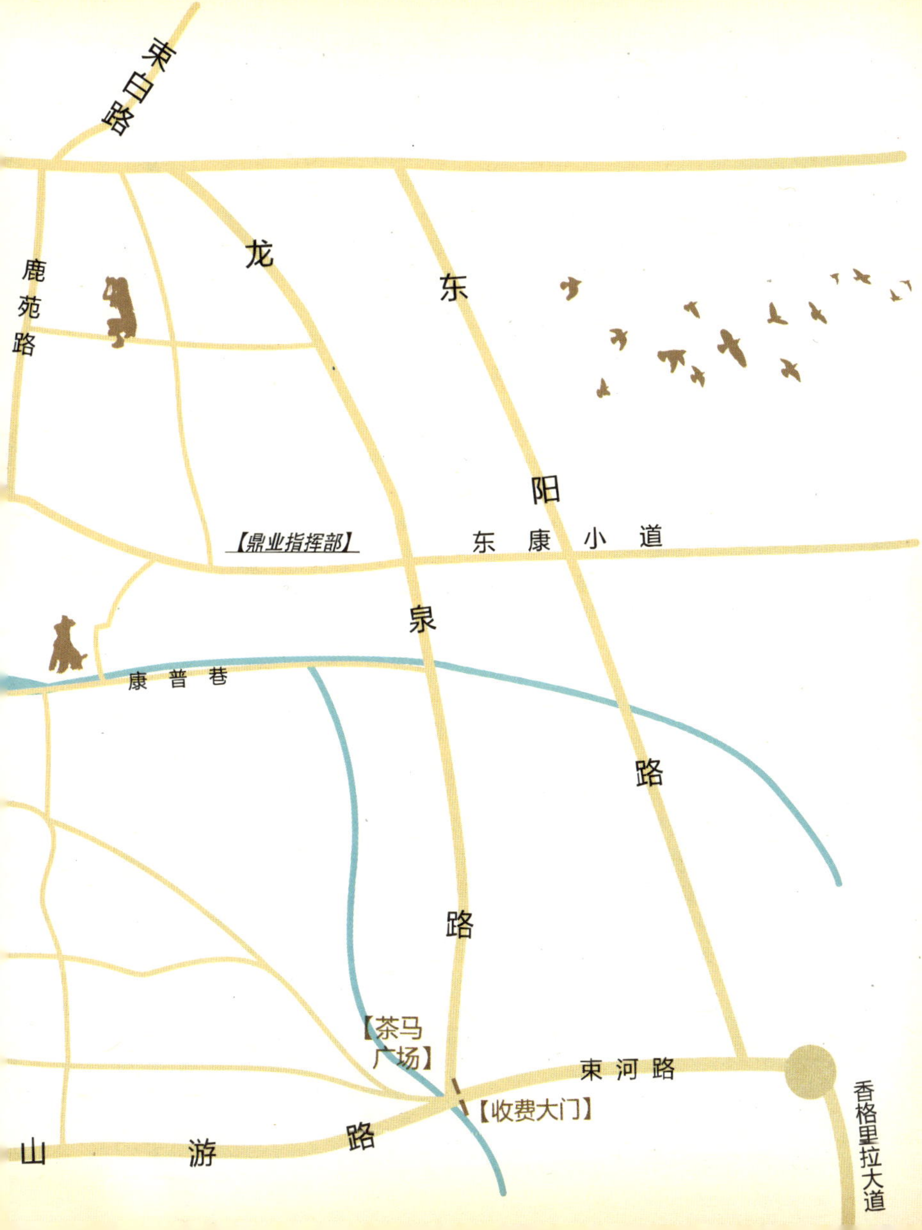

束白路

鹿苑路

龙泉路

东阳路

【鼎业指挥部】

东康小道

康普巷

【茶马广场】

束河路

【收费大门】

山游路

香格里拉大道

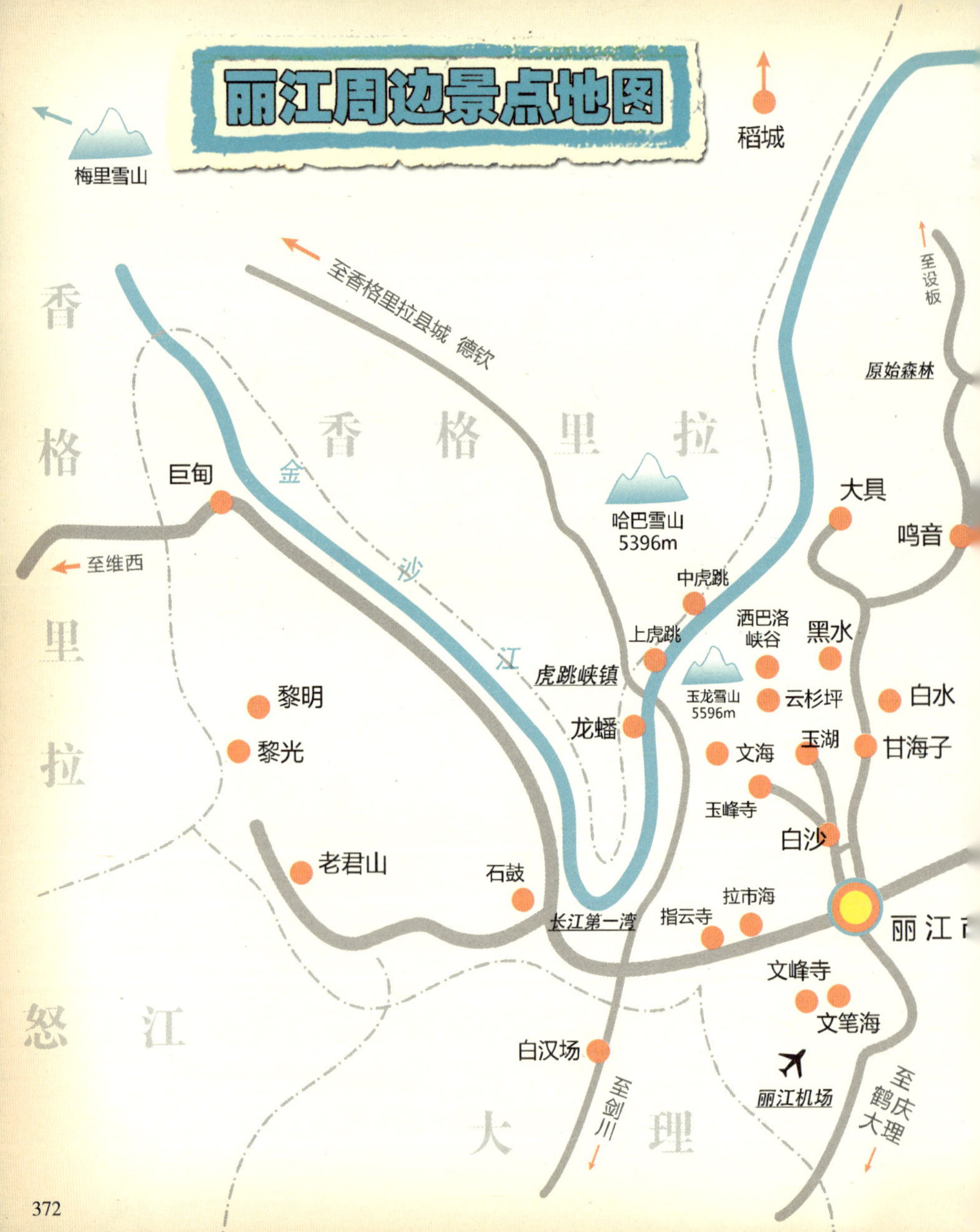

丽江周边景点地图
梅里雪山
稻城
至香格里拉县城 德钦
至设板
原始森林
香格里拉
香格里拉
金沙江
巨甸
至维西
哈巴雪山
5396m
大具
鸣音
中虎跳
上虎跳
洒巴洛
峡谷
黑水
虎跳峡镇
玉龙雪山
5596m
云杉坪
白水
黎明
龙蟠
黎光
文海
玉湖
甘海子
玉峰寺
白沙
老君山
石鼓
长江第一湾
指云寺
拉市海
丽江市
文峰寺
文笔海
怒江
白汉场
丽江机场
至剑川
至鹤庆大理
大理

北
西
东
南
永宁温泉
宝山
（石头城）
泸沽湖
四
川
金
沙
江
至四川
宁蒗县
树底
永胜县
至攀枝花
澄海

...nicks and
...en to keep you covered
...tead of frolicking in your
caught off guard!

第一天，丽江的山对我严刑拷打，我没有招。

第二天，丽江的水对我严刑拷打，我还是没有招。

第三天晚上，敌人用了美人计，我招了。

第四天，我还想招，可是，他妈的，我得走了……

大石桥下倒影

向雪山、古城、风、水、人，磕头

丽江的朋友啊，你敞开宽广的心胸，给了我们信任，不惜院里的樱桃、苹果被吃光，一上午一上午，一下午一下午，一夜一夜花时间爆料、吐槽、唱歌弹琴、摆 Pose。我们吃你们的、住你们的不够，还波及诸多朋友家人；偶尔请客吃饭的不良用心，你们看破了也不点破，让我们继续欢喜地挖素材、偷情报、占便宜。我们蹭得欢，现在才知道，吃亏啦。你看，我们再怎么写、怎么拍、书卖得再好也觉得亏欠你们。

所以现在要正式地、面朝丽江方向，感谢一下你们。

挑战人类心理极限的完美主义团伙头目要感谢：丽江的风，纵容我们的文字跑题可以跑得很远；丽江的朋友，纵容我们说他们的坏话；丽江官方，一点不计较我们带来的毒副作用；还有我不在家帮我遛狗狗的朋友。

项目统筹的大姐感谢：这里的山水空气阳光蔬菜水果和交通给我带来健康的生活；这里资助我们的商家朋友和支持我们的市委宣传部和古城管理局领导，让我工作有成就；哈哈，不准说我是个讲现实的人。

顶尖折磨人摄影师感谢：被我折磨的人，“八颗牙”，“很好，很完美。再来一张”，“我们明天再拍一次吧”，我都受不了自己了，你们还那么配合，感激不尽。猫猫狗狗们，感谢你们乖乖的，连骨头都不用，就让我抓进镜头；还有被偷拍的、打灯的、举反光板、端茶送水擦汗、出馊主意、帮忙布景的路人、老板、兄弟姐妹，我会再回来的。

提问时总挖坑给大家跳的文案们感谢：在丽江蹭了那么多好吃好玩的柔软时光和浓情蜜意，不是我们脸皮厚，是各位陪吃、陪聊、陪玩的三陪工作做得专业尽心。

内心最感激的，是支撑我们创作始终的，那些信任的眼神。谢谢。

朋友啊，你们人数众多，势力太大，一一点名不太科学，请自动替换“你们”二字为个人姓名、单位名称、地名。谢谢！

感激不尽！

爱你们的大蕃茄

图书在版编目(CIP)数据

丽江的柔软时光 / 大蕃茄传媒机构编著. — 3版.— 昆明 : 云南人民出版社, 2012
ISBN 978-7-222-10177-7
Ⅰ. ①丽… Ⅱ. ①大… Ⅲ. ①旅游指南—丽江地区 Ⅳ. ①K928.974.2

中国版本图书馆CIP数据核字（2012）第188695号

书名：丽江的柔软时光

出 品 人：刘大伟
策划/著作：大蕃茄传媒机构
责任编辑：任梦鹰　范晓芬
创作总监：原始人
营运策划：曾松　俞翼鸣
文　　字：姜亮　康静　散散　缪芸　陶锦　Heymini　林溪　曾松　郝英杰　娟子
什锦杂糖　靳靳　采芹人　小酱油　华业顺　波图呷　赖皮猪　大头
平面设计：刘亚蓉　AllenX　施燕　乖乖呢　狗妞　佳易　莎子
摄　　影：原始人　老苏　李凡　苏国胜　张文银　波图呷　陈鸿翎　旺仔　阿桂
大蕃茄图库
插　　画：Ken Nilson　花墨西
创作热线：0871—5180420　　地　　址：云南省昆明市东寺街东方广场A座0503
网　　址：www.dfqcm.com　　E-mail：bigtomato@126.com

出版：云南出版集团公司　云南人民出版社
发行：云南人民出版社
社址：昆明市环城西路609号
邮编：650034
网址：www.ynpph.com.cn
E-mail:rmszbs@pubilc.km.yn.cn
开本：889×1194　1/40
印张：$9\frac{7}{10}$
字数：160　千字
版次：2012年8 月第 3版第1次印刷
印刷：昆明富新春彩色印务有限公司
ISBN　978-7-222-10177-7
定价：59.00元

尊敬的读者：若你购买的我社图书存在印装质量问题，请与我社发行部联系调换。
发行部电话：（0871）4194864　4191604　4107628